Otto Wimmer

Kennzeichen und Attribute
der Heiligen

Otto Wimmer

Kennzeichen und Attribute der Heiligen

Mit 244 Farb- und Schwarzweißbildern

Bearbeitet und mit Bildern ergänzt
von Barbara Knoflach-Zingerle

Tyrolia-Verlag · Innsbruck-Wien

Umschlagbild:
Vierzehn Nothelfer, Tafelbild um 1500, Alte Galerie am
Landesmuseum Joanneum Graz.
Von Maria mit Kind (in der Mitte oben) im Uhrzeigersinn: Margareta,
Barbara, Erasmus, Dionysius, Vitus, Cyriakus, Ägidius,
Christophorus, Georg, Achatius, Pantaleon, Eustachius,
Katharina, Blasius.

Mitglied der Verlagsgruppe „engagement"

Die Deutsche Bibliothek – CIP-Einheitsaufnahme

Wimmer Otto:
Kennzeichen und Attribute der Heiligen / Otto Wimmer.
Bearb. und mit Bildern erg. von Barbara Knoflach-Zingerle.
Innsbruck; Wien: Tyrolia-Verl., 1993
ISBN 3-7022-1905-6
NE: Knoflach-Zingerle, Barbara [Bearb.]; HST

1993
Alle Rechte bei der Verlagsanstalt Tyrolia, Innsbruck
Farblithos: Tiroler Repro, Innsbruck
Satz, Druck und Bindung: Athesia-Tyrolia Druck, Innsbruck

Inhalt

Vorwort

Um eine Heiligendarstellung zu kennzeichnen, wurden im Mittelalter Inschriften mit dem Namen beigegeben. Ab dem 13. Jh., vor allem aber im 15. und frühen 16. Jh. wurden diese durch bestimmte Kennzeichen und Attribute ersetzt. Der Großteil der Bevölkerung war ja des Lesens unkundig, jedoch mit der Lebensgeschichte der verschiedenen Heiligen vertraut. So wurde in der Darstellung der Heilige durch Kleidung und spezielle Gegenstände (Attribute) erkennbar gemacht.

Generelle Attribute (z. B. Bischofstab, Buch oder Märtyrerpalme) veranschaulichen den Stand des Heiligen oder sein Wirken. Sie sind vielen Heiligen in gleicher Weise beigegeben. Individuelle Attribute sind Gegenstände, die an Ereignisse oder legendäre Besonderheiten in Leben, Martyrium oder Kult einzelner Heiliger erinnern. Auf diese Weise können bestimmte Heilige identifiziert werden, z. B. unter der großen Zahl heiliger Bischöfe mit Buch der hl. Nikolaus von Myra durch das Attribut der drei goldenen Kugeln. Sind nur generelle Attribute bei einem Heiligen zu finden, kann vielfach der Ort, an dem sich die Darstellung befindet, Aufschluß über die Identität des Heiligen geben. Als Beispiel sei der hl. Pelagius in Konstanz angeführt.

1963 wurde das Taschenbuch „Die Attribute der Heiligen" von Pfarrer Otto Wimmer zum ersten Mal aufgelegt. Es enthielt 660 Heiligengestalten aus seinem großen Werk „Handbuch der Namen und Heiligen" (das heute als „Lexikon der Namen und Heiligen" in 6. Auflage vorliegt), und zwar, wie Wimmer in seinem Vorwort schrieb, „… alle Meßbuchheiligen, fast alle deutschen Heiligen und die markantesten Heiligengestalten der Weltkirche", von denen dem Autor eine Abbildung bekannt war.

Dieses Taschenbuch erreichte mit dem später veränderten Titel „Kennzeichen und Attribute der Heiligen" und nach dem Tod Pfarrer Wimmers in der Bearbeitung von DDr. Josef Stadlhuber insgesamt acht Auflagen.

Um dieses Standardwerk für den Benützer noch informativer zu gestalten, wollte es der Verlag erstmalig mit Abbildungen ausstatten. Im Zuge meiner Suche nach geeignetem Bildmaterial stellte sich jedoch die Notwendigkeit zahlreicher Änderungen und Ergänzungen im Text heraus, die eine durchgreifende Bearbeitung des gesamten Inhalts nach sich zog. Ich hoffe, daß das Buch in der neuen Art noch „benützerfreundlicher" ist.

Die Einteilung in die Bereiche „Attribute" und „Verzeichnis der Heiligen und Seligen" blieb erhalten. Zum besseren Verständnis wurden jedoch dem Verzeichnis der Attribute zahlreiche Begriffe (z. T. mit Abbildungen) hinzugefügt. Im Personenverzeichnis wurden Heilige, für die es kein eindeutiges individuelles Attribut bzw. im deutschen Sprachraum keine oder nur äußerst selten Darstellungen gibt, gestrichen. Dafür wurden andere wichtige Personen aufgenommen. Bei den einzelnen Heiligen sind an Stelle der bisherigen Verweise die Attribute und ihr Bildinhalt zusammenhängend erläutert. Gemeinsam mit den zahlreichen Bildern, die als Beispiele dienen, kann der Benützer wesentlich leichter den einzelnen Heiligen in einem Kunstwerk identifizieren.

Für die Abbildungen wurden Darstellungen aus dem gesamten deutschen Sprachraum ausgewählt, bei denen Kleidung und Attribute der Heiligen gut erkennbar sind. Trotz großer Bemühungen war es leider nicht möglich, alle vorgesehenen Fotos für die Veröffentlichung zu erhalten.

Mein herzlicher Dank gilt P. Dr. Gregor Martin Lechner OSB, Stift Göttweig, und Professor Dr. Kurt Woisetschläger, Graz, für ihre stets freundlich gewährte Hilfe und die zahlreichen Hinweise sowie allen Kollegen in den Museen, die Bildmaterial und Informationen zur Verfügung stellten. Dem Verlag danke ich für die angenehme Zusammenarbeit.

Innsbruck, August 1993   Dr. Barbara Knoflach-Zingerle

Verzeichnis der Attribute und Begriffe

A

Abbild Christi ↗ Schweißtuch

Abc-Tafel
Kassian lehrt seine Schüler die Anfangsgründe des Wissens.

Abt ↗ Ordenstracht
Ordensmann mit Krummstab und Infel; Vorsteher eines Mönchsklosters. Abt = Vater (aram. abba, griech. und lat. abbas).

Äbtissin ↗ Ordenstracht
Ordensfrau mit Krummstab; Vorsteherin eines Nonnenklosters.

Abtstab
Der Abtstab endet im 10.–12. Jh. in Form eines T, seitdem jedoch stets mit einer Krümme. Der Taustab ist ab Ende 14. Jh. nur mehr individuelles Attribut bei Antonius Einsiedler und Johannes Gualbertus.

Adler
Der Adler (als Sinnbild für den geistigen Höhenflug zum Thron des Allerhöchsten) ist Attribut und Symbol des Evangelisten Johannes.
Er sitzt mit einer Feder im Schnabel zu Füßen des Kirchenlehrers Johannes vom Kreuz, um die mystische Tiefe seiner Werke anzudeuten. Kreszentia, Modestus und Vitus werden auf der Flucht von einem Adler gespeist. Ein Adler verteidigt den Leichnam von Adalbert von Prag.

Ahle ↗ Pfriem

Ähren ↗ Korn
Walburga manchmal mit drei Ähren oder dreiteiligem Blütenzweig als Verehrerin der Eucharistie, sowie Schützerin der Ernte und der schwangeren Frauen.

Almosen austeilend ↗ Geldbeutel, ↗ Geldstück
Viele karitative Heilige.

Amboß
Einen Amboß als Attribut haben Adrian von Nikomedien, dessen Glieder darauf abgehauen wurden, und der Goldschmied Eligius.

Taustab   *Abtstab mit Panisellus*

Ampel ↗ Lampe

Ampulle ↗ Fläschchen

Angelrute
Bischof Zeno von Verona.

Anker
Papst Klemens I. als Marterinstrument, Bischof Nikolaus von Myra als Patron der Seeleute.

Anna selbdritt
Diese Darstellung zeigt die Mutter Anna mit dem Jesuskind auf dem Arm oder Schoß, daneben Maria, stehend oder sitzend.

Apfel
Jedem bekannt ist der Apfel in der Hand Evas, der Stammutter des Menschengeschlechtes, auch bei Maria, der „neuen" Eva. Der Schüler Hermann Joseph gibt dem Jesuskind einen Apfel. Bischof Nikolaus trägt statt Kugeln manchmal drei Äpfel auf seinem Buch.

Apostel
Als allgemeines Attribut der zwölf Apostel (griech. = Sendboten) Jesu Christi gilt das Buch der Offenbarung bzw. die Schriftrolle. Im Westen sind sie stets in Tunika mit Mantel und barfüßig dargestellt. Näher gekennzeichnet ist der einzelne Apostel durch das individuelle Attribut, das mit wenigen Ausnahmen die spezielle Art des Martyriums an Hand der Marterwerkzeuge aussagen will. Petrus: ein oder zwei Schlüssel; Jakobus d. Ä.: als (Santiago-)Pilger oder mit Schwert; Johannes: Kelch mit Schlange, Adler; Andreas: schräges Kreuz (Andreaskreuz); Philippus: Kreuz (lateinisches oder ägyptisches in T-Form oder Kreuzstab); Bartholomäus: Messer; Matthäus: Schwert oder Hellebarde;

Thomas: Lanze oder Winkelmaß; Jakobus d. J.: Keule oder Walkerstange (Wollbogen); Judas Thaddäus: Keule oder Hellebarde; Simon: Säge; Matthias: Beil oder Hellebarde; Paulus: Schwert (er nimmt als „Neuapostel" oft die Stelle des Matthias ein oder vertritt mit Petrus als „Apostelfürsten" das Apostelkollegium).

Arianismus
Der Presbyter Arius in Alexandria († 336) verneinte in seiner Lehre die Wesensgleichheit Christi mit Gott dem Vater. Der arianische Streit bewegte lange das Christentum. Arius wurde 320 abgesetzt, der Arianismus auf den Kirchenversammlungen von Nicäa 325 und Konstantinopel 381 verdammt. Die christlich gewordenen Germanen blieben z. T. bis ins 7. Jahrhundert Arianer.

Arma Christi ↗ Leidenswerkzeuge

Arzneigefäße ↗ Fläschchen
Kosmas und Damian sowie Pantaleon, die der Legende zufolge Ärzte waren.

Ast, dürrer
Soll das Martyrium bei Achatius und Emerita andeuten.

Auge
Weil Bischof Erhard durch die Taufe die blindgeborene Odilia geheilt haben soll, wird er, so wie diese, mit zwei Augen auf einem Buch dargestellt. Lucia von Syrakus trägt auf einer Schüssel zwei Augen (Martyrium).

Axt, Streitaxt ↗ Beil
Bei König Olaf, Trudpert und Wiborada ist die Axt Marterwerkzeug, bei Bischof Erhard hingegen Symbol dafür, daß er den Baum des Heidentums gefällt hat.

B

Banner   Fahne

Bär ↗ Tiere
Ein Bär bewacht das abgeschlagene Haupt des ermordeten Königs Edmund; bedient den Glaubensboten Gallus, dem er Holz zuträgt, wofür er Brot erhält; zeigt der Kaiserin Richardis den Ort der Klostergründung; verschont Thekla beim Martyrium. Als Gepäcksträger dient er Korbinian und Maximinus von Trier als Strafe dafür, daß er ihnen ihr Lasttier zerrissen hatte. Romedius reitet der Legende nach auf einem Bären nach Trient. Eine Bärin verteidigt Kolumba. Ein Bär hilft Gerold beim Bau der Zelle.

Barett
Kopfbedeckung bei Quirinus von Neuß, Viktor von Xanten und Vitus; mit Professorenbarett: Thomas Morus.

Bart
In den vom Osten beeinflußten Darstellungen von Mönchen und Einsiedlern bezeichnet der lange, bis zu den Füßen reichende Bart das hohe Alter. In der Wilgefortis-(Kummernus-)Legende wird der bärtige Christus in eine gekreuzigte Jungfrau umgedeutet.

Bauerngewand
Damit bekleidet sind der Bauernsohn Guido von Anderlecht, die Bauernknechte Isidor und Heinrich von Bozen sowie die Magd Notburga von Eben.

Baum, Baumstamm
Eva steht in der Stunde der Entscheidung beim paradiesischen Baum. Die Märtyrin Afra in Augsburg wird an einen Baumstamm gebunden, ebenso Ernst von Zwiefalten. Bonifatius, Apostel Deutschlands, fällt selbst die Donareiche zu Geismar bei Fritzlar, um den Bann des Heidentums zu brechen. Die Einsiedler Bavo, Gerlach und Edigna haben als Wohnung einen hohlen Baum bezogen. König Edmund, der bei verlorengegangener Schlacht sein Leben nicht durch Glaubensabfall erkaufen will, wird ähnlich wie Sebastian nackt an einen Baum gebunden und durch Pfeile getötet. Als Karmelit an einem Baum hängend wird Angelus der Karmelit dargestellt. Ein dürrer oder grünender Baum dient Christophorus als Wanderstab.

Becher ↗ Gefäß, ↗ Kelch, ↗ Speisekelch
König Eduard der Märtyrer trägt Becher mit Schlange und einen Dolch in der Hand, da er beim Trinken ermordet wurde. Der Einsiedler Meinrad, zwei Räuber mit Brot und Becher bewirtend, wird mit Keulen von diesen erschlagen. Der Becher oder Kelch mit Schlange bei Benedikt von Nursia und Johannes dem Evangelisten deutet auf das diesen Männern zugedachte Gift, das ihnen nicht schadete.

Beil ↗ Axt
Mit einem Beil fällt Bonifatius, der Apostel Deutschlands, die Donareiche zu Geismar bei Fritzlar. Das Beil als Marterwerkzeug ist beigegeben den Blutzeugen Adrian von Nikomedien, den Aposteln Judas Thaddäus, Matthäus und Matthias sowie Priska. Als Werkzeug dem Taglöhner Heinrich von Bozen und dem Nährvater

Joseph. Mit Bezug auf seinen Kirchenbau hält Bischof Wolfgang in der Hand ein Zimmermannsbeil oder ein eintürmiges Kirchenmodell, in dessen Dach das Beil steckt. Utto von Metten hängt das Beil beim Bau seiner Zelle am Sonnenstrahl auf.

Beinwunde
Peregrinus Laziosi hat eine Beinwunde (Krebs), die wunderbarerweise geheilt wird. Der Pestpatron Rochus zeigt auf seine Pestbeule am entblößten Oberschenkel.

Besen
Zeichen des sozialen Wirkens der deutschen Königin Mathilde und der Haushaltsführung der römischen Märtyrin Petronilla.

Bettelsack, darauf „Deo gratias"
Auf der Schulter des Kapuzinerlaienbruders und römischen Almosensammlers Felix von Cantalice, der wegen seines ständigen Dankeswortes („Vergelt's Gott!") „Bruder Deogratias" genannt wurde.

Bettler
Bettler neben sich haben die Caritasheiligen Elisabeth von Thüringen, Gutmann, Oda, Thomas von Villanova und Johannes von Gott. Martin von Tours teilt als römischer Reiter seinen Mantel mit einem Bettler oder schenkt einem Bettler Münzen.

Bienenkorb
Der Bienenkorb gilt allgemein als Sinnbild des Fleißes, der Gelehrsamkeit und Beredsamkeit. Deshalb Attribut von Ambrosius und Bernhard von Clairvaux, der wegen seiner Beredsamkeit „honigfließender Lehrer" genannt wurde.

Bild
Mit Kreuzbild oder „Maestà"-Bild,

das sie durch die Straßen trug: Rosa von Viterbo.

Birett
Liturgische Kopfbedeckung: flache, vierkantige Mütze mit drei oder vier bogenförmigen Erhöhungen. Oft Attribut von Johannes Nepomuk.

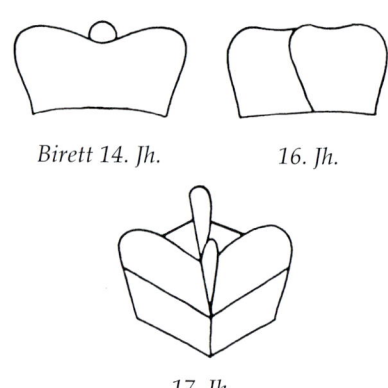

Birett 14. Jh.   *16. Jh.*

17. Jh.

Bischof ↗ Infel, ↗ Krummstab
Heilige Bischöfe sind fast immer im Ornat mit Krummstab und Infel dargestellt. Abb. siehe Seite 13

Bischofsmütze ↗ Infel

Bittschriften
Werden Ivo von Armen oder Kindern gereicht.

Blasebalg
Arbeitsgerät bei Eligius.

Blätter ↗ Feigenblatt, ↗ Palmblätter
Damit bekleidet ist der langhaarige Einsiedler Onuphrius.

Blitze
Die Wetterpatrone Bernhard von Aosta, Donatus von Münstereifel sowie Johannes und Paulus.

Blumen ↗ Rosen
Die Jungfrau-Martyrin Dorothea

trägt Blumen oder Früchte, meist in einem Körbchen.

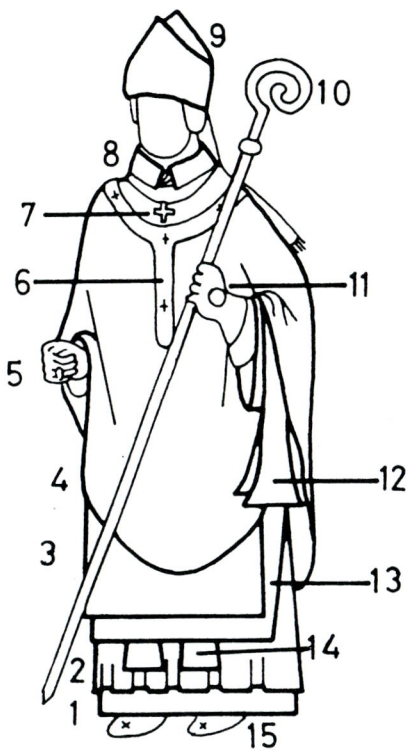

Bischofsornat
1 Talar, 2 Albe, 3 Dalmatik, 4 Kasel, 5 Bischofsring, 6 Pallium, 7 Brustkreuz, 8 Amikt, 9 Mitra oder Infel, 10 Bischofsstab, 11 Pontifikalhandschuh, 12 Manipel, 13 Tunicella, 14 Stola, 15 Pontifikalschuh

Blumenkranz
Cäcilia und Valerian, Knud, Luitgard von Tongern.

Blumenzepter
Äbtissin Walburga.

Blütenzweig
Vinzenz von Saragossa (Wunder im Kerker), Walburga.

Bohrer
Marterinstrument der Blendung von Achatius und Leodegar.

Börse ↗ Geldbörse

Botenstab
Erzengel Gabriel.

Bottich ↗ Faß, ↗ Kübel
Wasserbottich: Florian; Bottich mit drei Knaben: Nikolaus von Myra, Siegfrid.

Bratrost
Er ist Marterwerkzeug der Blutzeugen Blandina, Christina von Bolsena, Laurentius von Rom und Vinzenz von Saragossa.

Brot und Krug ↗ Brote
Ein Engel reicht Adelrich Brot, dem Propheten Elias Brot und Wasserkrug. Meinrad bewirtet zwei bei ihm einkehrende Räuber mit Brot und Becher. Notburga und Verena versorgen mit Brot und Weinkrug oder Weinkanne die Armen und Kranken.

Brote ↗ Korb
Der erste Hohepriester Aaron (AT) trägt (sieben) Schaubrote. Als Zeichen ihrer Wohltätigkeit haben Brote bei sich: Elisabeth von Thüringen, Gottfried von Cappenberg, Hedwig, Oda, Rosa von Viterbo. Zwei Brote trägt Nikolaus von Tolentino (Fieberbrote), drei Brote tragen Maria von Ägypten (die sich als Büßerin von drei zuvor gekauften Broten in der Wüste nährte) und Zita; ein bis drei Brote auf einem Buch: Bischof Nikolaus von Myra, der die Stadt Myra vor Hungersnot rettete; mehrere Brote: Bischof Autbertus (selbstgebackenes Brot).
Ein Rabe oder ein Engel bringt dem Propheten Elias Brot, ein Adler bringt Vitus und seinen Gefährten

auf der Flucht Brot, Gallus reicht Brot einem Bären, der dafür Holz für den Heiligen sammelt.

Brücke und **Fluß**
Erinnern bei Johannes Nepomuk an seinen Sturz in die Moldau (Martyrium). Die unzähligen Nachbildungen seines 1683 auf der Prager Karlsbrücke aufgestellten Standbildes machen ihn zum bekanntesten Brückenheiligen. Ebenfalls von der Brücke (in die Enns) gestürzt: Florian.

Brüste
Agatha trägt ihre abgeschnittenen Brüste in der Hand oder auf einer Schüssel (Martyrium).

Brunnen ↗ Quelle
Papst Kallistus (Martyrium), Bischof Willibrord (Wunder).

Brustschild
Mit 12 Steinen: Aaron.

Buch
Allgemeines Zeichen der Apostel (Heilige Schrift), der Diakone (Evangeliar), der Evangelisten (Evangelium), der Gottesgelehrten, der Ordensstifter, Äbte und Ordensheiligen (Regelbuch); individuelles Attribut: Anna: Altes Testament; Bonifatius: Meßbuch von Dolch oder Schwert durchbohrt; Bruno von Würzburg: Verfasser des Psalmenkommentars; Neuapostel Barnabas: Matthäus-Evangelium; Petrus Canisius: Katechismus.

Büchse
Arzneibüchse: Kosmas und Damian; Büchse mit Fischgalle darin: Erzengel Raphael.

Bußgeräte
Als Zeichen der Abtötung bei Petrus von Alcántara.

C

Chorrock ↗ Rochett

Christkind ↗ Jesuskind

Christus am Kreuz
Bernhard von Clairvaux, Birgitta von Schweden, Franz von Assisi (Stigmatisation), Kamillus und Luitgard von Tongern.

Christusbild
In einem Medaillon in der Hand: Apostel Judas Thaddäus.

Christusmonogramm ↗ IHS

Credo
Petrus Martyr schreibt bei seinem Martyrium mit dem eigenen Blut „Credo" in den Boden.

D

Dalmatik
Aus der römischen Tunica entstandenes Obergewand des Diakons und Bischofs. Letzterer trägt sie unter der Kasel. Sie hat weite Ärmel und ist seit dem 13. Jh. aus farbiger Seide.

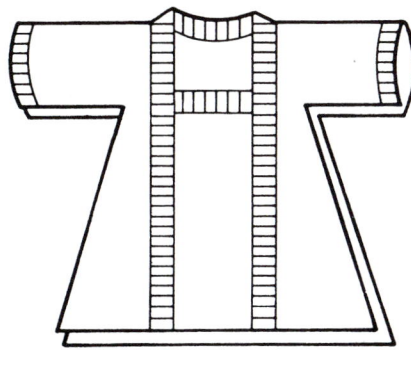

Dalmatik

Deesis
Darstellung des thronenden Christus zwischen den Fürbittern Maria und Johannes dem Täufer. Entweder für sich oder als Hauptgruppe des Jüngsten Gerichts.

Diakon
Träger eines dienenden Amtes in der Kirche. Seine Kleidung ist seit dem 4. Jh. die Dalmatik. Allgemeines Attribut des Diakons ist das Evangeliar. Folgende Heilige sind als Diakone dargestellt: Anianus, Chuniald und Gislar, Cyriakus, Laurentius von Rom, Meinolf, Stephanus Erzmärtyrer, Vinzenz von Saragossa.

Diamant
Allein oder auf einem Handring: Papst Damasus.

Dolch ↗ Schwert
Der Dolch als Attribut deutet im Gegensatz zum Schwert auf Meuchelmord ohne gerichtliches Verfahren hin. Er ist Marterwerkzeug bei Agnes von Rom, Eduard Märtyrer, im Halse bei Lucia, in der Brust bei Justina von Padua.

Dorn
Rita von Cascia.

Dornenast
Achatius.

Dornenkrone
Auf dem Haupt: Achatius, Johannes von Gott, Katharina von Siena, Rosa von Lima, Veronika Giuliani; auf dem Helm: Gottfried von Bouillon; in der Hand: Ludwig IX. (erbaute für die Aufbewahrung der Dornenkrone Christi die Sainte-Chapelle in Paris), Maria Magdalena de' Pazzi.

Dornstrauch
Achatius und die 10.000 Märtyrer werden von Dornsträuchern aufgespießt.

Drache, Drachenbekämpfer
Der Drache gilt als Symbol des Teufels und dämonischer Kräfte. Seine Bekämpfung ist Hinweis auf den Kampf des Christentums gegen Heidentum und Aberglaube. Der Drache zu Füßen eines Heiligen bedeutet die Überwindung des Heidentums bzw. erfolgreiches missionarisches Wirken: Beatus, Eleutherius, Eucharius, Georg, Hilarius, Ignatius von Loyola, Papst Leo I., Lifard, Magnus, Margareta von Antiochien, Erzengel Michael, König Olaf, Servatius, Theodor von Euchaïta, Trudo von Haspengau.

Cyriakus, Martha von Bethanien und Romanus von Rouen führen einen gefesselten Drachen mit sich. Der Apostel Philippus trägt eine Schüssel, aus der sich ein Drache windet, Ludwig Beltrán eine Schale, aus der ein Drache herauskriecht.

Dreschflegel
Isidor von Madrid.

E

Eiche
Bischof Bonifatius fällte die Donareiche zu Geismar.

Einhorn
Symbol reiner Jungfräulichkeit: Agatha, Justina von Nikomedien.

Einsiedler
Die bedeutendsten: Antonius, Fiakrius, Gallus, Goar, Nikolaus von Flüe, Onuphrius, Paulus von Theben, Romuald, Rosalia.

Elle
Gutmann von Cremona.

Engel ↗ Erzengel, ↗ Schutzengel, ↗ Seraph
Die Engel sind das Gegenstück zu den dämonischen Geistern (Teufel, Drache). Als Gottesboten führen sie den Menschen zu Gott und stärken oder heilen ihn.
Ein Engel reicht Adelrich und Gerold Brot, Elisabeth von Reute die Eucharistie, dem Propheten Elias Brot und Wasserkrug; führt statt Isidor von Madrid und Guido von Anderlecht den Pflug, während diese beten; krönt Cäcilia und ihren Bräutigam Valerian mit Blumenkränzen; heilt die Pestbeule bei Rochus; Engel stehen Kamillus bei der Krankenpflege bei. Ein Engel oder Mensch ist das Symbol des Matthäusevangeliums. Patriarch Jakob ringt mit einem Engel. Franziska von Rom wird von ihrem Schutzengel begleitet. Zwei schwebende Engel neben dem Haupt von Theobald von Thann.

Ente ↗ Gans

Enthauptung ↗ Kephalophoren

Erdbeeren
Robert von Molesme.

Erdkugel ↗ Weltkugel

Erzbischof ↗ Pallium
Besitzer des Palliums, das vom Papst persönlich verliehen wird: u. a. Antoninus von Florenz, Otto von Bamberg.

Erzengel
Mit Lilie oder Botenstab: Gabriel; in Pilgertracht mit Fisch: Raphael; in Rüstung mit Flammenschwert, Seelenwaage und besiegtem Drachen: Michael.

Erzstufe
Daniel als Patron der Bergleute hält eine Erzstufe (Gesteinsprobe) in der Hand.

Esel
Der treue Esel des Autbertus brachte das von diesem gebackene Brot allein in die Stadt; mit Esel: Gerold.

Eucharistie ↗ Hostie, ↗ Kommunion, ↗ Monstranz

Evangelienbuch ↗ Buch

Evangelisten, Evangelistensymbole
Als Evangelisten bezeichnet man die Verfasser der vier kanonischen Evangelien (von der Kirche anerkannte Heilsbotschaften Jesu Christi): Matthäus, Markus, Lukas und Johannes; von ihnen haben Matthäus und Johannes das Wirken Jesu selbst miterlebt. Ihre Vorbilder sind die Propheten, ihre Nachbilder die Kirchenlehrer. Der Kirchenvater Hieronymus legte für jeden die Zuweisung

eines bestimmten Symbols (Engel oder Mensch, Löwe, Stier, Adler) fest; diese Symbole hat schon der Prophet Ezechiel in einer Vision geschaut; sie beziehen sich auf den Anfang oder auf ein besonderes Merkmal am Anfang der Evangelien: So hat Matthäus als Attribut einen geflügelten Menschen oder Engel mit Bezug auf die menschliche Abstammung (Stammbaum) Jesu Christi und die Engelskunde; Markus einen ge-flügelten Löwen mit Bezug auf das Auftreten Johannes' des Täufers, des Rufers in der Wüste; Lukas einen geflügelten Stier mit Bezug auf das Opfer des Zacharias im Tempel zu Jerusalem; Johannes einen Adler mit Bezug auf den geistigen Höhenflug bis zum Throne des Allerhöchsten. Die Evangelisten werden seit dem 2. Jh. als Menschen mit ihren Symbolen dargestellt oder durch ihre Symbole ersetzt.

F

Fackel

Eine brennende Fackel im Maul eines weiß-schwarzgefleckten Hundes: Sinnbild des Predigers Dominikus, der als „bellender Hund" (vgl. Is 56,10) die Erde erleuchtet (Traum seiner Mutter vor seiner Geburt). Als Marterwerkzeuge bei Agatha, Barbara und Margareta von Antiochien; eine Fackel als Symbol für „sol": Mönch Sola; Fackel als Symbol ihres Namens: Lucia von Syrakus.

Fahne, Banner

Als generelles Attribut bei heiligen Fürsten, Rittern oder Soldaten als Ergänzung der Rüstung. Heilige Könige haben nur ausnahmsweise Fahnen. Durch die Fahnenbilder können einzelne Fürsten, Ritter oder Soldaten genau gekennzeichnet werden. In diesem Fall ist dann die Fahne das individuelle Attribut: z. B. mit Adler: Markgraf Leopold III., Wenzeslaus; mit neun Kugeln: Quirinus von Neuß; mit Kleeblattkreuz, Jerusalemkreuz oder A (für Agaunum): Mauritius; mit Kreuz: Bernhard von Baden, Ferdinand III., Georg, Gereon. Als Heilige, die nicht dem fürstlichen, ritterlichen oder soldatischen Stand angehören, tragen nur Felix von Valois, Johannes von Capestrano und Ursula eine Fahne.

Falke

Der Falke auf der Hand des bekehrten Grafen Bavo von Gent verweist auf seine vornehme Herkunft. Als Edelmann mit Falke: Theobald von Provins.

Faß ↗ Gefäß, ↗ Salzfaß, ↗ Weihrauchfaß, ↗ Weinfäßchen

Willibrord: Weinvermehrung in der Echternacher Abtei; Apostel Johannes: legendäre Ölmarter (wie hl. ↗ Vitus).

Federkiel ↗ Schreibfeder

Fegefeuer

Abt Odilo von Cluny, dem die Einführung des Allerseelentages um das Jahr 1030 zugeschrieben wird: mit armen Seelen im Fegefeuer zu Füßen; Odilia mit Fegefeuer (erlöst die Seele ihres Vaters); Fegefeuer mit armen Seelen daneben: Simon Stock.

Feigenblatt

Mit Feigenblatt bekleidet: Adam und Eva bei der Vertreibung aus dem Paradies.

Fellkleidung ↗ Haar

Tragen Adam und Eva, Johannes der Täufer (Kamelfell, Mt 3,4) und der Einsiedler Onuphrius.

Fesseln ↗ Ketten

Feuerflammen ↗ Scheiterhaufen

Über dem Haupt haben Feuerflammen: Brigitta von Kildare, Hildegard von Bingen, Vinzenz Ferrér (manchmal in der Hand); neben sich: Benedikt von Aniane; aus der Brust schlagend: Franz Xaver; aus dem Herzen schlagend: Augustinus und verschiedene Mystiker; zu Füßen: Afra, Antonius Einsiedler, Christina von Bolsena, Lucia von Syrakus, Richardis, Thekla; verkehrt über den Flammen hängend: Agapitus.

Finger

Am Mund (Schweigegestus): Bruno der Kartäuser, Johannes Nepomuk, Petrus Martyr.

Fisch, Fische
Andreas, Elisabeth von Thüringen, Petrus, Erzengel Raphael, Bischof Ulrich, Bischof Zeno (an Bischofstab oder Angelrute); ein oder zwei Fische: Abt Berthold von Garsten; Fisch mit Schlüssel im Maul: Bischof Benno, Egwin; Fisch mit Ring im Maul: Arnulf von Metz, Verena.

Flammen ↗ Feuerflammen, ↗ Scheiterhaufen, ↗ Haus, brennendes, ↗ Herz

Flasche ↗ Gefäß, ↗ Fläschchen, ↗ Pilger(flasche)

Fläschchen
Medizinische Fläschchen oder Gläser bei Kosmas und Damian; der Märtyrerbischof Januarius trägt zwei Ampullen mit seinem Blut. (Dieses Blut wird alljährlich an den vier Festen des Heiligen im Dom zu Neapel wieder flüssig, wenn das Fläschchen mit dem getrockneten Blute in die Nähe des Hauptes gebracht wird.) Die Äbtissin Walburga trägt ein Ölfläschchen auf dem Regelbuch. In ihrem Reliquienschrein zu St. Walburg in Eichstätt wird alljährlich zwischen dem 12. Oktober (12. Oktober 1042 Erhebung der Gebeine und endgültige Beisetzung) und dem 15. Februar (Todestag 779) ein ölähnlicher Niederschlag beobachtet, dem heilende Kraft beigemessen wird. Remigius trägt ein Salbgefäß für die Taufe des Frankenkönigs Chlodwig.

Flaschenkrüge
Willibrord verwandelte Wasser in Wein.

Flügel
Mit Flügeln erscheint Vinzenz Ferrér und öfters Thomas von Aquin.

Frosch
Abt Pirmin (Gründungslegende Reichenau).

Früchte ↗ Blumen
Jungfrau-Märtyrin Dorothea trägt Früchte oder Blumen, meist in einem Körbchen.

Füllhorn
Kajetan von Thiene mit dem Füllhorn der göttlichen Vorsehung.

Fußwunde ↗ Beinwunde

G

Galgen
Ferreolus von Vienne.

Gans, Gänse
Brigitta von Kildare, Bischof Martin von Tours; zwei Gänse: Bischof Ludger.

Garbe ↗ Getreidegarbe

Gärtner
Abt Adalhard gräbt im Garten. Der Einsiedler Fiakrius pflügt mit einem Stab seinen Garten.

Gebetsschnur
Onuphrius.

Gedärme ↗ Winde

Gefangene neben sich
Felix von Valois, Johannes von Matha, Petrus Nolaskus und Raimund Nonnatus als Befreier und Loskäufer von Christensklaven; Leonhard als Patron der Gefangenen.

Gefäß ↗ Becher, ↗ Faß, ↗ Flasche, ↗ Fläschchen ↗ Kanne, ↗ Kessel, ↗ Kübel, ↗ Salbengefäß, ↗ Schale, ↗ Topf
Die irdenen Gefäße zur Seite der Märtyrinnen Justa und Rufina bezeugen ihre Abstammung als Töchter eines Töpfers; mit Wassergefäß (Heilbrunnen): Gerlach; mit Weingefäß: Elisabeth von Portugal.

Geißel
Die Bußgeißel haben bei sich: Aloisius von Gonzaga, Bonifatius, Elisabeth von Reute, Franz von Paula, Hieronymus, Karl Borromäus, Mathilde (bleierne Geißel), Margareta von Cortona, Petrus von Alcán-tara, Petrus Damiani, Radegundis von Thüringen; die Geißel als Marterwerkzeug: Ferreolus, Gervasius und Protasius; Ambrosius züchtigt mit öffentlicher Kirchenbuße den Kaiser Theodosius I. d. G. für dessen unbarmherzige Rache im Blutbad zu Thessalonich 390. Auf die Geißel der Verbannung verweist dieses Attribut bei Bischof Eleutherius von Tournai.

Gekreuzigt
Dargestellt sind: Eulalia von Mérida, Julia von Korsika, die legendäre bärtige Wilgefortis oder Kummernus, mit dem Haupte nach unten der Apostel Petrus.

Geldbeutel
Tragen die Wohltäter Herzog Amadeus IX. von Savoyen, Gutmann von Cremona, Mathilde, Bischof Nikolaus, Erzbischof Thomas von Villanova sowie Salome und Judith von Niederaltaich. Papst Sixtus II. übergibt bei Ausbruch der valerianischen Verfolgung die „Schätze" der Kirche dem Diakon Laurentius zur Verteilung an die Armen. Der Geldbeutel in der Hand des Apostels Matthäus erinnert an seinen früheren Beruf als Zöllner. Bei Hemma von Gurk ist im Geldbeutel der gerechte Lohn für die Bauarbeiter.

Geldbörse
Bavo.

Geldstück
Papst Sixtus II., Elisabeth von Thüringen. Die Märtyrin Korona verdankt es ihrem Namen (lat. Corona = „Krone" als Münze), ein Geldstück bei sich zu haben und in Geldangelegenheiten angerufen zu werden.

Cyriakus mit Geld als Almosenspender, ebenso Bischof Martin von Tours.

Gerippe ↗ Totengerippe

Gesetzestafeln
Moses.

Gesteinsprobe ↗ Erzstufe

Getreidegarbe ↗ Korn
Damit sind die beiden Märtyrer Johannes und Paulus sowie Donatus von Münstereifel als Wetterheilige gekennzeichnet. Die Garbe läßt Notburga von Eben als bäuerliche Dienstmagd und Isidor von Madrid als Bauernknecht erkennen.

Glatze
Meist mit Glatze und Bart: Apostel Paulus.

Globus ↗ Weltkugel
Raimund Lullus (Symbol für große Gelehrsamkeit und seine weiten Missionsreisen); einen Globus mit Kreuzzeichen als göttlicher Bote: Erzengel Michael.

Glocke
Antonius der Einsiedler hält die Bettlerglocke in der Hand, oder sie hängt an seinem Stab oder um den Hals eines Schweines. Bei Lioba erinnert die Glocke an den Traum der Mutter; bei Romanus von Subiaco die Handglocke und der Brotkorb an einem Seil an Benedikts Speisung; bei Theodul von Sitten muß der Teufel eine Glocke von Rom nach Sitten tragen.

Goldschmiedegeräte
Bischof Bernward von Hildesheim, Bischof Eligius.

Götzenbilder
Zerstören die römischen Märtyrer Felix und Adauktus, Vigilius von Trient und Kassian.

Granatapfel
Johannes von Gott.

Griffel
Attribut des deutschen Mystikers und Dichters Heinrich Seuse, der sich damit das Monogramm IHS in seine Brust ritzte, und des Märtyrers Kassian, der als Lehrer von seinen heidnischen Schülern mit eisernen Griffeln zu Tode gequält wurde.

Grube ↗ Löwengrube
Chrysanthus und Daria (Martyrium).

Grundriß einer Kirche
Bei Kirchen- und Klostergründern am Ort ihrer Stiftung.

H

Haar ↗ Glatze
Agnes wird auch nackt dargestellt mit langen Haaren, die ihren Leib wie ein Kleid einhüllen. Als Büßerin erscheint Maria von Ägypten halb nackt, jedoch von ihrem langen Haupthaar umhüllt, ebenso Maria Magdalena.
Als langhaariger Einsiedler Onuphrius, mit Blättern oder Fellen bedeckt bzw. ganz mit Haaren bewachsen.
Mit kurzem, krausem Haar, häufig mit Stirnlocke und Tonsur: Petrus Apostel.

Habit ↗ Ordenstracht

Hacke ↗ Beil
Heinrich von Bozen, Isidor von Madrid, Vinzenz von Saragossa als Patron der Holzhauer.

Hackmesser im Kopf
Petrus Martyr.

Hahn
Edigna, Odilia, Petrus, Vitus.

Haken, eiserne
Als Marterinstrumente der Blutzeugen Agatha, Christina von Bolsena und Vinzenz von Saragossa.

Hammer ↗ Goldschmiedegeräte, ↗ Schlegel
Bischof Bernward, Bischof Eligius, Reinhold von Köln, die Vier Gekrönten.

Hand
Eine abgehauene Hand halten Adrian von Nikomedien und seine Gattin Natalia. Hände auf das Haupt genagelt: Märtyrer Pantaleon. Gerichtshand: Ludwig IX.

Harfe
Arnold von Arnoldsweiler, Musiker von Beruf; König David, Dichter und Sänger der Psalmen; selten Cäcilia.

Harnisch ↗ Panzer
Im Harnisch treten auf Kaiser Heinrich II., Markgraf Leopold III. von Österreich, „Britenkönig" Lucius, Ludwig IX. von Frankreich, Stephan I. von Ungarn, Viktor von Xanten, Herzog Wenzeslaus von Böhmen und der mit dem karolingischen Feldherrn Wilhelm von Aquitanien verwechselte Ordensstifter Wilhelm von Malavalle.

Haspel ↗ Winde

Haupt ↗ Kopf, ↗ Kephalophoren

Haus, brennendes
Florian.

Haut
Apostel Bartholomäus trägt seine beim Martyrium abgezogene Haut über dem Arm.

Hechel, eiserner Kamm
Marterinstrument von Blasius und Hippolytus.

Heiden
Bekehrte Heiden neben sich: Missionare.

Heiligenfeste
Heiligenfeste entspringen dem Gedächtnisgottesdienst, der alljährlich mit festlichem Charakter am Tage der Beisetzung (natale) oder der Übertragung der Gebeine (translatio) eines Märtyrers in ein Gotteshaus begangen wurde. Die ersten Feiern

dieser Art sind im 2.–3. Jh. bezeugt; vom Ende des 4. Jh.s an wird diese Ehre auch den Bekennern (confessores), die zwar Verfolgung gelitten, aber dabei nicht getötet worden waren, zuteil; um 400 erfolgte die Ausdehnung auf hervorragende Bischöfe, seit dem 2. Jahrtausend auch auf andere Personen.

Heiligsprechung, Kanonisation
Feierliche, dem Papst vorbehaltene Aufnahme eines Verstorbenen in das Verzeichnis der Heiligen, wodurch seine liturgische Verehrung ermöglicht wird. Voraus geht ein teils in der Heimatdiözese, teils vor der Ritenkongregation zu führender Prozeß, der bei positivem Ausgang mit der Seligsprechung endet. Treten nach dieser noch zwei unzweifelhaft feststehende Wunder hinzu, die der Fürsprache des Seligen zugeschrieben werden müssen, so kann der eigentliche Heiligsprechungsprozeß eingeleitet werden; diesen schließt die meist in St. Peter stattfindende Heiligsprechung durch den Papst ab. Die erste formelle Heiligsprechung war die des hl. Ulrich von Augsburg durch Papst Johannes XV. im Jahr 993.

Hellebarde
Marterwerkzeug der Blutzeugen Judas Thaddäus, Matthäus, Matthias, König Olaf, Wiborada.

Helm ↗ Kopfbedeckung
Wilhelm von Aquitanien und Wilhelm von Malavalle.

Herz ↗ Herz Jesu
Medardus, Vitalis; brennendes Herz: Augustinus, Franz Xaver, Ignatius von Loyola, Irmgard von Chiemsee, Maria Magdalena de' Pazzi, Theresia von Avila, Vinzenz von Paul; brennendes Herz, von Pfeil durchbohrt:

Theresia von Avila; Herz von Pfeil durchbohrt: Gerhard von Csanád; von zwei Pfeilen durchbohrt: Augustinus; von Dornen umwundenes Herz: Franz von Sales; geflügeltes, flammendes Herz: Kajetan von Thiene; Herz mit Kreuz: Birgitta von Schweden, Katharina von Siena; Herz mit IHS: Johanna Franziska de Chantal.

Herz Jesu
Die Bahnbrecher der Herz-Jesu-Verehrung: Gertrud von Helfta, Johannes Eudes, Mechtild von Hackeborn und Margareta Alacoque. Herz Jesu und Herz Mariä auf der Brust: der Mystiker Alfons Rodriguez.

Herzogshut
Achatius, Bischof Burkhard von Würzburg, Florian, Hedwig, Mauritius, Vitus, Wenzeslaus; Herzogshut neben sich: Franz de Borgia.

Heugabel
Isidor von Madrid.

Himmelsleiter
Angela Merici, Bathildis, Patriarch Jakob, Abt Romuald.

Hirsch ↗ Hirschkuh
Ein Hirsch mit leuchtendem Kreuz im Geweih erscheint dem römisch-heidnischen General Eustachius anläßlich einer Jagd und führt seine Bekehrung herbei; ebenso dem „Jäger" Hubert, dem nachmaligen Bischof von Maastricht; dem Diakon Meinolf, um ihn zur Gründung des Klosters Böddeken bei Paderborn zu veranlassen. Ein weißer Hirsch mit rotem und blauem Kreuz im Geweih war dem Ordensstifter Felix von Valois Beweggrund zur Gründung des Trinitarierordens, wobei der Hirsch eine Anspielung auf das bei Paris gelegene Hauptkloster Cerfroid

(lat. Cervusfrigidus = kalter Hirsch) ist. Das gleiche Attribut führt der Mitbegründer Johannes von Matha. Ein Hirsch mit 12 Lichtern auf dem Geweih ist Führer der unschuldig verstoßenen Ida von Toggenburg. Einem Hirsch bot Ida von Herzfeld Schutz vor Jägern.

Hirschkuh

Eine Hirschkuh beschützt Katharina von Schweden gegen die Angriffe zuchtloser Jünglinge und ist Attribut des Abtes Ägidius, der sie vor Jägern schützt. Drei Hirschkühe versorgten den Missionar Goar mit Milch, mit der er auch Verdurstende tränkte.

Hirtenstab ↗ Stab

Stab mit schaufelförmigem Ende (Hirtenschippe): Joachim, Paschalis Baylon, Wendelin.

Holz

Mit einem Bündel Holz: Franziska von Rom.

Holzscheit

Mit brennendem Holzscheit: Afra, Emerita.

Holzschuh ↗ Schuhe

Bischof Vigilius von Trient (Marterinstrument).

Horn

Bischof Hubert von Maastricht erscheint als Jäger mit Jagdhorn, ebenso Eustachius. Papst Kornelius verdankt dieses Attribut, das er in der Hand hält, seinem Namen, der vom lat. cornu = Horn abgeleitet wurde. Ab dem 12. Jh. wird Moses mit Hörnern dargestellt (wegen einer mißverstandenen Übersetzung).

Hostie ↗ Kelch, ↗ Kommunion

Pfarrer Burkart von Beinwil, Servitenoberin Juliana von Falconieri (die Hostie auf der linken Brustseite erinnert an ihre wunderbare letzte heilige Kommunion); Onuphrius; mit drei Bluthostien: Gregor I. d. G.
Der junge römische Diakon Tarsicius trägt die Eucharistie zu den Gläubigen, wird dabei vom heidnischen Pöbel überfallen und erschlagen.

Hufeisen

Eligius.

Hund

Ein Jagdhund begleitet manchmal den einstigen Jäger Hubert, nachmals Bischof von Maastricht. Ein Hund führt Margareta von Cortona zum entstellten Leichnam ihres Liebhabers, bei dessen Anblick sie sich bekehrt und ihr restliches Leben in Buße verbringt. Der pestkranke Pilger Rochus wird in seiner Waldhütte durch den Hund eines leichtlebigen Bürgers mit Brot versorgt. Der den Ordensstifter Dominikus begleitende weiß-schwarz gefleckte Hund trägt eine Fackel, der Hund des Mystikers Heinrich Seuse ein rotes Tuch im Maul. Bernhard von Clairvaux wird mit einem weißen Hündchen dargestellt (Traum der Mutter). Einen Höllenhund zu Füßen hat Eucharius, der erste Bischof von Trier, der gegen das Heidentum ankämpfte. Notker prügelt mit seinem Stab den ihn in Gestalt eines Hundes versuchenden Teufel.

Hut ↗ Kopfbedeckung, ↗ Herzogshut, ↗ Kardinalshut, ↗ Pilger

Mit spitzem Judenhut: Aaron; mit Markgrafenhut: Markgraf Leopold III.

I

IHS (Namenssymbol Jesu)
Das IHS sind die Anfangsbuchstaben des in griechischen Großbuchstaben geschriebenen Namens Jesu (JHSOUS), auch gedeutet als „Jesus hominum salvator" (Jesus, der Menschen Heiland): Bernhardin von Siena, Heinrich Seuse, Ignatius von Loyola (oft mit Kreuz und drei Nägeln), Johannes von Capestrano, Thomas von Aquin, Vinzenz Ferrér.

Indianer
Dominikanermissionar Ludwig Beltrán; Indianer neben sich lehrend: Franz Solano.

Infel, Mitra, Bischofsmütze ↗ Kopfbedeckung
Kopfbedeckung der Bischöfe und Äbte, aus der kugelförmigen Mütze des Papstes (Phrygium) entstanden. Sie besteht aus einem vorderen und einem hinteren, jeweils in eine Spitze auslaufenden Teil. Vom rückwärtigen Teil fallen zwei Streifen auf den Rücken hinab. Die Infel wird nur zur Kasel oder zum Pluviale getragen. Steht eine Infel zu Füßen eines Heiligen, so ist damit die Ablehnung der Bischofswürde symbolisiert.
Mit drei Infeln: Bischof Maternus; mit Schwert in der Infel: Thomas Becket.

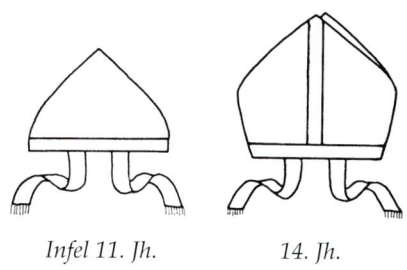

Infel 11. Jh.   *14. Jh.*

16. Jh.

INRI-Schild
Helena als Auffinderin des Kreuzes Christi.

J

Jäger ↗ Hirsch
Bei der Jagd: Eustachius, Hubert von Maastricht.

Jesuskind
Läßt sich tragen von: Antonius von Padua, Felix von Cantalice, Hermann Joseph, Joseph Nährvater, Kajetan von Thiene, Rosa von Lima, Simeon, Stanislaus Kostka und auf der Schulter vom Riesen Christophorus. Es erscheint über dem Kelch von Alto und Hugo von Lincoln sowie auf dem Buch bei Antonius von Padua. Es reicht Johannes von Gott einen Granatapfel. Es wird von Maria an Maria Magdalena de' Pazzi gereicht (Vision). Das Jesuskind im Herzen trägt Gertrud von Helfta. In der Szene der mystischen Vermählung mit dem Jesuskind: Katharina von Alexandrien. Das Jesuskind anbetend: Drei Könige.

Jungfrau
Der Stand der Jungfrau bezeichnet die christliche Lebensform, auf die Ehe zu verzichten und dafür ein nach Heiligkeit strebendes Leben zu wählen.

Jüngling
Als Jüngling dargestellt: Agapitus, Aloisius, Hermann Josef, Stanislaus Kostka, Tarsicius, Vitus. Mit phrygischer Mütze: Prophet Daniel.

K

Kaiserkrone
Die heiligen Kaiser und Kaiserinnen: Heinrich II., Adelheid (Gemahlin Ottos d. G.), Helena (Mutter Konstantins d. G.), Irmgard (Gemahlin Lothars I.), Kunigunde (Gemahlin Heinrichs II. des Heiligen); im rheinischen Raum der „selige" Karl d. G.

Kamm ↗ Hechel
Elisabeth von Thüringen und Verena versorgen Arme und Aussätzige, der Kamm ist Zeichen ihrer Liebesdienste.
Ein eiserner Kamm (Hechel) ist Marterwerkzeug von Blasius und Hippolytus sowie von Margareta von Antiochien.

Kanne ↗ Gefäß, ↗ Krug
Gunthildis mit Milchkanne.

Kappe ↗ Kopfbedeckung.
Mit gekreuzten Eisenstreifen: Wilhelm von Malavalle; mit Lederkappe: Franz Regis.

Kardinalshut
Attribut der Kardinäle Bonaventura, Karl Borromäus, Petrus Damiani (über ihm schwebend), Raimund Nonnatus und seit dem 13. Jh. des Kirchenlehrers Hieronymus, der 382–385 als Sekretär und Beirat des heiligen Papstes Damasus im Range eines „Kardinals" stand. Vinzenz Ferrér mit einem Kardinalshut zu Füßen.

Kästchen
Mit Geldkästchen: Korona.

Kasel ↗ Meßgewand

Katechismus ↗ Buch

Kelch ↗ Speisekelch, ↗ Becher
Kelch: Barbara, Eligius, Florinus, Goar, Nikomedes, Odilia, Tillo, Waldetrudis; Kelch mit Hostie: Barbara, Onuphrius, Thomas von Aquin; als Vision: Franz de Borgia; Kelch mit drei Hostien darüber: Bischof Maternus, Papst Telesphorus; Kelch mit Jesuskind: Alto, Hugo von Lincoln; Kelch mit drei Rosen: Hermann Joseph; Kelch mit Schlange: Benedikt von Nursia, Apostel Johannes; Kelch mit Spinne: Konrad von Konstanz, Norbert von Xanten; Kelch voller Geldstücke: Laurentius von Rom (Verwalter des Kirchenvermögens). Als Goldschmied einen Kelch bearbeitend: Bernward.

Kephalophoren
Jene Heiligen, die der Legende zufolge nach der Enthauptung ihren Kopf noch ein Stück des Weges in der Hand getragen hätten: Adalbert von Prag, Alban, Dionysius, Felix, Regula und Exuperantius, Firminus, Placidus von Disentis, Valeria, Viktor von Solothurn; Schädeldecke mit Infel in der Hand: Erzbischof Nikasius von Reims.

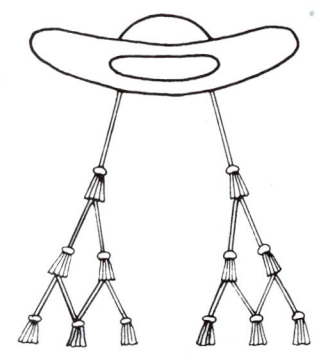

Kardinalshut

Kerze

Eine brennende Kerze als Attribut haben die Äbtissin Adelgundis; Brigitta von Kildare, die von der brennenden Kerze geschmolzenes Wachs auf ihren Arm träufeln läßt; Genovefa und Gudula (meist mit Teufel, der das Licht ausbläst) und Bischof Blasius, dem eine Frau nach der Legende Speise und Licht in den Kerker brachte, trägt eine oder zwei gekreuzte Kerzen in der Hand. Mit gewundener Kerze Agatha; redendes Attribut bei Lucia von Syrakus (Lucia = lux = Licht).

Kessel ↗ Gefäß, ↗ Weihwasserkessel

Als Marterwerkzeug: Cyprianus und Justina, Erasmus, Johannes Evangelist und Vitus. Mit Kind und Kessel: Vinzenz Ferrér.

Ketten

Ketten halten in der Hand: Ferreolus (Wunder der Befreiung); Johannes vom Kreuz (Gefangenschaft); Leonhard (als Patron der Gefangenen); Felix von Valois, Johannes von Matha, Petrus Nolaskus und Raimund Nonnatus (als Loskäufer von Gefangenen); Bußketten um den Leib: Paschalis Baylon, Wilhelm von Malavalle; Amtskette: Thomas Morus; Kette mit Brustkreuz: Bischöfe und Äbte; Magisterkette: Thomas von Aquin; eine Kette als Gurt: Papst Cölestin V.

Kettenhemd

Nabor und Felix, Wilhelm von Malavalle.

Keule

Die Keule bedeutet den Martertod durch die Hand der Heiden, im Gegensatz zum Dolch (Meuchelmord) und Schwert (Tod durch Richterspruch): Adalbert von Prag, Apollinaris, der schwarze Ewald,

Jakobus d. J., Judas Thaddäus, Meinrad, Nikomedes, Sebastian (selten). Mit Stachelkeule: Fidelis von Sigmaringen und Placidus von Subiaco.

Kind ↗ Knabe

Kind in der Wiege: Ambrosius; Wickelkind: Briktius; nacktes Kleinkind: Willibrord; verkrüppeltes Kind: Valentin von Terni; Kind auf dem Arm: Elisabeth mit dem kleinen Johannes, Joachim manchmal mit dem Marienkind, Vinzenz von Paul; bei sich: Wilfried; Kind mit Blumenkörbchen: Dorothea; Kind im Rachen eines Wolfes: Simpert; Kind und Kessel: Vinzenz Ferrér.

Kinder

Kinder werden unterrichtet von Petrus Canisius, Johannes Bosco und Josef von Calasanza; zwei Kinder am Arm ↗ Anna selbdritt; mit Kindern dargestellt: Ivo, Johannes von Gott; mit ihren neun Kindern: Dorothea von Montau.

Kirchenmodell

Attribut vieler heiliger Kirchenerbauer, besonders von: Kaiser Heinrich II., Karl d. G., Markgraf Leopold, der Bischöfe Ludger, Kunibert, Virgil, Willehad und Wolfgang; zwei Kirchenmodelle: Robert von Molesme; dreitürmiges Modell: Bischof Maternus von Köln; Pilger Sebald mit Modell der Sebald-Kirche in Nürnberg, die über seinem Grab errichtet wurde; Erentrudis als Patronin der Nonnberger Stiftskirche.

Kirchenväter

Die vier großen abendländischen (lateinischen) Kirchenlehrer haben als Kennzeichen: Bischof Ambrosius einen Bienenkorb; Bischof Augustinus ein flammendes Herz in der Hand oder einen knabenhaften Engel neben sich; der als Kardinal dargestellte Hieronymus einen Löwen; Papst Gregor I. d. G. eine Taube. – Die vier großen morgenländischen (griechischen) Kirchenlehrer sind die Bischöfe Basilius der Große, Gregor von Nazianz, Johannes Chrysostomus, Athanasius. Ihre Kennzeichen sind nicht so eindeutig wie die der abendländischen. Da sie in der westlichen Kunst selten dargestellt sind, werden sie hier nicht behandelt.

Knabe ↗ Kind
Der Legende gemäß sitzt zu Füßen des Kirchenlehrers Augustinus ein Knabe, der mit einem Löffel das Meer ausschöpfen will, um ihn zu belehren, daß er ebensowenig das Wesen der göttlichen Dreifaltigkeit ergründen könne. Ulrich von Zell heilt einen Knaben; der Prophet Elias und Hyazinth von Polen erwecken einen Knaben zum Leben; drei Knaben in einem Bottich: Nikolaus von Myra und Siegfrid; mit einem Knaben, den er von einer verschluckten Fischgräte befreite: Bischof Blasius.

Knüttel
Hippolytus und Placidus von Subiaco (Marterwerkzeug), Vitus (Schläge des Vaters).

Kochlöffel
Martha von Bethanien.

Kohlen, glühende
Im Pluviale: Bischof Briktius von Tours; im Rochett: Bischof Lambert von Maastricht; im Gewand: Agapitus und der Diener Godebertas.

Kommunion ↗ Hostie
Ein Engel reicht die heilige Kommunion dem Kirchenlehrer Bonaventura, der Mystikerin Elisabeth von Reute, dem Einsiedler Onuphrius und dem Jüngling Stanislaus Kostka. Erste Kommunion: Kardinal Karl

Borromäus reicht sie dem jungen Aloisius von Gonzaga; letzte Kommunion: Günther, Joseph von Calasanza.

König ↗ Zepter
Dagobert, David, Eduard der Bekenner, Edwin, Erich, Knud, Kasimir, Lucius, Ludwig IX., Olaf, Oswald, Richard, Sigismund, Stephan I. von Ungarn.
Kleinen König neben sich: Missionsbischof Wulfram hat den Friesenkönig Radbod neben sich, der im letzten Moment auf die Taufe verzichtet.

Kopf ↗ Haupt, ↗ Kephalophoren
Mit abgeschlagenen Häuptern: Simplicius und Faustinus; abgeschlagener Kopf mit Schwert darin: Thomas Becket; drei Köpfe in der Hand: Siegfrid; sieben Köpfe tragend: Felicitas; gekröntes Haupt tragend: Bischof Gisbert; abgeschlagener Kopf auf einer Schüssel: Johannes der Täufer; mit dem Haupt des Riesen Goliath: David.

Kopfbedeckung ↗ Helm, ↗ Hut, ↗ Infel, ↗ Kappe, ↗ Mütze, ↗ Tiara, ↗ Turban

Kopfwunde
Petrus Martyr. Rita von Cascia trägt Wunden von der Dornenkrone. Die mit Keulen erschlagenen Ordensleute Fidelis und Meinrad haben eine Stirnwunde.

Kopfbinde
Mit Kopfbinde oder Diadem: Erzengel Michael.

Korb
Missionsbischof Silvinus trägt einen Rücktragkorb mit Steinen nach Rom. Mit Brotkorb abgebildet sind die Wohltäterinnen Elisabeth von Thüringen, Franziska von Rom;

einen Korb mit Blumen (Rosen) oder Früchten hat die Jungfrau-Märtyrin Dorothea; am Seil einen Brotkorb: Romanus von Subiaco.

Korn ↗ Ähren, ↗ Getreidegarbe
Bernhard von Aosta.

Kranke ↗ Krüppel
Pflegen oder heilen: Didakus, Edith, Eduard der Bekenner, Johannes von Gott, Kamillus.

Kranz
Blumenkranz: Cäcilia; Kranz von Rosen auf dem Haupt: Johannes von Krakau, Heinrich Seuse, Rosa von Viterbo, Rosalia.

Kreuz ↗ Gekreuzigt, ↗ Kreuzstab, ↗ Kruzifix, ↗ Missionskreuz.
Beim Kreuze Christi stehen seine Mutter Maria und sein Lieblingsjünger Johannes, während Maria Magdalena meist kniend das Kreuz umklammert.
Ein großes Kreuz halten in der Hand: Achatius, Dismas, Helena, Philippus; schräges Kreuz ("Andreaskreuz"): Apostel Andreas; umgekehrtes Kreuz: Petrus; Stabkreuz: Margareta von Antiochien; Kreuz in T-Form (Antoniuskreuz, Ägyptisches Kreuz): Apostel Philippus.
Bischof Bernward hält ein von ihm gefertigtes Goldschmiedekreuz in der Hand (Bernwardkreuz). Kreuz, aus dem Bänder mit Inschriften seines Traktates wachsen: Bonaventura. Großes härenes Kreuz mit Stacheln: auf der Brust von Ferdinand III.

Kreuzstab
Der Kreuzstab mit drei Querbalken kennzeichnet Päpste, der Kreuzstab mit zwei Querbalken Erzbischöfe, Kardinäle oder Patriarchen. Kreuzstab mit einem Querbalken: Franz Regis, Johannes der Täufer.

Krieger ↗ Ritter, ↗ Soldat

Krokodil
Als Abart des Drachens zu Füßen: Theodor von Euchaïta.

Krone ↗ Kaiserkrone, ↗ König
Bestandteil der königlichen Tracht oder Attribut. Als Attribut entweder Symbol des himmlischen Lohnes für das Märtyrertum (vor allem bei jungfräulichen Märtyrinnen) oder für ein heiliges, tugendhaftes Leben oder Hinweis auf legendäre oder tatsächliche fürstliche Herkunft: Bathildis, Chlothilde, Elisabeth von Portugal (ein bis drei Kronen), Elisabeth von Thüringen (ein bis drei Kronen), Emerita, Hedwig, Landelin, Mathilde, Ursula, Walburga.
Oft liegt auch die Krone am Boden oder neben dem Heiligen als Zeichen für den Verzicht auf fürstliche Würde, Macht und Besitz: Aloisius von Gonzaga, Franz de Borgia, Jodok, Ludwig von Toulouse, Salome. – Drei Kronen als Attribut haben

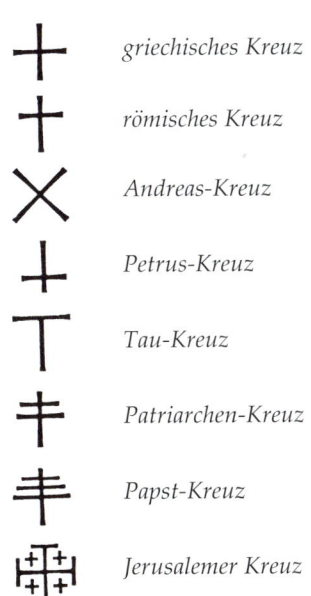

griechisches Kreuz

römisches Kreuz

Andreas-Kreuz

Petrus-Kreuz

Tau-Kreuz

Patriarchen-Kreuz

Papst-Kreuz

Jerusalemer Kreuz

Angelus, Petrus Martyr und Raimund Nonnatus als Symbole für Martertod, Keuschheit und Beredsamkeit bzw. Glaubenseifer sowie Rita von Cascia (wie Raimund Nonnatus auf einem Palmzweig).

Krückstab
Haben die Einsiedler Paulus von Theben und Antonius.

Krug ↗ Brot und Krug, ↗ Kanne
In der Hand oder neben sich haben die karitativen Heiligen: Didakus, Elisabeth von Thüringen, Notburga von Eben (Zinngefäß = Notburgenkanne) und Verena. Beim Priester Florinus erinnert die Kanne an ein Weinwunder. Johannes der Täufer mit Krug bei der Taufe Christi.

Krummstab ↗ Abt, ↗ Äbtissin, ↗ Bischof
Attribut heiliger Bischöfe.

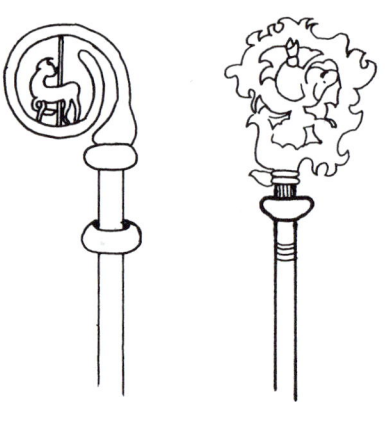

mittelalterlicher Krummstab *barocker Krummstab*

Krüppel
Bei Elisabeth von Thüringen und Martin von Tours sind die beschenkten Bettler oft als Krüppel dargestellt; verkrüppeltes Kind: Valentin.

Kruzifix ↗ Kreuz
Unter Kruzifix versteht man ein selbständiges Kreuz mit einer Darstellung des Gekreuzigten daran. Ein Kruzifix tragen in der Hand die Prediger und Künder des Gekreuzigten: Albert von Trapani, Bernhard von Clairvaux, Bonaventura, Franz Xaver; der Blutzeuge Johannes Nepomuk; die stigmatisierten Elisabeth von Reute, Katharina von Siena und (mit einem geflügelten Kruzifix) Franz von Assisi; die Herz-Jesu-Mystikerin Gertrud von Helfta, Nikolaus von Tolentino, Peregrinus Laziosi, Rosalia.

Kübel ↗ Gefäß, ↗ Bottich, ↗ Milchkübel, ↗ Topf
Florian löscht mit einem Kübel voll Wasser ein brennendes Haus. Bischof Rupert hat als Patron des Salzbergbaus einen Salzkübel als Attribut.

Kuchen
Mit Aschenkuchen: Sebald (Brotwunder).

Kugeln
Drei goldene Kugeln: Bischof Nikolaus von Myra.

Kuh
Brigitta von Kildare (bäuerliche Herkunft); Dienstmagd Gunthildis: mit Kuh und Käselaib.

L

Lamm
Das Lamm ist Attribut bei Agnes von Rom, Joachim, Johannes dem Täufer (der Christus als „Lamm Gottes" verkündet), Papst Klemens I. und Wendelin.

Lampe ↗ Laterne
Sie ist ein Symbol der Andacht, die mit Gott verbindet (der Licht und Leben ist und Finsternis und Tod verbannt), und ein Sinnbild der Wachsamkeit und der Bereitschaft. Attribut bei Albert von Trapani, Katharina von Schweden, Lucia von Syrakus. Bei Vitus Symbol für das Lampenwunder in der Gefangenschaft.

Lanze
Generelles Standesattribut der Ritter. Marterinstrument bei: Adalbert von Prag, Edwin, Gerhard von Csanád, Knud, Kordula, Bischof Lambert, Apostel Thomas.

Lanzenspitze
Dagobert (Mordinstrument).

Laterne
Dorothea von Montau, Gudula.

Leidenswerkzeuge Christi
In der Hand der Heiligen (meist Kreuz, Dornenkrone, Lanze, Nägel, Schwamm, Geißel) verweisen sie auf deren besondere Abtötung und Buße in der Verwirklichung der Kreuzesnachfolge Christi: Bernhard von Clairvaux, Maria Magdalena de' Pazzi, Veronika Giuliani.

Leiter ↗ Himmelsleiter
Marterwerkzeug bei Bischof Emmeram.

Lendenschurz
Mit Lendenschurz bekleidet: Dismas, Ernst von Zwiefalten, Hieronymus, Sebastian, Thiemo; Adam bei der Vertreibung aus dem Paradies.

Lilie
Symbol der Jungfräulichkeit und Herzensreinheit. Dieses Attribut wird im besonderen zugeeignet den Heiligen: Albert von Trapani, Aloisius von Gonzaga, Angela Merici, Antonius von Padua, Balbina, Dominikus, Edmund von Canterbury, Emmerich, Eulalia, Euphemia von Chalkedon, Hermann Joseph, Hyazinth von Polen, Johannes vom Kreuz, Joseph Nährvater, Juliana Falconieri, Kajetan von Thiene, Kasimir, Katharina von Schweden, Katharina von Siena, Klara von Assisi, Ludwig von Toulouse, Maria Magdalena de' Pazzi, Maurus von Subiaco (drei Lilien), Nikolaus von Tolentino, Notburga von Eben, Philipp Neri, Philippus Benitius, Raimund von Peñafort, Robert von Molesme, Rosa von Lima, Rosalia, Salome, Stanislaus Kostka, Vinzenz Ferrér; die beiden Erzengel Gabriel und Michael als Botenstäbe; eine Lilie ist Attribut des Bischofs Vitalis, weil eine solche der Legende zufolge als Zeichen der Reinheit seines Herzens seinem Grabe entsproß; Ludwig IX. von Frankreich trägt sie in Anspielung auf das Lilienwunder; Lilien fallen Angelus dem Karmeliten aus dem Mund.

Löffel ↗ Kochlöffel
Elisabeth von Thüringen, Martha von Bethanien.

Lorbeerkranz
Als Soldaten mit Helm oder Lorbeer-

kranz: die Märtyrer Johannes und Paulus.

Lourdesgrotte
Bernadette Soubirous wird vor der Immaculata kniend in der nachgebildeten Erscheinungsgrotte von Lourdes dargestellt.

Löwe
Als Attribut der Märtyrer, die wilden Tieren vorgeworfen wurden: Adrian, Agapitus, Daria, Euphemia von Chalzedon, Eustachius, Priska, Thekla, Vitus. Bei Hieronymus als Symbol dafür, daß er „wie ein Löwe" als Einsiedler in der Wüste lebte. Der geflügelte Löwe ist Symbol des von Markus verfaßten zweiten Evangeliums. Zwei Löwen kamen aus der Wüste, um das Grab für den Einsiedler Paulus von Theben zu graben.

Löwengrube
Dem biblischen Bericht zufolge bleibt der in der Löwengrube sitzende Prophet Daniel von den Tieren verschont (Dan 6,17–25).

M

Mädchen (drei heilige Madln) ↗ Virgines capitales
Gruppe der heiligen Jungfrauen und Märtyrinnen Barbara, Margareta von Antiochien und Katharina von Alexandrien, denen laut ihren Legenden die Erhörung aller ihrer Fürbitten zugesagt war. Sie gehören zu den ↗ 14 Nothelfern und sind häufig gemeinsam in Kunstwerken dargestellt. Der uralte Spruch: „Barbara mit dem Turm, Margareta mit dem Wurm, Katharina mit dem Radl, das sind die drei heiligen Madl" weist auf die Attribute der einzelnen Heiligen hin.
Mit kniendem Mädchen: Remigius; mit Mädchen (Artemia) zu Füßen: Diakon Cyriakus.

Madln ↗ Mädchen

Malerpalette
Jakob Griesinger, Evangelist Lukas.

Mann
Die Jungfrau Amalberga steht auf einem gekrönten Mann, weil sie Karl Martells Bewerbung abwies; einen Edelmann abweisend: Edith von Wilton; überwundene Gegner zu Füßen: Johannes von Capestrano, Katharina von Alexandrien, Bischof Lambert von Maastricht; Barbara mit besiegtem Vater; Norbert von Xanten mit dem Ketzer Tanchelm.

Mantel ↗ Pluviale
Ursula, die Anführerin der in Köln gemarterten Jungfrauen, breitet als Schutzmantelfrau – wie Maria – ihren Mantel über ihre Gefährtinnen; Waldetrudis über ihre zwei zur Heiligkeit heranwachsenden Töchter; Bilhildis über die Nonnen ihres Klosters. Martin von Tours teilt vom Pferd herab seinen Soldatenmantel mit einem frierenden Bettler. Franz von Paula fährt in Ermangelung eines Schiffes auf seinem Mantel nach Sizilien, ebenso verwendet Raimund von Peñafort seinen Mantel als Segel.

Maria als Erscheinung
Maria erscheint als Immaculata ohne Kind der Bernadette Soubirous in der Grotte von Lourdes. Sie erscheint dem Zisterzienserabt Stephan Harding, Anselm von Canterbury, Bernhard von Clairvaux, Emmerich, Franziska von Rom. Sie übergibt Dominikus den Rosenkranz, Simon Stock das Skapulier, Ildefons von Toledo ein weißes Meßgewand und setzt Johannes von Krakau einen Kranz aus Rosen auf das Haupt.

Marienbild
Der Legende zufolge malte der Evangelist Lukas das erste Marienbild, wohl mit Bezug auf die ausführliche Schilderung der Kindheitsgeschichte Jesu in seinem Evangelium. Ebenfalls mit Marienbild: Edmund von Abington, Laurentius von Brindisi, Stanislaus Kostka.

Marienstatue
Tragen König Ferdinand III. von Kastilien, Herzogin Hedwig von Schlesien, Hyazinth von Polen; die Gnadenstatue von Altötting: Bischof Rupert.

Marschälle Gottes (die vier heiligen)
Gruppe von Heiligen mit Nothelferfunktion, die vor allem im kölnischen Gebiet als Fürbitter bei Seuchen und allgemeinen Nöten verehrt wurden.

Diese Funktion des Hofmarschalls für die himmlische Sachwaltung hatten: Antonius Einsiedler, Hubert von Maastricht, Papst Kornelius und Quirinus von Neuß.

Märtyrer, Blutzeugen ↗ Heiligenfeste
Gläubige, die um Christi willen (wegen Verweigerung des Glaubensabfalles oder der Einwilligung in eine andere Sünde, aus Haß gegen den christlichen Glauben) getötet worden sind und als Märtyrer von der Kirche anerkannt wurden. Diese für eine öffentliche Verehrung erforderliche Anerkennung ist seit 1634 dem Papst vorbehalten. Den Märtyrern wurde als getreuesten Nachfolgern Christi von Anfang an hohe Ehre erwiesen. Man barg ihre Überreste (Reliquien) und errichtete auf ihrem Grab eine memoria (eine Art „Marterle"), später größere Bauten mit einem Altar über dem Grab, schließlich Basiliken. Auf dem Grab wurde am Jahrestag des Todes (natale = Tag der Geburt zum ewigen Leben) die Messe gefeiert. Nach dem Aufhören der Christenverfolgung nahm der Märtyrerkult einen weiteren Aufschwung.

Märtyrerpalme ↗ Palmenzweig

Matrone
Ältere Frau mit Kopftuch: Anna, Elisabeth (Mutter des Johannes), Ida von Herzfeld, Felicitas, Ludmilla, Monika, Oda, Sophia, Symphorosa, Verena, Veronika.

Maurerkelle
Abt Wunibald hat als Klostererbauer eine Maurerkelle in der Hand.

Mäuse ↗ Ratten
Sie klettern auf den Äbtissinnenstab der Gertrud von Nivelles oder umlaufen die Heilige.

Meißel ↗ Schlegel
Marterwerkzeug bei Apollonia, Arbeitsinstrument der Vier Gekrönten.

Menschengestalt
Oder Engel als Symbol des ersten Evangeliums an der Seite des Evangelisten Matthäus.

Meßbuch
Vom Dolch durchstochen: Bonifatius.

Meßgewand, Kasel
Meßgewand aus Seide oder anderen kostbaren Stoffen. Damit bekleidet: Burkard von Beinwil, Ignatius von Loyola. In einer Vision überreicht die Gottesmutter dem Erzbischof Ildefons von Toledo ein weißes Meßkleid, weil er die Lehre von der Jungfräulichkeit Mariens so wirksam verteidigt hat.
Abb. siehe auch Seite 37

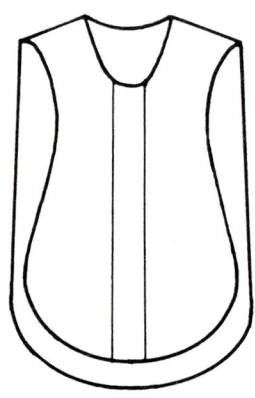

Kasel 18. Jh.

Messer ↗ Hackmesser, ↗ Rasiermesser
Marterwerkzeug des Apostels Bartholomäus und der Christina von Bolsena sowie von Krispin und Krispinian. Arbeitsinstrument in der Hand des Klostergründers Alto von Altomunster.

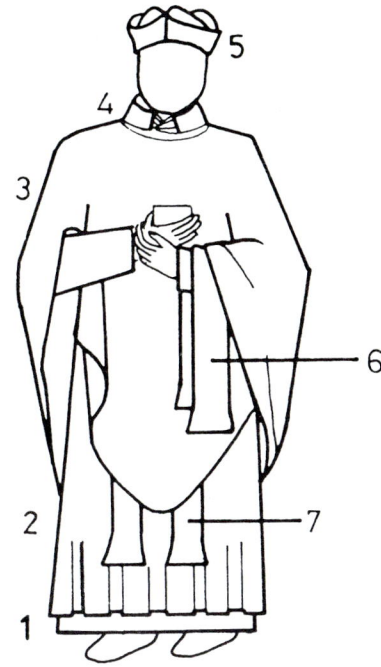

Meßornat
1 Talar, 2 Albe, 3 Kasel, 4 Amikt, 5 Birett,
6 Manipel, 7 Stola

Milchkübel
Bei der Dienstmagd Gunthildis.

Missionskreuz
Und Rosenkranz in der Hand: Alfons di Liguori.

Mitra ↗ Infel

Mohr
Als Mohr treten auf: einer der zur Anbetung Jesu nach Bethlehem ziehenden Drei Könige und Mauritius, der fahnentragende Anführer der Thebäischen Legion.

Mönch ↗ Ordenstracht

Monstranz ↗ Speisekelch, ↗ Ziborium
Bischof Eleutherius von Tournai,

Franz de Borgia, Hyazinth von Polen, Johannes von Capestrano, Johannes von Krakau, Juliana von Lüttich, Klara von Assisi, Norbert von Xanten, Paschalis Baylon, Thomas von Aquin; vor einer Monstranz kniend: Alfons di Liguori, Franziska von Rom.

Mörser und Stößel
Kosmas und Damian als Patrone der Apotheker.

Mühlrad
Notker.

Mühlstein
Damit wurden versenkt: Christina von Bolsena, Florian, Halvard, Krispin und Krispinian, Quirinus von Siscia, Vinzenz von Saragossa.

Muschel ↗ Pilgermuschel
Mit Muschel als Taufschale: Johannes der Täufer, Papst Silvester I.

Musikinstrumente ↗ Orgel
Cäcilia.

Mutter mit Sohn bzw. Kindern
Monika wird gerne im Gespräch mit ihrem Sohn Augustinus dargestellt; Sophia mit ihren drei Töchtern, denen in späterer Zeit die Namen Fides, Spes, Caritas gegeben wurden; Waldetrudis mit ihren vier zur Heiligkeit gelangten Kindern; die römische Märtyrin Felicitas, der Legende zufolge als Mutter von sieben Brüdern; Symphorosa mit sieben Söhnen.

Mütze ↗ Kopfbedeckung, ↗ Barett, ↗ Birett
Phrygische Mütze: Abdon und Sennen, Prophet Daniel; mit phrygischer Mütze, Turban oder Krone: Drei Könige; mit mitra- oder tiaraähnlicher Mütze: Aaron.

N

Nadel
Marterwerkzeug bei Ferreolus von Vienne.

Nagel
Mit einem Nagel wird König Dagobert auf der Jagd ermordet. Dem Märtyrer Pantaleon wurde ein Nagel durch beide Hände in das Haupt getrieben; als Arbeitsinstrument bei Eligius.

Nägel
Der Legende zufolge wurden dem Märtyrer Erasmus Pfriemen oder Nägel unter die Fingernägel getrieben. Kaiserin Helena, der die Auffindung des heiligen Kreuzes zugeschrieben wird, hält Kreuz und Kreuzigungsnägel in der Hand. König Ludwig IX. von Frankreich erwarb im Heiligen Land die Dornenkrone und drei Nägel des Kreuzes Christi. Ignatius von Loyola hält Kreuz und drei Nägel (symbolische Hingabe an Jesus).

Namen Jesu ↗ IHS

Neger ↗ Mohr
Petrus Claver, der „Apostel der Neger" in Südamerika, hat Neger neben sich.

Netz in der Hand
Die Jungfraumärtyrin Blandina wird in einem Netz einem Stier vorgeworfen.

Nonne ↗ Ordenstracht

Nothelfer, Vierzehn
Ihre Verehrung kam im 14. Jh. auf, bedingt durch Pestseuchen und soziale Nöte, besonders in den bayerischen Diözesen Bamberg und Regensburg, und verbreitete sich im 15. Jh. im ganzen deutschen Sprachgebiet, darüber hinaus nach Ungarn und Italien.
Achatius mit Dornstrauch und Kreuzesbalken; Barbara mit Hostienkelch, Turm und Schwert; Bischof Blasius mit brennender Kerze; Christophorus mit Baum in der Hand und Jesuskind auf den Schultern; Cyriakus als Diakon mit gefesseltem Drachen; Dionysius als Bischof mit abgehauenem Kopf in der Hand; Erasmus als Bischof mit aufgewickelten Ankertauen auf einer Schiffswinde; Eustachius als Jäger mit Hirsch, Kreuz im Geweih; Georg als Ritter mit weißer Fahne (rotes Kreuz), den Drachen bekämpfend; Katharina von Alexandrien mit zerbrochenem Zackenrad und Schwert; Margareta von Antiochien mit Drachen und Stabkreuz; Pantaleon in langem Mantel, Hände aufs Haupt genagelt; Vitus als Jüngling, mit Ölkessel; Ägidius, der einzige Nichtmärtyrer unter den 14 Nothelfern, als Abt mit Hirschkuh.
Oft ist einer von diesen 14 Nothelfern durch einen anderen, am Orte besonders verehrten Heiligen ersetzt, oder es wurde ein 15. Heiliger beigefügt, etwa Leonhard von Noblac, Magnus, Bischof Nikolaus, König Oswald, Pankratius, Rochus, Sebastian, Bischof Wolfgang. Die Nothelfer sind oft auch mit der Gottesmutter in ihrer Mitte dargestellt. Ihr Kult war Lieblingsandacht des Volkes, in der sich alle Nöte und Anliegen aussprachen.

O

Obst

In der Hand eine Waage mit Obst in der einen und Papierstreifen in der anderen Schale: Antoninus von Florenz.

Ochs ↗ Stier

Guido von Anderlecht wird als bäuerlicher Pilger mit Ochs und Pferd dargestellt; Leonhard hat als Patron des Hausviehs Ochs und Pferd neben sich; Papst Silvester I. hat den von ihm erweckten Ochsen (Stier) zu Füßen; bei Edigna erinnert der Ochse an ihre Flucht.

Ofen

Hinweis auf den Feuertod bei Eulalia, Euphemia und Eustachius.

Ordensmann, junger

Aloisius von Gonzaga, Hermann Joseph, Johannes Berchmans, Stanislaus Kostka.

Opfertier

Aaron, Joachim.

Ordenstracht

Im folgenden werden die Ordensstifter oder bedeutendsten Heiligen eines Ordens durch *Schrägdruck* gekennzeichnet:
1. Augustiner-Chorherren
Schwarze Kutte mit Sarrozium (schmales weißes Band): *Augustinus.*
2. Augustiner-Eremiten
Schwarzer Habit mit spitz zulaufender Kapuze und ledernem Gürtel, dazu ein Radmantel: Nikolaus von Tolentino, Rita von Cascia, *Thomas von Villanova,* Wilhelm von Malavalle.
3. Benediktiner
Schwarzer Habit, Skapulier und Stoffzingulum: *Benedikt von Nursia* und viele andere.
4. Dominikaner
Weißer Habit mit Skapulier und Kapuze und schwarzer offener Mantel: Albert d. G., Antoninus von Florenz, *Dominikus,* Heinrich Seuse, Hyazinth von Polen, Jakob Griesinger, Ludwig Beltrán, Petrus Martyr, Papst Pius V., Raimund von Peñafort, Thomas von Aquin, Vinzenz Ferrér, Katharina von Siena, Rosa von Lima.
5. Franziskaner
Dunkelbrauner Habit mit Kapuze und weißem Strickgürtel mit Rosenkranz: Antonius von Padua, Bernhardin von Siena, Bonaventura, Didakus, *Franz von Assisi*, Franz Solano, Johannes von Capestrano, Ludwig von Toulouse, Paschalis Baylon, Klara.
6. Jesuiten
Schwarze Tracht wie der Weltgeistliche: Aloisius von Gonzaga, Franz de Borgia, Franz Régis, Franz Xaver, *Ignatius von Loyola,* Johannes Berchmans, Petrus Claver, Petrus Canisius, Stanislaus Kostka.
7. Kamaldulenser
Weißer Habit und Skapulier: *Romuald.*
8. Kapuziner
Ordenstracht wie die Franziskaner, weil franziskanischer Zweigorden, jedoch hellerer Habit: Felix von Cantalice, Fidelis von Sigmaringen, *Laurentius von Brindisi.*
9. Karmeliten
Brauner Habit, Skapulier und Kapuze, schwarzer Ledergürtel, bei feierlichen Anlässen weißer Mantel und weiße Kapuze: Albert von Trapani, Angelus, Johannes vom Kreuz, *Simon Stock,* Theresia von Avila.
10. Kartäuser

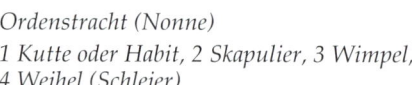

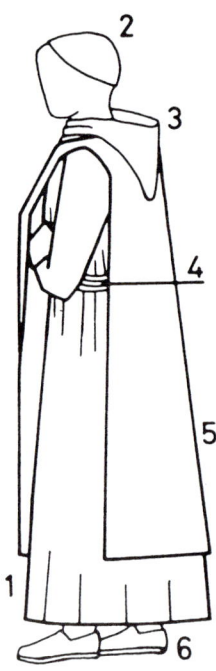

Ordenstracht (Nonne)
1 Kutte oder Habit, 2 Skapulier, 3 Wimpel,
4 Weihel (Schleier)

Ordenstracht (Mönch)
1 Kutte oder Habit, 2 Pileolus, 3 Kapuze,
4 Strick, 5 Skapulier, 6 Sandale

Weißer Habit, Skapulier und Kapuze, weißer Ledergürtel: *Bruno der Kartäuser*, Hugo von Lincoln.
11. Mercedarier
Weißer Talar und Skapulier: *Petrus Nolaskus*, Raimund Nonnatus.
12. Minoriten, Konventualen, schwarze Franziskaner
Franziskanertracht, jedoch in schwarzer Farbe: Joseph von Copertino, Petrus von Alcántara.
13. Prämonstratenser
Weißer Habit, Skapulier und Zingulum: Gottfried von Cappenberg, Hermann Joseph, *Norbert von Xanten.*
14. Redemptoristen
Schwarzer Talar, Stoffgürtel mit Rosenkranz und weißer Halskragen: *Alfons di Liguori.*
15. Serviten

Schwarzer Habit mit Mantel: Peregrinus Laziosi, Philippus Benitius, *7 Servitenstifter*, Juliana von Falconieri.
16. Trinitarier
Weißer Habit mit rot-blauem Kreuz auf dem Skapulier und auf dem schwarzen Ordensmantel: Felix von Valois, *Johannes von Matha.*
17. Vallombrosaner
Hellgrauer Benediktinerhabit: *Johannes Gualbertus.*
18. Zisterzienser
Weißer Habit, schwarzes Skapulier und schwarzes Tuchzingulum: *Bernhard von Clairvaux*, Stephan Harding, Gertrud von Helfta.

Orgel
Cäcilia.

P

Pallium ↗ Erzbischof
Teil der erzbischöflichen Pontifikal-
kleidung: Band aus weißer Wolle mit
sechs schwarzen Kreuzen, das um
die Schultern gelegt wird. Die blei-
beschwerten Endstücke hängen auf
Brust und Rücken herab.

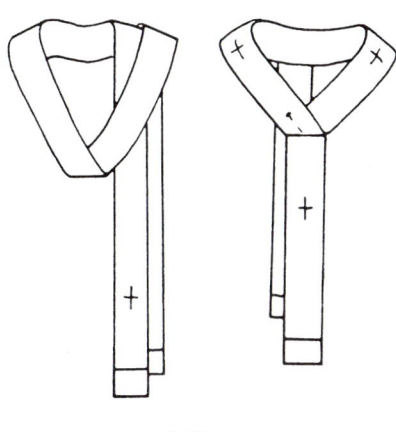

Pallium

Palmblätter
Damit bekleidet Paulus von Theben.

Palmenzweig
Generelles Attribut der Märtyrer als
Zeichen des Sieges und ewigen
Lebens. (Die Palme galt schon den
Babyloniern als Gnaden- und Gottes-
baum, den alten Griechen und
Römern als Sinnbild des Sieges.)
Palmenzweig mit drei Kronen: Rai-
mund Nonnatus, Rita von Cascia.

Pannisellus ↗ Abtstab
Fahnenartiges weißes Tüchlein, das
am Knauf des Abtstabes befestigt ist.
Seltener am Bischofsstab.

Panzer ↗ Harnisch, ↗ Soldat
Der Dominikanerlaienbruder Jakob

Griesinger trägt ein Panzerhemd als
Buße unter dem Ordenskleid.

Papierrollen ↗ Spruchband
Arme überreichen ihre auf Papierrol-
len niedergeschriebenen Klagen dem
Priester-Advokaten Ivo Hélory.

Papstkreuz ↗ Kreuzstab
Kreuzstab mit drei Querbalken.

Papstornat

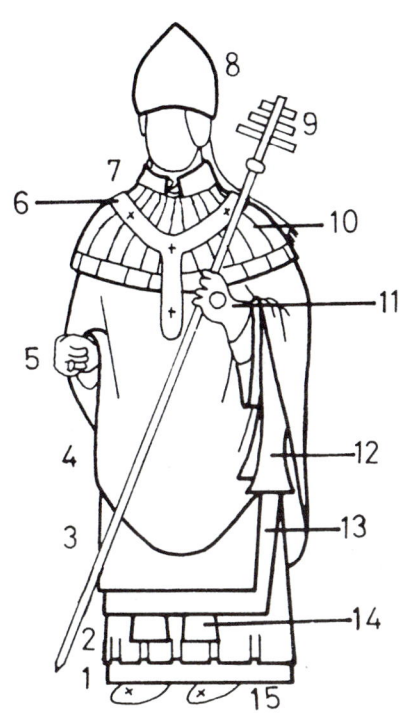

Papstornat
1 Talar, 2 Albe, 3 Dalmatik, 4 Kasel,
5 Fischerring, 6 Pallium, 7 Amikt, 8 Mitra,
9 Kreuzstab, 10 Fano, 11 Pontifikalhand-
schuh, 12 Manipel, 13 Tunicella, 14 Stola,
15 Pontifikalschuh

Patene

Runder, flacher Teller für das eucharistische Brot (Hostie): Missionsbischof Wulfram (Wunder auf der Überfahrt nach Friesland); Konrad von Konstanz mit einer Spinne auf der Patene oder am Kelchrand.

Pelz

Pelzbesatz am Bischofsgewand: Erzbischof Ansgar als „Apostel des Nordens"; Pelzbesatz auf langer Robe: die beiden Märtyrer-Ärzte Kosmas und Damian, der englische Lordkanzler Thomas Morus; Schultermantel oder Schulterkragen aus Hermelin: Johannes Nepomuk; Hermelinmantel: Vitus.

Pestbeule ↗ Beinwunde
Am Oberschenkel: Rochus.

Pfauenfeder
Kolumba von Sens.

Pfeil, Pfeile

Marterwerkzeug bei: Christina, Edmund, Halvard, Kordula, Lambert von Maastricht, Sebastian und Ursula; Pfeil der göttlichen Liebe: Theresia von Avila; fünf Pfeile als Hinweis auf die Stigmatisation: Dorothea von Montau; von einem Pfeil getroffen: Ägidius, der die Hirschkuh vor Jägern beschützt.

Pferd ↗ Pferdefuß

Zu Pferd: Emil Cucullatus, Johanna von Orleans, Ladislaus I., Martin von Tours als römischer Reiter, Mauritius, Bischof Ulrich als Verteidiger der Stadt Augsburg. Auf einem weißen Pferd ziehen in den Kampf König Ferdinand III. und Jakobus d. Ä. gegen die Mauren und Georg als Drachenkämpfer. Ein Pferd neben sich haben lokale Pferdepatrone wie Leonhard, Quirinus von Neuß und Rasso. Guido von Anderlecht als

bäuerlicher Pilger mit Pferd und Ochs. Vom Pferd stürzend, in der Szene der Bekehrung: Apostel Paulus.

Pferdefuß

Einem legendären Wunder zufolge beschlägt Eligius einen abgenommenen Pferdefuß, während das Pferd daneben steht.

Pflug

Ein Engel führt den Pflug des Bauernknechtes Isidor von Madrid sowie den des Guido von Anderlecht. Adam muß pflügend „im Schweiße seines Angesichtes sein Brot verdienen".

Pflugscharen

Kaiserin Kunigunde schritt schadlos über glühende Pflugscharen zum Beweis ihrer ehelichen Treue.

Pfriem, Ahle

Nadelartiges Werkzeug zum Vorstechen von Löchern in Leder. Marterwerkzeug bei Erasmus, Krispin und Krispinian.

Pilger

Meist mit Pilgerhut, Pilgerstab und Kürbisflasche: Alexius, Benedikt Josef Labre, Birgitta von Schweden, Guido von Anderlecht, Jakobus d. Ä., Jodok, Koloman, Erzengel Raphael, Richard, Rochus, Sebald, Severin von Noricum, Wendelin; zwei Pilger zu Füßen: Theobald von Thann.

Pilgermuschel

Abzeichen der Santiago-Pilger am Hut oder auf der Brust.

Pilgerstab

Langer Stab mit Vorrichtung zum Befestigen der Pilgerflasche oder mit Knauf am oberen Ende. Mit Pilgerstab: Wanderbischof Marinus und sein Diakon Anianus.

Pistole
Deren Lauf ein Kruzifix ist: Dominikanermissionar Ludwig Beltrán.

Pluviale, Chormantel
Halbkreisförmiger, langer Mantel mit Kapuze bzw. Schild am Rücken. Es wird bei feierlichen Anlässen außerhalb der Messe getragen.

Pokal, Prunkgefäß ↗ Becher
Bischof Martin von Tours, König Olaf und König Oswald.

Posaune
Vinzenz Ferrér.

Priester
Die heiligen Weltpriester sind meist mit dem Meßgewand (Kasel), manchmal mit dem Rochett bekleidet.

Propheten
Die vier großen Propheten des Alten

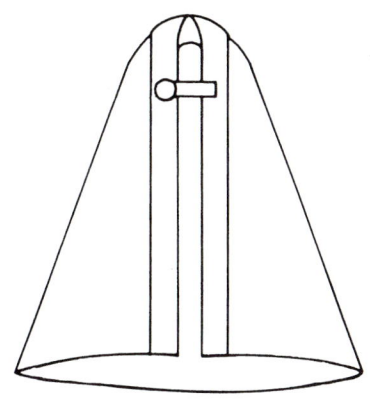

Pluviale

Bundes: Isaias, Ezechiel, Daniel, Jeremias (dieser hat keine individuellen Attribute).

Pyxis
König Oswald mit Pyxis, die nach der Legende Chrisam für die Salbung zum König enthielt.

Q

Quelle
Folgende Heilige lassen eine Quelle entspringen:
Missionar Alto, Missionsbischof Bonifatius, Frankenkönigin Chlothilde, Etheldreda von Ely, Ritter Gangolf, Papst Klemens I., Abt Pirmin, Missionsbischof Willibrord.

R

Rabe
Burkard von Beinwil hatte einen Raben, Meinrad zwei Raben als ständige Begleiter; ein Rabe bringt dem Propheten Elias und dem Einsiedler Paulus von Theben Brot; bei Benedikt von Nursia trägt er das vergiftete Brot fort; ein Rabe stiehlt Ida von Toggenburg den Ring; bei König Oswald trägt der Rabe als Bote einen Ring oder Brief oder ein Ölgefäß mit Chrisam; einen Raben zu Füßen: Vinzenz von Saragossa (dieser bewachte seinen Leichnam).

Rad
Als Marterinstrument: Euphemia und Katharina von Alexandrien (oft zerbrochenes Rad); ein Rad mit fünf Lichtern besteckt: Bischof Donatian von Reims.

Rasiermesser
Abt Landrich trägt ein Rasiermesser auf einem Buch, das sich auf die Tonsur bezieht.

Rationale
Dem Pallium entsprechender Schulterschmuck, der über dem Meßgewand getragen wird. Es wird verschiedenen Diözesen (z. B. Eichstätt, Krakau, Paderborn) eigens verliehen. Die Bezeichnung leitet sich vom Schulterschmuck des alttestamentlichen Hohenpriesters ab.

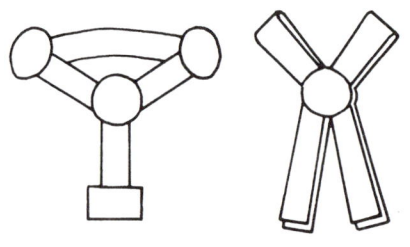

Rationale

Ratten ↗ Mäuse
Ulrich von Augsburg (Patron gegen Rattenplage).

Rechen
Isidor von Madrid, Bauernknecht; Notburga von Eben, Bauernmagd.

Rechenbrett ↗ Zahlbrett

Reichsapfel ↗ Zepter

Reisigbündel
Afra, Emerita (Feuertod).

Reißschiene
Die vier Gekrönten.

Reiter ↗ Pferd

Reliquiar
In der Hand: Kunigunde (Kreuzreliquiar, das sie dem Münster in Basel schenkte), Ludwig IX. von Frankreich.

Ring
Am Finger: als Amtszeichen sämtlicher heiliger Bischöfe und Äbte. Als Zeichen ihrer mystischen Christusvermählung: Agnes, Godeberta, Katharina von Alexandrien und Katharina von Siena. König Eduard der Bekenner schenkt einen Ring einem Bettler. Mit Ring, den seine Mutter vor seiner Geburt von der Jungfrau Maria erhielt: Robert von Molesme; mit Diamant auf einem Handring: Papst Damasus.

Ritter ↗ Soldat
Heilige Soldaten und Ritter in

Rüstung: Adrian von Nikomedien, Bavo, Bernhard von Baden, Emmerich, Florian, Gangolf, Georg, Gereon, Gordianus, Gottfried von Bouillon, Knud, Ladislaus I., Mauritius, König Olaf, König Oswald, Placidus von Disentis, Quirinus von Neuß, Rasso, Reinhold von Köln, Theobald von Provins, Tiburtius, Ursus und Viktor, Viktor von Xanten, Wenzeslaus; als geflügelter Ritter: Erzengel Michael, der Bekämpfer aller gottfeindlichen Mächte; Ritter mit Bär: Gerold; als Ritter im Kampf gegen die Mauren: Jakobus d. Ä. und Ferdinand III.

Rochett
Das Rochett ist ein weißes, seit dem 18. Jh. nur noch hüftlanges Leinengewand mit engen Ärmeln und reichem Spitzenbesatz. Bestandteil der Chorkleidung der höheren Geistlichkeit. Meist Bekleidung von Johannes Nepomuk.

Rosen ↗ Kranz
In der Hand: Rosa von Lima, Rosa von Viterbo, Theresia von Lisieux; im Schoß: Elisabeth von Portugal, Elisabeth von Thüringen; drei Rosen wachsen aus dem Kelch: Hermann Joseph; Rosen und Lilien fallen aus dem Mund: Angelus; Rosen in einem Korb: Dorothea von Kappadozien; selten mit Rosen: Hemma von Gurk; Godeberta; rosenbekränzt und Rosenzweig in der Hand: Lidwina.

Rosenkranz in der Hand
Adelgundis, Alfons di Liguori, Aloisius von Gonzaga, Angela Merici, der Pilger Benedikt Josef Labre, Dominikus als Stifter des Rosenkranzes, den ihm die Gottesmutter überreicht, Dorothea von Montau, Elisabeth von Reute, Hedwig von Schlesien, Isidor von Madrid, Jakob Griesinger, Jodok, Johannes Berchmans, Kajetan von Thiene, Kamillus von Lellis, Monika, Nikolaus von Flüe, Philipp Neri, Papst Pius V., der mehr durch das öffentliche Rosenkranzgebet als durch Waffengewalt den Seesieg über die Türken am 7. Oktober 1571 bei Lepanto im Golf von Korinth errang (seither Rosenkranzfest), Richard, Sebald, Stanislaus Kostka, Waldetrudis, der Ordensstifter Wilhelm von Malavalle.

Ruder
Marterwerkzeug: Adalbert von Prag.

Rüstung ↗ Harnisch, ↗ Panzer, ↗ Ritter, ↗ Soldat
Jungfrau in Rüstung: Johanna von Orléans (Jeanne d'Arc).

Rute
Marterwerkzeug bei Priska; Lüfthildis mit Ginsterrute (Züchtigungsmittel der Stiefmutter).

Rutenbündel
Koloman (Marterwerkzeug)

S

Sack ↗ Bettelsack

Säbel
Im Kopf: Petrus Martyr.

Säge
Als Marterwerkzeug: Prophet Isaias,
Apostel Simon; als Werkzeug: Nähr-
vater Joseph.

Salbengefäß ↗ Gefäß, ↗ Pyxis,
↗ Vase
Maria Magdalena, Martha von Be-
thanien.

Salzfaß ↗ Kübel
Bischof Rupert.

Sanduhr ↗ Vanitassymbole
Philippus Benitius.

Säule
Martersäule: Afra, Anastasia, Bibiana, Thekla; Simeon Stylites lebte einige Jahrzehnte auf einer Säule und
wurde dadurch der Begründer des
Stylitentums (Säulenheilige).

Schafe ↗ Lamm
Hüten Genovefa von Paris, Wendelin.

Schale ↗ Gefäß, ↗ Schüssel
Schale mit Messer oder Sichel: Donatus von Münstereifel; Schale mit
Schlange oder Drache: Indianermis-
sionar Ludwig Beltrán; mit Schale bei
der Taufe Christi: Johannes der Täufer.

Schaufel ↗ Spaten

Scheiterhaufen
Als Stätte des Martyriums: Afra,
Agapitus, Agatha, Agnes von Rom,
Anastasia, Apollonia, Eulalia von
Mérida, Eventius, Lucia, Thekla.

Schere
Der wohltätige Tuchhändler Gut-
mann von Cremona (Homobonus).
Mit Schere zum Abschneiden der
Brust: Agatha.

Schiff
Guido von Pomposa, Kordula,
Bischof Nikolaus von Myra, Petrus,
Ursula; Schiff mit Sarg: Werenfrid.

Schild ↗ Ritter, ↗ Soldat
Generelles Attribut heiliger Fürsten,
Soldaten und Ritter. Durch das Wap-
pen darauf jedoch auch zum Erken-
nen einzelner Heiliger: mit Adler:
Mauritius, Wenzeslaus; mit Kreuz:
Gangolf, Gereon, Ursus und Viktor;
mit Jerusalemer-Kreuz: Gottfried von
Bouillon, Mauritius; mit neun
Kugeln: Quirinus von Neuß; mit drei
Lilien: Chlothilde, Simplicius; mit
Reichswappen: Leopold III.; mit
Ungarnschild: Emmerich.

Schlange, Schlangen
Symbol für eine böse, Gott und den
Menschen feindliche Macht. Bekannt
ist die Darstellung der Stammutter
Eva mit der Schlange, die sich um
den Stamm des Paradiesbaumes windet. Als Symbol des Heidentums, das
vom jeweiligen Heiligen vertrieben
wird: bei Amandus, Patrizius, Pirmin; als Sinnbild der arianischen Irrlehre: bei Hilarius von Poitiers; als
Marter, jedoch von den Schlangen
verschont: Christina, Euphemia, Thekla; mit Schale, aus der eine Schlange
kriecht, oder mit Wanderstab, um
den sich eine Schlange windet: Ludwig Beltrán, Papst Silvester I. mit

Schlange (Legende von der Überwindung des Drachens in Rom).

Schlangenstab, Äskulapstab
Zeichen der Ärzte: Kosmas und Damian.

Schlegel ↗ Meißel
Marterinstrument bei Apollonia; Arbeitsgerät bei Daniel als Bergwerkspatron.

Schleier
Um den Hals: Ludmilla (Martyrium).

Schloß durch die Lippen
Raimund Nonnatus (Martyrium).

Schlüssel ↗ Schlüsselbund
Die beiden Schlüssel in der Hand des Apostelfürsten Petrus beziehen sich auf die Binde- und Lösegewalt, die ihm Christus gegeben hat. Er hat die Macht, die Pforte des Himmels zu öffnen. Mit dem Schlüssel Petri hängen die Schlüsselattribute folgender Heiliger zusammen: Hubert, Petronilla, Servatius.
Bischof Egwin hat Schlüssel als Zeichen seines Amtes; Ferdinand III. hat als Eroberer von Cordoba einen Schlüssel; Hermann Joseph (als Mesner tätig) die Sakristeischlüssel. Raimund von Peñafort mit Schlüssel (Schlüsselwunder im Kloster).

Schlüsselbund
Haben bei sich Mönch Adelrich von Einsiedeln als Pförtner und Kustos; Martha als Hausfrau; Notburga und Zita als Dienstmägde; im Maul eines Fisches bei Benno von Meißen.

Schmiedewerkzeug ↗ Amboß, ↗ Goldschmiedegeräte

Schreibfeder
Führen die literarisch tätigen Heiligen: die Evangelisten, die Kirchenväter, die Kirchenlehrer Albert d. G., Alfons di Liguori, Ambrosius, Anselm, Beda, Papst Gregor I. d. G., Isidor von Sevilla, Johannes vom Kreuz, Petrus Canisius, Thomas von Aquin; weiters Birgitta von Schweden, Bruno von Würzburg (Psalmenkommentar), Hildegard von Bingen, Gertrud von Helfta, Erzbischof Leander, Petrus von Alcántara.

Schreibpult
Kirchenlehrer Hieronymus, vereinzelt auch andere Kirchenväter.

Schriftrollen ↗ Papierrollen, ↗ Buch

Schuhe ↗ Holzschuh
Krispin und Krispinian (Beruf); Schuhe in der Hand: Hedwig; goldener Schuh: Wilgefortis (Kümmernis); Holzschuh: Bischof Vigilius (Marterinstrument).

Schuhmachergeräte
Krispin und Krispinian.

Schürze
Martha von Bethanien.

Schüssel ↗ Schale
Agatha trägt ihre abgeschnittenen Brüste in einer Schüssel oder in der Hand; mit Schüssel und Löffel, Krug oder Kanne: Elisabeth von Thüringen; die Köpfe ihrer sieben Söhne auf einer Schüssel tragend: Felicitas; das abgeschlagene Haupt auf einer Schüssel: Johannes der Täufer (Johannesschlüssel); mit Schüssel, Kochlöffel und Besteck am Gürtel: Martha von Bethanien; mit einer Schüssel mit gebratenen Vögeln: Nikolaus von Tolentino; mit Schüssel, aus der sich ein Drache windet: Philippus Apostel (Drachenvertreibung).

Schutzengel
Franziska von Rom.

Schwan ↗ Gans
Bischof Hugo von Lincoln.

Schwebend
In seiner Ekstase in der Luft ohne Flügel schwebend: Joseph von Copertino.

Schwein
Antonius Einsiedler; Schweinskopf: Bischof Blasius.

Schweißtuch Christi
Veronika.

Schwert ↗ Schwertübergabe
Allgemeines Attribut von heiligen Fürsten, Soldaten und Rittern wie auch generelles Attribut von Märtyrern. Das Schwert bei den Märtyrern deutet auf Tod durch Richterspruch – im Gegensatz zum Tod durch Meuchelmord (Dolch) oder durch Lynchjustiz (Keule). Bei einigen Blutzeugen ist die besondere Art ihrer Ermordung erkennbar. So haben ein Schwert in der Brust: Justina von Padua; im Halse: Aquilinus und Lucia von Syrakus; im Haupte oder in der Infel: Erzbischof Thomas Becket; im Haupt oder in der Schulter: Petrus Martyr; im Leibe: Euphemia von Chalzedon. Bischof Friedrich von Utrecht wird von zwei Schwertern durchbohrt.
Als individuelles Kennzeichen ist es dem enthaupteten Apostel Paulus beigegeben. Doppelte Bedeutung hat das Schwert bei Bischof Kilian. Es kennzeichnet ihn einerseits als Märtyrer, andererseits steht es stellvertretend für das Herzogsschwert der Würzburger Bischöfe. Letzteres gilt auch für Bischof Burkhard von Würzburg. Ebenfalls Ausdruck politischer Macht ist das Schwert bei Theodul von Sitten (↗ Schwertübergabe). Mit Flammenschwert: Erzengel Michael, Vinzenz Ferrer. Mit

Schwert mit der Spitze nach unten: Prophet Ezechiel; Bonifatius mit Schwert, das ein Buch durchbohrt (wollte sich gegen Schwertstoß schützen).

Schwertübergabe
Die Legende macht Bischof Theodul von Sitten zu einem Zeitgenossen Karls d. G., der ihm im Augenblick der Schwertübergabe Hoheitsrechte über das Wallis übertrug.

Segel
Seinen Mantel mit Wanderstab verwendet Raimund von Peñafort als Segel (wunderbare Fahrt über das Meer).

Sense
Günther von Niederaltaich, Isidor von Madrid.

Seraph
Engel mit sechs Flügeln. (Die Seraphim bilden den zweiten der neun Engelchöre.) Der gekreuzigte Heiland erschien 1224 mit Seraphflügeln dem danach benannten seraphischen Heiligen, Franz von Assisi, und drückte ihm seine fünf Wundmale auf. Es ist dies die erste historisch bezeugte Stigmatisation der Heiligengeschichte.

Sichel
Bauernmagd Notburga, Bauernknecht Isidor von Madrid, Donatus von Münstereifel als Wetterpatron.

Sieben Söhne
Felicitas und Symphorosa.

Skapulier ↗ Ordenstracht
Teil der Ordenstracht: ärmelloser, seitlich offener Überwurf über Brust und Rücken.
Individuelles Attribut bei Simon Stock (Skapulierübergabe durch die

48

Gottesmutter) und Romanus von Rouen.

Skelett ↗ Totengerippe

Sklaven ↗ Gefangene

Soldat ↗ Ritter
Als römische Soldaten dargestellt: Achatius, Chrysanthus, Chrysogonus, Donatus von Münstereifel, Felix und Adauktus, Ferreolus, Florian, Hippolytus, Johannes und Paulus, Martin zu Pferd, Mauritius, Nabor und Felix, Nereus und Achilleus, Pankratius, Sebastian, Theodor von Euchaïta, Tiburtius, Ursus und Viktor sowie Vitalis der Thebäischen Legion.

Sonne ↗ Sonnenstrahl
Eine leuchtende Sonne tragen auf der Brust: der Kirchenlehrer Thomas von Aquin, der durch seine Gelehrsamkeit die Kirche erleuchtet; in der Hand oder auf dem Haupt: der Bußprediger Vinzenz Ferrér. Eine Sonnenscheibe als Wetterpatron: Johannes der Märtyrer.

Sonnenstrahl
An ihm hängen ihren Mantel auf: Bischof Florentius von Straßburg und der Einsiedler Goar. Utto von Metten hängt sein Beil an einem Sonnenstrahl auf.

Spatel
Salbenspatel: Kosmas und Damian.

Spaten
Einsiedler Fiakrius.

Speisekelch, Ziborium
Großer Kelch mit Deckel zum Aufbewahren der Eucharistie. Mit Speisekelch oder Monstranz: Hyazinth von Polen, Klara von Assisi, Norbert, Paschalis Baylon (als Erscheinung).

Spielmann
Wilgefortis (Kümmernis) wirft dem Spielmann einen goldenen Schuh zu.

Spieß
Adalbert von Prag (Martyrium).

Spindel ↗ Spinnrocken
Lüfthildis.

Spinne
Eine in den Meßkelch gefallene, giftige Spinne fügte den Bischöfen Konrad von Konstanz und Norbert von Xanten keinen Schaden zu.

Spinnrocken ↗ Spindel
Eva, Gertrud von Nivelles.

Spruchband
Mit der Inschrift „Caritas" (Liebe) in einer Glorie oder auf dem Stab des Ordensstifters Franz von Paula; mit Spruch „Ecce Agnus Dei" Johannes der Täufer; mit dem Spruch „Diligite pauperes" (Liebet die Armen) beim freigebigen Herzog Amadeus IX. von Savoyen; auf einem Papierstreifen „Retribuet tibi Deus" (Vergelt's Gott) beim Erzbischof Antoninus von Florenz. Das Spruchband mit Verkündigungsworten aus Lk 1,26–38 kennzeichnet den Erzengel Gabriel, das mit „Wer wie Gott" (Quis ut Deus) den Erzengel Michael.

Stab, ↗ Abtstab, ↗ Hirtenstab, ↗ Krummstab, ↗ Pilgerstab
Knospender Stab: Etheldreda von Ely; blühender Stab: Joseph Nährvater; grünender Stab: Aaron, Christophorus; Wanderstab mit Schlange: Dominikanermissionar Ludwig Beltrán; mit Quelle unter dem Stab (oder Schwert): Gangolf.

Stachel ↗ Bohrer

Stachelkeule ↗ Keule

Stein, Steine ↗ Mühlstein

Stein als Last oder Kopfkissen: Bavo; als Bußinstrument: Hieronymus; als Marterinstrument: Koloman; zum Versenken: Papst Kallistus I.

Steine für Steinigung als Martyrium: die Apostel Barnabas, Judas Thaddäus, Matthias, Philippus; Erzmärtyrer Stephanus; als Last: Wanderbischof Silvinus; mehrere Steinchen auf einem Buch: Liborius als Patron der Steinleidenden.

Stern, Sterne

Ein Stern auf der Brust oder über dem Haupt: Bruno der Kartäuser, Dominikus, Nikolaus von Tolentino; auf der Brust: Thomas von Aquin; sechseckiger Stern über dem Haupt: Johannes von Capestrano; Stern in der Hand: Suitbert; fünf Sterne über dem Haupt: Johannes Nepomuk; sieben Sterne über dem Haupt: Bruno der Kartäuser, Hugo von Grenoble.

Stier ↗ Ochs

Mit einem Stier abgebildet sind die Märtyrer Saturninus und Blandina. In einem glühenden Stier gemartert wird Eustachius. Der Stier ist das Symbol des von Lukas verfaßten dritten Evangeliums.

Stigmata ↗ Wundmale Christi

Stirnwunde ↗ Kopfwunde

Stock

Die schweizerischen Einsiedler Beatus und Nikolaus von der Flüe, Bischof Maternus von Köln, Onuphrius.

Strick

Strick um den Hals als Zeichen der Buße und Sühne: Kardinal Karl Borromäus. Marterinstrument bei Afra, Beatrix, Hippolytus, Ludmilla und Koloman, der den Strick in der Hand hält; mit Stricken ans Kreuz gebunden: Wilgefortis.

Studierstube

Hieronymus.

T

Tafel ↗ Abc-Tafel
Schiefertafel: Bischof Kassian.

Tasche
Eine umgehängte Tasche ist Ausrüstungsstück mancher Pilger; eine Hirtentasche hat Wendelin.

Taube
Die Taube, die in der Antike ob ihrer Einfalt, Liebe, Unschuld und Sanftmut gepriesen wird, galt im Orient als heiliges Tier, bei den Israeliten als Lieblingsvogel Gottes. Da das Evangelium die Erscheinung des Heiligen Geistes in Taubengestalt bei der Taufe Christi (Mt 3,16) bezeugt, wird die dritte göttliche Person stets in dieser Weise dargestellt. In der Gestalt einer Taube erscheint der Heilige Geist bei folgenden Heiligen, um sein göttliches Wirken an oder durch diese Menschen anzudeuten: Bischof Ambrosius, Papst Cölestin V., Papst Fabian, Papst Gregor d. G., Bischof Kunibert, Petrus von Alcántara, Bischof Remigius, Bischof Severus von Ravenna, Theresia von Avila (Pfingstvision), Thomas von Aquin; als Symbol der reinen Seele: Eulalia, Scholastika; Taube mit Schleier: Adelgundis; Taube auf Kreuz: Regina; zwei Tauben als Opfergabe in einem Körbchen: Joachim.

Taufschale, Taufe
Johannes der Täufer, Franz Xaver, Bischof Wulfram mit König, der einem Taufbecken entsteigt.

Tau-Stab ↗ Abtstab
Antonius Einsiedler, Johannes Gualbertus.

Teller ↗ Patene, ↗ Schüssel

Teufel ↗ Drache
Einen gefesselten (angeketteten) Teufel führen mit sich: Albert von Trapani, Bernhard von Aosta, Bernhard von Clairvaux, Cyriakus, Juliana von Nikomedien. Den besiegten Teufel zu Füßen haben: Antonius Einsiedler, Eucharius, Ferdinand III., Nikolaus von Tolentino, Norbert von Xanten. Teufel auf den Schultern: Goar; Teufel mit Glocke: Theodul von Sitten. Den Teufel austreibend: Brigitta von Kildare, Maurus von Subiaco. Mit Teufelchen, das eine Kerze ausbläst: Genovefa, Gudula. Mit einem oder mehreren Teufeln: Ubald von Gubbio.

Thebäische Legion
Soldatenschar aus der Thebais (Oberägypten), die auf dem Zug über die Alpen zur Christenverfolgung aufgefordert wurde. Da diese Soldaten selbst Christen waren, verweigerten sie den Befehl, gegen Glaubensgenossen vorzugehen. Daraufhin wurde jeder zehnte getötet, bis schließlich die ganze Legion niedergemacht war (um 286 oder 303 in Agaunum – heute St. Moritz, Schweiz). Die Gebeine der Märtyrer wurden um 380 gefunden.
Durch die verkehrsgünstige Lage von Agaunum breitete sich der Kult rasch südlich und nördlich der Alpen (besonders in den Rheinländern) aus. In verschiedenen Städten werden einzelne Thebäer verehrt (vgl. Mauritius, Ursus und Viktor, Gereon, Viktor von Xanten, Felix und Regula, Verena u. a.).

Tiara ↗ Kopfbedeckung
Hohe, seit dem 14. Jh. von drei Reifen umzogene Papstkrone. Sie ist keine

liturgische Kopfbedeckung, sondern dient nur für feierliche Anlässe. Kennzeichen heiliger Päpste. Camauro: päpstliche Kopfbedeckung aus rotem Samt oder roter Seide, am Rand mit Hermelin besetzt.

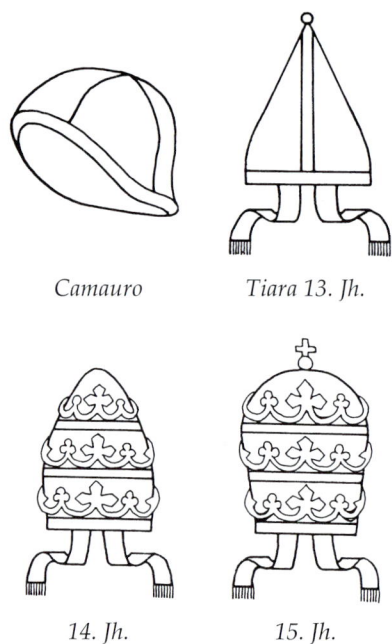

Camauro   *Tiara 13. Jh.*

14. Jh.   *15. Jh.*

Tiere ↗ Vieh, ↗ Bär, ↗ Drache, ↗ Einhorn, ↗ Frosch, ↗ Hirsch, ↗ Hirschkuh, ↗ Krokodil, ↗ Löwe, ↗ Mäuse, ↗ Ratten, ↗ Schlange, ↗ Wolf
Tiere des Waldes als Attribut des Einsiedlers Florentius: Sie hatten abgeweidet, was er gesät hatte, wurden aber dann durch sein Gebet vom Himmel davon abgehalten (Sinnbilder für das Heidentum).

Tintenfaß ↗ Schreibfeder
Bei literarisch tätigen Heiligen.

Topf ↗ Gefäß
Goar hält einen Topf und hat drei Hirschkühe neben sich, weil er mit deren Milch Verdurstende tränkte.

Totengeripe
Zur Seite des Glaubensboten Fridolin.

Totenkopf ↗ Vanitassymbole
Als Sinnbild der Vergänglichkeit des menschlichen Lebens und der Eitelkeit, daher Attribut der Büßer und Einsiedler: Aloisius, Bruno der Kartäuser, Elisabeth von Reute, Franz von Assisi, Franz von Paula, Gottfried von Cappenberg, Hieronymus, Johannes Berchmans, Juliana von Falconieri, Kajetan von Thiene, Kamillus, Karl Borromäus, Laurentius von Brindisi, Margareta von Cortona, Maria von Ägypten, Maria Magdalena, Petrus von Alcántara, Petrus Canisius, Petrus Damiani, Philippus Benitius, Romuald, Rosalia. Totenkopf mit Krone: Franz de Borgia.

Toter
Toter in Leinenbinden: Lazarus; einen Toten als Zeugen erweckend: Fridolin von Säckingen, Bischof Stanislaus von Krakau.

Traube ↗ Weintraube

Treppe ↗ Himmelsleiter
Alexius lebte als Bettler unter der Treppe seines Vaterhauses.

Tuch ↗ Strick
Um den Hals: die damit erdrosselte Ludmilla von Böhmen; mit geknotetem Tuch und Flammen (Wunder des Tragens glühender Kohlen): Lambert von Maastricht.

Turban ↗ Kopfbedeckung
Drei Könige, Joachim.

Turm
Der Legende zufolge sperrt der heidnische Vater seine Tochter Barbara in einen Turm.

V

Vanitassymbole
Symbole irdischer Vergänglichkeit:
Totenkopf, Sanduhr, Spiegel, erloschene Kerze, Bücher u. a.

Vase
Die Märtyrin Anastasia von Sirmium trägt in einer Vase die Salbe für die Einbalsamierung der Leiber der Märtyrer mit sich.

Venus zu Füßen
Bischof Eucharius von Trier als Kämpfer gegen das Heidentum.

Vieh zu Füßen
Kühe und Schafe: Patrizius; Lämmer, Rinder, Schweine, Ziegen: Wendelin; Rinder oder Pferde: Leonhard; mit Vieh: Kornelius (Viehpatron).

Vierzehn Heilige ↗ Nothelfer

Viola, Violine
Arnold von Arnoldsweiler; Franz Solano: Violine spielend.

Virgines capitales ↗ Mädchen
Gruppe der hll. Jungfrauen und Märtyrinnen Barbara, Katharina von Alexandrien und Margareta von Antiochien, der ab dem 14. Jh. Dorothea von Kappadozien beigefügt wurde.

Vogel ↗ Adler, ↗ Falke, ↗ Gans, ↗ Hahn, ↗ Rabe, ↗ Taube, ↗ Wildgänse
Nikolaus von Tolentino wird mit gebratenen Vögeln dargestellt, die davonflogen, als er sie nicht essen wollte. Ein Paradiesvogel umflog dreimal den Leichnam von Abt Wigbert. Franz von Assisi predigte den Vögeln.

W

Waage
Antoninus von Florenz; Prophet Ezechiel (Waage göttlicher Gerechtigkeit); Erzengel Michael (Seelenwaage).

Wägelchen ↗ Wagen
Neben sich: Bavo, der der Legende nach einen von einem Wagen überfahrenen Menschen geheilt hat.

Wagen ↗ Wägelchen
Der Prophet Elias fährt auf feurigem Wagen mit feurigen Rossen zum Himmel (2 Kön 2,11), der Prophet Ezechiel sieht in einer Vision (Ez 1) einen vierrädrigen Wagen (Cherubwagen).

Walkerstange ↗ Wollbogen
Marterinstrument bei Jakobus d. J.; Bischof Severus von Ravenna, der von Beruf Wollweber war.

Wanderstab
Gallus, Stanislaus Kostka.

Wasser ↗ Quelle
Durch das Wasser schreitend: Christophorus; mit dem Mantel als Schiff oder Segel über das Meer fahrend: Franz von Paula, Raimund von Peñafort.

Wasserbottich
Der Feuerpatron Florian.

Weberschiffchen
Bischof Severus von Ravenna, der vor seiner Wahl zum Bischof Wollweber war.

Weihrauchfaß
Der Hohepriester Aaron, der jüdische Priester Zacharias.

Weihwasserkessel
Martha von Bethanien (Legende).

Weinfäßchen
Otmar (bei der Überfahrt seiner Reliquien nach St. Gallen wurde das Weinfäßchen im Boot nie leer).

Weintraube
Als Wetterpatron: Bernhard von Aosta; als Patrone des Weinbaus: Bischof Theodul von Sitten, Papst Urban I.; Abt Wigbert, der den Saft einer Traube statt Meßwein in den Kelch preßte.

Weltkugel
Als Zeichen der Weltverachtung zu Füßen: Bruno der Kartäuser, Franz von Assisi; als Symbol der weltweiten Mission seines Ordens: Ignatius von Loyola; bei Dominikus als Symbol der Welt, die von ihm erleuchtet wird.

Wiege
Kind in der Wiege: Ambrosius.

Wildgänse
Zwei Wildgänse: Bischof Ludger.

Winde
Mit aufgewickelten Schiffstauen bzw. Eingeweiden: Bischof Erasmus; beim Martyrium: Ernst von Zwiefalten; Thiemo.

Winkelmaß
Als Zimmermannswerkzeug: Joseph Nährvater; als Baumeisterzeichen: die Apostel Judas Thaddäus und Thomas.

Wolf
Ein Bär oder Wolf bewachte das

abgeschlagene Haupt des Königs Edmund. Remaklus domestizierte einen Wolf.
Bischof Simpert befahl einem Wolf, ein geraubtes Kind unversehrt zurückzubringen.

Wolke
Johannes der Märtyrer: Wolke mit Blitzen; Paulus der Märtyrer: Wolke mit Regentropfen oder Hagelkörnern (Wetterpatrone).

Wollbogen ↗ Walkerstange
Marterinstrument bei Jakobus d. J.; Bischof Severus von Ravenna, der von Beruf Wollweber war.

Wunde ↗ Beinwunde, ↗ Kopfwunde
Im Hals: die Märtyrinnen Agnes, Cäcilia und Lucia von Syrakus; Blutring um den Hals: Placidus von Disentis; Wunde im Kopf: Petrus Martyr; am Unterschenkel: Peregrinus; am Oberschenkel: Rochus.

Wundmale Christi, Stigmata
Am Leibe: Franz von Assisi, Veronika Giuliani; an den Händen: Elisabeth von Reute, Katharina von Siena, Maria Magdalena de' Pazzi; Wundmale Christi berührend: Apostel Thomas; fünf Pfeile als Hinweis auf Stigmatisation: Dorothea von Montau.

Z

Zahlbrett ↗ Geldbeutel
Der Apostel Matthäus hat als ehemaliger Zolleinnehmer ein Zahlbrett bei sich (Lk 5,27).

Zahn
In der Zange: Apollonia (Martyrium).

Zange
Marterinstrument bei Agatha, Apollonia, Christina, Koloman; Arbeitswerkzeug bei Eligius.

Zepter ↗ Blumenzepter
Symbol der Herrschergewalt. Das Zepter in der Rechten, meist ergänzt mit dem Reichsapfel in der Linken, ist Attribut der heiligen Kaiser und Könige, auch legendärer Könige und heiliger Fürstinnen und Kaiserinnen: Eduard der Bekenner, Edwin, Erich, Heinrich II., Kasimir, Knud, Karl d. G., Ludwig IX., Olaf, Oswald, Sigismund, Stephan von Ungarn sowie der in der Legende als Könige bezeichneten Lucius und Richard.

Ziborium ↗ Speisekelch

Zimmermannsgeräte
Der den Beruf eines Zimmermanns (Tischlers) ausübende Joseph, Nährvater Jesu Christi.

Zirkel
Die vier Gekrönten.

Zunge
Johannes Nepomuk (Legende).

Alphabetisches Verzeichnis der Heiligen und Seligen

A

Aaron, Bruder des Moses
Erster Hoherpriester der Juden (Ex 28,1).
Gedächtnis: 1. Juli
Darstellung: in Tracht des Hohenpriesters mit mitra- oder tiaraähnlicher Mütze oder spitzem Judenhut und Brustschild mit 12 Steinen; mit grünendem Stab (Aaronstab) oder Weihrauchfaß; selten mit Opfertier oder sieben Broten.
Abb. siehe rechts

Abdon u. **Sennen,** röm. Märtt., Hll.
Starben wahrscheinlich in der Verfolgung des Diokletian um 304.
Gedächtnis: 30. Juli
Darstellung: in orientalischer Tracht mit phrygischer Mütze und Palmenzweig.

Achatius, Märt., Hl. (Achaz)
Nach einer späten Legende wurde er mit 10.000 anderen Soldaten unter Kaiser Hadrian (117–138) auf dem Berg Ararat gemartert und in Dorngestrüpp gestoßen, er gehört zu den ↗ 14 Nothelfern.
Gedächtnis: 22. Juli
Darstellung: als Ritter, Edelmann mit Herzogshut, Soldat oder Bischof (selten); allein oder mit Gefährten beim Martyrium (von Dornsträuchern aufgespießt); mit Dornenast in der Hand, Dornenkrone, Kreuz oder Bohrer (Martyrium); mit Fahne, Lanze oder Schwert.
Abb. siehe Seiten 58, 228

Aaron. Holzstatue, niederl., 2. H. 17. Jh., Suermondt-M Aachen

Achatius. Holzstatue, um 1530, Badisches LM Karlsruhe

Achilleus, röm. Märt., Hl. ↗ Nereus u. Achilleus

Adalbert OSB, Bisch. **von Prag,** Märt., Hl.
Gründete das Kloster Břevnov in Prag, Apostel der Preußen.
† 23. April 997 in Tenkitten (Ostpreußen)
Liturgie: Berlin, Görlitz G; Eisenstadt g am 23. April
Darstellung: als Bischof oder Benediktiner mit Ruder, Lanze, Spieß oder

Keule (Martyrium); mit abgeschlagenem Kopf; mit Buch; mit Adler (seinen Leichnam verteidigend).

Adalhard OSB, Abt **von Corbie,** Hl. (Adelhard, Edelhard, Kurzform Alhard)
Vetter Karls d. G., war auch sein Ratgeber und politischer Mitarbeiter; gründete zwei Klöster.
† 2. Jänner 826
Gedächtnis: 2. Jänner
Darstellung: als Abt, im Garten grabend.

Adam, bibl. Stammvater des Menschengeschlechtes

Adam. Holzstatue, B. Steinle, 1609–1613, Stiftskirche Stams/Tirol

Gatte der Eva; Name (hebr.) bedeutet „der von der Erde Genommene".
Gedächtnis: 24. Dezember (in Hinblick auf die Geburt Jesu Christi als des „zweiten Adam")
Darstellung: nackt im Paradies; bei der Vertreibung mit Lendenschurz oder Feigenblatt; in Fellkleidung mit Ackergerät.
Abb. siehe Seite 58

Adelgundis OSB, Äbtissin **von Maubeuge,** Hl. (Aldegundis, Edelgund)
Schwester der hl. ↗ Waltraud, gründete das Doppelkloster Maubeuge an der Sambre (Nordfrankreich); hatte viele Visionen.
† 30. Jänner 694
Liturgie: Trier g am 30. Jänner
Darstellung: als Äbtissin mit Buch und Stab; Krone und Zepter zu Füßen (fürstliche Abstammung); mit Taube über dem Kopf, die einen Nonnenschleier im Schnabel hält (Begebnis bei der Einkleidung); mit Rosenkranz und Kerze oder Wachsstock (Wunder der Selbstentzündung einer Kerze in der Laterne, als sie diese in die Hand nahm).

Adelheid, dt. Kaiserin, Hl.
Gemahlin Ottos I. d. G., führte für ihren Enkel Otto III. einige Jahre die Regentschaft.
* 931 in Burgund
† 999 in ihrer Klosterstiftung Selz (Elsaß)
Liturgie: Einsiedeln G, Augsburg am 16. Dezember
Darstellung: in fürstlicher Kleidung mit Kaiserkrone, Zepter und Buch; mit Kirchenmodell von Selz; Almosen austeilend.

Adelrich, Sel. (Alderich, Alarich)
Lebte zuerst als Mönch in Einsiedeln, zog sich später als Einsiedler auf die Insel Ufenau im Zürichsee zurück.
† 973

Adrian. Trinitätstriptychon, A. 16. Jh., Memlingmuseum Brügge

Liturgie: Einsiedeln G am 28. September

Darstellung: im Benediktinerhabit oder Einsiedlerkleid, mit Schlüsselbund; ein Engel reicht ihm Brote.

Adrian u. Gef., Märtt. in Nikomedien, Hll.

Römischer Offizier in Nikomedien (östl. v. Konstantinopel), um 290 mit anderen Christen gemartert und enthauptet.

Gedächtnis: 8. September

Darstellung: als Ritter mit Schwert und Amboß (auf dem ihm die Glieder abgehauen wurden); mit Beil und abgehauener Hand; mit Löwe, der ihn unversehrt ließ.

Abb. siehe Seite 59

Afra, Jgfr., Märt., Hl.

Starb in der Verfolgung des Diokletian um 304 bei Augsburg den Feuertod.

Liturgie: Augsburg H am 7. August (Patronin der Diöz.); München-Freising g

Darstellung: in vornehmer Kleidung an einen Baumstamm oder eine Säule gebunden; mit Strick; mit Scheiterhaufen, Reisigbündel oder Flammen, die an ihr zehren.

Abb. siehe Seiten 157, 278

Agapitus, Märt. zu Praeneste, Hl.

Erlitt nach der Legende im Alter von 15 Jahren unter Aurelian (270–275) in Praeneste bei Rom den Martertod.

Gedächtnis: 18. August

Darstellung: als Jüngling, über den Flammen verkehrt hängend; mit glühenden Kohlen; mit Löwen, die ihn verschonten.

Abb. siehe Seite 236

Agatha, Jgfr., Märt., Hl.

Erlitt unter Decius (249–251) in Catania auf Sizilien das Martyrium.

Liturgie: GK G am 5. Februar; Bozen-

Ägidius. Passionsaltar, H. Memling, 1491, St.-Annen-Museum Lübeck

Brixen, Feldkirch, Gurk-Klagenfurt, Innsbruck, Köln g

Darstellung: häufig nach der Zeitmode gekleidet, in den Marterszenen halb nackt, ihrer Brüste beraubt, diese abgeschnitten in der Hand oder auf einer Schüssel tragend; Horn eines Einhorns als Symbol der Jungfräulichkeit haltend; mit Fackeln oder auf einem Scheiterhaufen liegend; mit Schere, Haken oder Zange zum Abschneiden oder Abreißen der Brust; mit gewundener Kerze.

Ägidius, Hl. (Egid, Gilg, Till, Gilles)
Lebte als Einsiedler in der Provence, erster Abt des von ihm gegründeten Klosters St-Gilles; im Mittelalter zählte er zu den populärsten Heiligen; Pestpatron; er gehört zu den ↗ 14 Nothelfern.
† um 720
Liturgie: Graz-Seckau g am 1. September (ehemaliger Landespatron der Steiermark, Stadtpatron von Graz)
Darstellung: als Einsiedler oder Benediktinerabt mit Hirschkuh und Pfeil, der ihn manchmal durchbohrt (der Westgotenkönig Wamba hatte den Einsiedler mit der Hirschkuh in der Höhle entdeckt und angeschossen).
Abb. siehe Seiten 60, 228

Agilolf OSB, Bisch. **von Köln,** Hl. (Agilulf)
Mönch und Abt in Stablo-Malmédy (Ostbelgien), Bischof von Köln, arbeitete im Sinn der Reformideen des hl. ↗ Bonifatius; verwechselt mit einem Märtyrer Agilolf, der 716 (?) bei Malmédy von Meuchelmördern getötet wurde?
† um 751
Liturgie: Köln g am 9. Juli (Übertragung des anderen Agilolf)
Darstellung: als Bischof mit Stab, Buch und Schwert (angebliches Martyrium); mit Märtyrerpalme.

Agnes, Jgfr., Märt. zu Rom, Hl.
Aus vornehmer römischer Familie, blieb laut Legende beim Martyrium unter Diokletian (304) von Flammen

Agnes. Tafelbild, Aachener Meister (?), um 1460, Domschatz Aachen

verschont und wurde schließlich enthauptet.
Liturgie: GK g am 21. Jänner
Darstellung: vornehme Jungfrau mit Lamm (lat. agnus) als Anspielung auf ihren Namen und Symbol Christi, mit dem sie sich mystisch vermählen wollte (Ringtausch mit Lamm oder Jesuskind); eingehüllt in langes Haar (als sie ihrer Kleider beraubt wurde); mit Scheiterhaufen oder Flammen; Blutspur am Hals (Enthauptung), mit Dolch (Marterwerkzeug).
Abb. siehe oben, Seite 177

Alban, Märt. in Mainz, Hl.
Nach der Legende Priester oder

Bischof in Mainz, um 406 dort enthauptet.
Liturgie: Mainz g am 21. Juni
Darstellung: mit Schwert und abgehauenem Kopf in der Hand.

Albert d. G. Holzbüste, E. 15. Jh., Prämonstratenserabtei Speinshart/Bayern

Albert d. G. OP, Bisch. **von Regensburg,** Kirchenlehrer, Hl.
Bedeutender Theologe, Naturwissenschafter und Kreuzzugsprediger.
† 15. November 1280 in Köln
Liturgie: RK g am 15. November (in Österreich wegen des hl. ↗ Leopold am 16. November); Köln F; Regensburg G
Darstellung: als Dominikaner oder Bischof, mit Schreibfeder oder Buch.
Abb. siehe oben

Albert von Trapani OCarm, Hl.
Karmeliterprovinzial in Sizilien.
† 7. August 1307 in Messina
Gedächtnis: 7. August
Darstellung: als jugendlicher Karmelitermönch mit Lilie (Unschuld), Buch

(Gelehrsamkeit), Lampe (Andacht), mit Kruzifix und angekettetem Teufel mit Vogelkrallen.

Alexander I., Papst, Hl.
Fünfter Nachfolger Petri, über sein Leben ist nichts Sicheres bekannt.
Gedächtnis: zusammen mit ↗ Eventius und Theodulus am 3. Mai
Darstellung: mit der päpstlichen Tiara, dem Papstkreuz und Schwert.

Alexius von Edessa, Hl.
Ging statt erzwungener Heirat als Pilger ins Heilige Land und führte dort ein Einsiedlerleben (5. Jh.). Die spätere Legende erzählt, daß er nach langer Pilgerfahrt 17 Jahre unerkannt als Bettler unter der Treppe seines Vaterhauses lebte.
Gedächtnis: 17. Juli
Darstellung: als Pilger; mit Treppe in der Hand oder unter ihr sitzend oder liegend.
Abb. siehe Seite 63

Alfons Maria **di Liguori** CSSR, Bisch. von Sant'Agata de'Goti, Kirchenlehrer, Hl.
Aus vornehmer italienischer Familie, Jurist und Priester, gründete 1732 den Redemptoristenorden (Missionsorden für das einfache Volk), Seelsorger für die Verlassensten.
† 1. August 1787 in seinem Kloster Pagani bei Neapel
Liturgie: GK G am 1. August
Darstellung: als Bischof oder in schwarzem Ordensgewand mit Schreibfeder, mit Rosenkranz und Missionskreuz; kniend vor einem Kreuz oder vor der Monstranz.

Alfons Rodriguez SJ, Hl. (Alonso)
Zuerst Kaufmann, nach dem Tod seiner Frau Laienbruder der Jesuiten, mystisch begnadet.
† 31. Oktober 1617 in Palma de Mallorca

Gedächtnis: 31. Oktober
Darstellung: Herz Jesu und Mariä auf der Brust, durch Lichtstrahlen mit Jesus und Maria verbunden (Vision).

Aloisius von Gonzaga SJ, Hl.
Trat nach Verzichtleistung auf die Markgrafschaft Castiglione bei Mantua in den Jesuitenorden in Rom ein.
† 21. Juni 1591 mit 23 Jahren in Rom (nach Ansteckung bei der Pflege von Pestkranken)
Liturgie: GK G am 21. Juni
Darstellung: als blutleerer, asketischer, junger Jesuitennovize (Aussehen nach Porträt des 16. Jh.s) mit Kreuz, Rosenkranz, Lilie (Keuschheit), Geißel und Totenkopf (Bußgesinnung); die abgelegte Krone symbolisiert den Verzicht auf sein Erbe. Szene: erste Kommunion durch hl.
↗ Karl Borromäus.
Abb. siehe Seite 64

Alto OSB, Abt **von Altomünster,** Hl.
(Kurzform zu Altmann)
Angelsächsischer Missionar in Oberbayern; Gründer und erster Abt des Klosters Altomünster.
† 2. Hälfte 8. Jh.
Liturgie: München-Freising g am 9. Februar
Darstellung: als Abt mit Messer (zur Rodung des Waldes bei der Klostergründung); beim Quellwunder; mit Jesuskind im Kelch (Vision bei der Messe).
Abb. siehe Seite 69

Amadeus IX., der Glückliche von Savoyen, Sel.
Herzog von Savoyen, Wohltäter der Armen.
† 30. März 1472 in Vercelli
Gedächtnis: 30. März
Darstellung: als Herzog mit Beutel in der Hand, Almosen austeilend; mit Spruchband „Diligite pauperes" („Liebet die Armen").

Alexius. Altarflügel, F. Pacher (?), um 1490, ÖG Wien

Amalberga von Gent, Hl. (Amalia)
Aus fränkischem Fürstengeschlecht, wies die Heirat mit Karl Martell

Aloisius von Gonzaga. Altarbild, J. A. Mölck, 1768, Fk Adriach/Stmk

Florian. Altarflügel, 1. Hälfte 15. Jh., Stift St. Florian/OÖ

Georg. Georgsaltar, um 1515, Kunsthistorisches Museum Wien, Sammlung Schloß Ambras/Tirol

Leopold. Michaelsaltar, um 1500, Stift Herzogenburg/NÖ

Wenzeslaus. Glasgemälde aus der Andreaskapelle, Domkreuzgang, Bamberg, um 1414, Diözesanmuseum Bamberg

Alto. Kupferstich, Matthäus Rader, 1627

zurück; hatte nach der Legende zahlreiche Visionen und Wunder.
† 8. Jh.
Gedächtnis: 10. Juli
Darstellung: als Fürstin mit Krone; mit gekröntem Mann (Karl Martell) zu Füßen; in zahlreichen Szenen ihrer Visionen und Wunder.

Amandus, Bisch. **von Maastricht,** Hl. Apostel der Belgier, gründete viele Kirchen und Klöster in Belgien und Flandern; Mission auch in Salzburg und Tirol (während seiner Verbannung).
† 6. Februar 679 (oder 684) im Kloster Elno

Amandus. Kupferstich, Aegidio Ranbeck, 1675

Gedächtnis: 6. Februar
Darstellung: als Bischof oder als Benediktinerabt mit Mitra, Stab und Schlange (die er laut Legende durch das Kreuzzeichen vertrieben haben soll).
Abb. siehe oben

Ambrosius, Bisch. **von Mailand,** Kirchenlehrer, Hl.
Zuerst Staatsmann und Konsul, Berater von drei Kaisern, 374 Bischof von Mailand, Mitschöpfer der mittelalterlich-christlichen Kultur, Vater des Kirchengesanges, gebrauchte zum

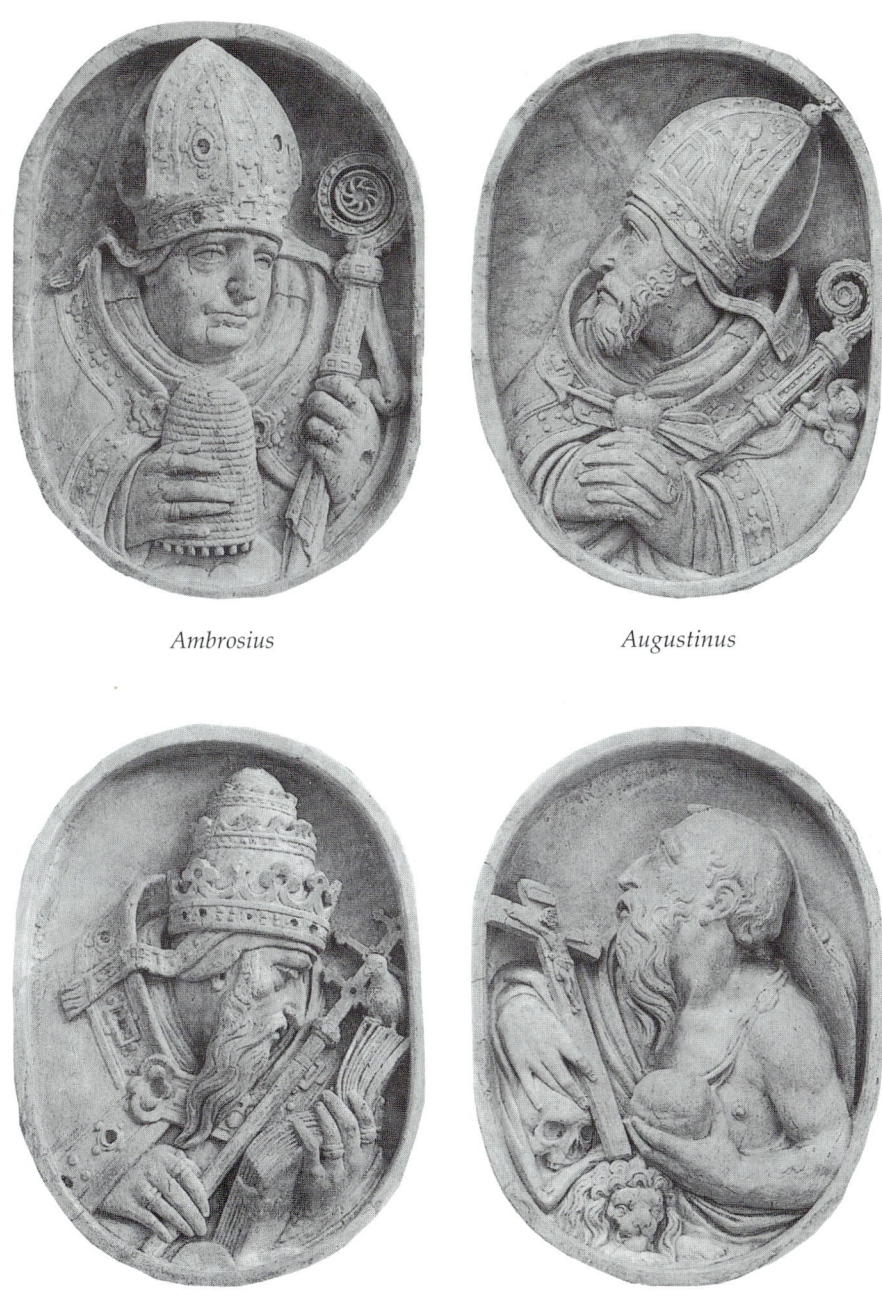

Ambrosius

Augustinus

Gregor d. G.

Hieronymus

Kirchenväter. Alabasterreliefs, J. Kroeß, 1599/1601, Westfälisches LM Münster

Anastasia und Nikolaus von Myra. Tafelbild (Ausschnitt), A. da Messina, 1475/1476, KHM Wien

ersten Mal das Wort „Messe" für die Eucharistiefeier.
* um 339 in Trier (?)
† 4. April 397 in Mailand
Liturgie: GK G am 7. Dezember
Darstellung: als Bischof mit Buch, Schreibfeder, Taube der göttlichen Eingebung oder Geißel (weil er Kaiser Theodosius I. d. G. mit öffentlicher Kirchenbuße züchtigte bzw. weil er die Arianer aus Mailand vertrieb); mit Kind in der Wiege (Bienen setzten sich auf den Mund des neu-

geborenen Ambrosius); mit Bienenkorb (emsige Gelehrsamkeit); mit Kirchenmodell.
Abb. siehe Seite 71

Anastasia von Sirmium, Jgfr., Märt., Hl.
Erlitt wahrscheinlich um 304 unter Diokletian in Sirmium (heute Jugoslawien) das Martyrium durch Verbrennen.
Gedächtnis: 25. Dezember
Darstellung: als Jungfrau mit Vase

Andreas und Kolumba. Tafelbild, Meister des Bartholomäusaltars, um 1510/1520, LM Mainz

Angela Merici. Gemälde, 18. Jh., Ursulinenkloster Innsbruck

(Gefäß), in der sie die Salbe für die Einbalsamierung der Leichname der Märtyrer trägt; an eine Säule gebunden; am Scheiterhaufen.
Abb. siehe Seite 72

Andreas, Apostel, Märt., Hl.
Bruder des Simon Petrus, zuerst Jünger Johannes' des Täufers, dann der „Erstberufene" unter den Aposteln, nach langjähriger Missionstätigkeit erlitt er am 30. November 60/62 in Patras (Südgriechenland) das Martyrium auf einem Kreuz mit schrägstehenden Balken.
Liturgie: GK F am 30. November

Darstellung: als Apostel mit Schrift-
rolle oder Buch; als bärtiger, älterer
Mann mit Tunika und Mantel; mit
schrägem Kreuz (Andreaskreuz;
zugleich als Abkürzung des Namens
Christi = griech.: X); mit Fisch,
Fischernetz und Strick.
Abb. siehe Seiten 73, 215

Angela Merici OSU, Hl. (Angela von
Brescia)
Ordensbegründerin der Ursulinen
(Frauenorden für Erziehung und
Unterricht), dessen erste Oberin sie
1540 wurde.
* 1474 am Gardasee
† 27. Jänner 1540 in Brescia (Oberita-
lien)
Liturgie: GK g am 27. Jänner
Darstellung: als Oberin mit Kruzifix,
Rosenkranz, Lilien, offenem Regel-
buch (mit ihren Visionen) und Him-
melsleiter.
Abb. siehe Seite 74

Angelus der Karmelit OCarm,
Märt., Hl.
Sohn konvertierter Juden in Jerusa-
lem, ging als Karmelitermönch zur
Missionierung nach Sizilien und
Süditalien.
† 5. Mai 1220 oder 1225 als Märtyrer
in Licata (Sizilien)
Gedächtnis: 5. Mai
Darstellung: als jugendlicher Karmelit
an einem Baum hängend, Engel brin-
gen ihm drei Kronen (Symbole seiner
Keuschheit, Beredsamkeit und des
Martyriums); Rosen und Lilien fallen
aus seinem Mund; mit Schwert,
Dolch oder Säbel (Martyrium).

Anianus, Diakon, Märt., Hl. ↗ Marinus

Anna, Mutter Mariä, Hl.
Annas Ehe mit ↗ Joachim blieb lange
Jahre kinderlos, bis sie im hohen
Alter Maria gebar; nach der Trinu-

*Anna selbdritt. Holzstatue, um 1500, Pfk
Dormitz/Bayern*

biumslegende soll Anna nach Joa-
chims Tod noch zweimal geheiratet
und insgesamt drei Töchter mit
Namen Maria gcboren haben (vgl.

Anna. Holzstatue, um 1780, Pfk Absam/
Tirol

Anno. Altarflügel, köln., um 1420/1425,
WRM Köln

Darstellung der Heiligen Sippe).
Liturgie: GK G am 26. Juli
Darstellung: als Matrone meist mit
grünem Mantel, rotem Kleid und
Kopftuch (oft der Zeitmode angepaßt), mit Buch (AT); oft Joachim
gegenübergestellt; mit der jungen
Maria, sie das AT lesen lehrend; als
„Anna selbdritt" mit dem Jesuskind
und Maria dargestellt (wobei Maria
ebenfalls als Kind auf dem Arm der

Mutter sitzt oder als junge Frau
neben ihr steht).
Abb. siehe Seiten 75, 76, 240

Anno, Erzb. von Köln, Hl. (Kurzform von Arnold)
Reichsverweser, Gründer mehrerer
Stifte und Abteien.
* um 1010
† 4 Dezember 1075 im Kloster Siegburg bei Köln

76

Anselm. Kupferstich, Aegidio Ranbeck, 1675

Liturgie: RK g, Köln G am 5. Dezember

Darstellung: als Bischof mit Kasel und Pallium (Zeichen der Erzbischofswürde), mit Stab und Buch oder Kirchenmodell.

Abb. siehe Seite 76

Anselm OSB, Erzb. **von Canterbury, Kirchenlehrer, Hl.**

Setzte sich für die Freiheit der Kirche ein, wurde öfters verbannt, schrieb wichtige theologische Schriften über Marias unbefleckte Empfängnis und Gottesbeweise.

* um 1033/34 in Aosta (Oberitalien)
† 21. April 1109 in Canterbury
Liturgie: GK g am 21. April
Darstellung: als Bischof, als Abt oder
Mönch mit Schreibfeder, Buch oder
Schrifttafel; mit Marienerscheinung.
Abb. siehe Seite 77

Ansgar OSB, Erzb. **von Hamburg,**
Hl.
Lehrer in der Klosterschule zu Cor-
vey an der Weser, missionierte dann
in Dänemark und Schweden, daher
„Apostel des Nordens" genannt.
* 801 bei Corbie (Nordfrankreich)
† 3. Februar 865 in Bremen
Liturgie: RK g, Osnabrück F am 3.
Februar
Darstellung: als Bischof mit Pelz am
Gewand (Apostel des Nordens), von
bekehrten Heiden umgeben; mit Kir-
chenmodell in der Hand.
Abb. siehe Seite 272

Antoninus Pierozzi OP, Erzb. **von**
Florenz, Hl. (Antonino)
Dominikaner, Erzbischof von Florenz, der erste Moralist seiner Zeit.
* 1389 in Florenz
† 2. Mai 1459 in Montughi bei Florenz
Gedächtnis: 2. Mai
Darstellung: als Dominikaner mit erz-
bischöflichem Pallium; als Erzbischof
mit Infel, in der Hand eine Waage:
Obst in der einen, Papierstreifen
(„Deo gratias") in der anderen Schale
(man erzählt, er habe einem Bauern
für erhaltenes Obst nur „Vergelt's
Gott!" gesagt, dieser war unzufrie-
den, da schrieb er diese Worte auf
einen Zettel, der dann schwerer wog
als das Obst).

Antonius, Abt, Einsiedler, Hl. (Antonius der Große)
Organisator von Einsiedlergemein-
den, daher als „Vater des christlichen
Mönchtums" bezeichnet, lebte bis ins
hohe Alter in der Wüste, empfing

Antonius Einsiedler. Holzstatue, rhein.,
um 1500, Suermondt-M Aachen

viele Besucher, die von ihm Heilung
oder Rat erhofften; er gehört zu den
↗ vier hll. Marschällen.
† 356 in Ägypten mit 105 Jahren

Liturgie: GK G am 17. Jänner
Darstellung: als Einsiedler mit Bettlerglocke in der Hand (oder an einem Stab oder um den Hals eines Schweines) und Kreuzstab in T-Form (Antoniuskreuz, ägyptisches Kreuz); mit Feuerflammen, Teufel oder Mensch zu Füßen, der mit Antoniuskrankheit (seuchenartige Krankheit) behaftet ist; das Schwein zu seinen Füßen erinnert an ein Privileg der Antoniter, als Entgelt für ihre Krankendienste ihre Schweine frei herumlaufen zu lassen – das Fleisch dieser Tiere wurde dann an die Armen verteilt; auf Gemälden besonders häufig zwei Szenen aus seinem Leben: die Versuchung durch den Teufel (Dämonen, Ungeheuer, nackte Frauen) und der Besuch bei ↗ Paulus von Theben.
Abb. siehe Seiten 78, 142

Antonius von Padua OFM, Kirchenlehrer, Hl.
Zuerst Augustinerchorherr, dann Franziskaner; Prediger in Marokko, Sizilien, Frankreich, Oberitalien, schließlich in Padua, griff in die sozialen und politischen Verhältnisse seiner Zeit ein.
* 1195 in Lissabon
† 13. Juni 1231 auf dem Weg nach Assisi, schon 1232 heiliggesprochen!
Liturgie: GK G am 13. Juni
Darstellung: als Franziskaner mit Lilie (Symbol der Keuschheit), Buch (Gelehrsamkeit) und dem auf dem Buch stehenden oder sitzenden Jesuskind (Erscheinung); ab dem 17. Jh. wird er meist das Jesuskind auf dem Arm tragend dargestellt.
Abb. siehe Seite 80

Apollinaris, Bisch. **von Ravenna,** Märt., Hl.
Erster Bischof von Ravenna, Märtyrer um 200.
Liturgie: Köln g am 23. Juli
Darstellung: als Bischof mit Keule

Apollonia, Jgfr., Märt., Hl.
Um 249 in Alexandria vom heidnischen Pöbel gemartert, indem man ihr neben anderen Qualen die Zähne einschlug, nach einer späteren Legende wurden sie ihr einzeln gezogen.
Gedächtnis: 9. Februar
Darstellung: als Jungfrau im Gewand der Zeitmode, einen Zahn in der Zange haltend oder mit Meißel, Schlegel oder Zange (Martyrium); mit brennendem Scheiterhaufen (in den sie nach der Legende selbst hineinsprang).
Abb. siehe Seite 81

Apostel ↗ *Verzeichnis der Attribute und Begriffe*
Abb. siehe Seite 215

Aquilinus, Märt. in Mailand, Hl.
Nach der Legende aus Würzburg stammend, Domkanoniker in Köln.
† um 1015 als Märtyrer in Mailand
Liturgie: Würzburg g am 29. Jänner
Darstellung: in priesterlichen Gewändern mit Buch (Sinnbild der Lehre) und Schwert im Hals (weil er während der Messe erstochen wurde).

Arnold von Arnoldsweiler
Nach der Legende kam er aus Griechenland als Zitherspieler an den Hof Karls d. G., verschenkte seine Grundstücke an die Armen.
Gedächtnis: 18. Juli
Darstellung: als Sänger mit Harfe oder Viola.
Abb. siehe Seite 82

Arnulf, Bisch. **von Metz,** Hl.
Einflußreicher Bischof von Metz, später Einsiedler, der sich ganz der Krankenpflege widmete.
† 18. Juli 640 (?)
Gedächtnis: 18. Juli
Darstellung: als Bischof mit Fisch mit

Antonius von Padua. Altarbild, F. de Neve, um 1700, Frauenberg bei Admont/Stmk.

Apollonia. Gemälde, M. 18. Jh., Fk Adriach/Stmk.

Arnold und Kunibert. Votivtafel (Ausschnitt), B. Bruyn, um 1520/1530, St. Kunibert Köln

Ring im Maul (als Arnulf noch Laie war, warf er seinen Ring ins Wasser und sagte: „Ich halte meine Sünden vor Gott für nicht vergeben, wenn er mich diesen Ring nicht wiedererlangen läßt." Darauf fand man diesen in den Eingeweiden eines Fisches).

Augustinus Bisch. **von Hippo,** Kirchenvater, Hl.
Zuerst Professor der Rhetorik in Mailand, dann Bischof von Hippo Regius in seiner afrikanischen Heimat; der genialste, einflußreichste Theologe der Kirche, der größte unter den vier großen abendländischen Kirchenvätern, das „Genie des Herzens".
† 28. August 430 in Hippo Regius
Liturgie: GK G am 28. August
Darstellung: als Gelehrter oder Bischof stehend, thronend oder am Schreibpult sitzend, mit Buch und Schreibfeder; mit Herz (entflammt oder von zwei Pfeilen durchbohrt) in der Hand oder auf der Brust; mit Engel oder Kind (das mit einem Löffel das Meer ausschöpfen wollte, um Augustinus die Unergründlichkeit der göttlichen Dreifaltigkeit zu veranschaulichen); öfters mit seiner Mutter Monika.
Abb. siehe Seite 71

Autbertus, Bisch. **von Cambrai,** Hl.
(Autbert, Aubert, Otbert)
Förderte die Heidenmission in Flandern.
† 13. Dezember 669 in Cambrai (Nordfrankreich)
Gedächtnis: 13. Dezember
Darstellung: als Bäcker mit Broten oder als Bischof mit Esel und Brotkörben (sein treuer Esel brachte das von Autbertus gebackene Brot allein in die Stadt).

B

Balbina, Hl.
Der Legende nach die Tochter des hl. ↗ Quirinus von Neuß und mit diesem von Papst ↗ Alexander I. getauft.
Gedächtnis: 31. März
Darstellung: als Jungfrau mit Kreuz und Lilienzweig oder Lilienzepter (Reinheit).

Barbara von Nikomedien, Jgfr., Märt., Hl.
Lebte wahrscheinlich im 3. Jh. in Nikomedien (östl. v. Konstantinopel), Tochter des Heiden Dioskuros, der sie in einen Turm sperrte; bekehrte sich zum Christentum, wurde grausam gemartert und vom eigenen Vater enthauptet; sie gehört zu den ↗ 14 Nothelfern.
Liturgie: RK g am 4. Dezember
Darstellung: als vornehmes Mädchen mit Kleid und Mantel, oft der Zeitmode angepaßt; mit Turm (seine drei Fenster symbolisieren die Trinität); mit Kelch oder Hostienkelch (Nothelferin in der Sterbestunde); mit Fackel oder Schwert (Martyrium); mit Krone; mit besiegtem Vater (Heiden) zu Füßen; öfters in Gruppen mit anderen Heiligen: mit Katharina und Margareta als drei hl. ↗ Madln oder zusätzlich mit Dorothea als ↗ Virgines capitales.
Abb. siehe rechts, Seiten 228, 288

Barnabas, Apostel, Märt., Hl.
Neuapostel aus Zypern, begleitete Paulus auf seiner ersten Missionsreise, zeichnete das Matthäus-Evangelium auf.
Liturgie: GK G am 11. Juni
Darstellung: als älterer Apostel mit Bart; mit Stein (Martyrium); mit Buch (Matthäus-Evangelium).

Barbara. Holzstatue, M. Zürn d. J., um 1685, Frauenberg bei Admont/Stmk.

Bartholomäus, Apostel, Märt., Hl.
Gehört zu den erstberufenen Aposteln, sein Wirkungskreis ist ebensowenig geklärt wie die Art seines Martyriums.
Liturgie: GK F am 24. August (Ge-

Bartholomäus. Holzstatue, Th. Schwanthaler, um 1660, Pfk Senftenbach/OÖ

denktag einer der vielen Translationen)
Darstellung: als Apostel mit Schriftrolle oder Buch, mit kurzem Haar und Bart; mit Messer, oft seine abgezogene Haut über dem Arm tragend (Martyrium).
Abb. siehe oben, Seite 215

Bathildis, Hl. (Balthild)
Fränkische Königin, gründete das Männerkloster Corbie und das Frauenkloster Chelles (bei Paris).
† um 680 in Chelles
Gedächtnis: 30. Jänner
Darstellung: als Nonne, mit Krone und Kirchenmodell, mit Himmelsleiter; Almosen spendend.

Bavo, Hl.
Aus belgischer Adelsfamilie, wurde nach dem Tod seiner Frau Mönch, begleitete den hl. ↗ Amandus auf seinen Missionsfahrten in Flandern, später Einsiedler in Gent.
† um 653 in Gent
Gedächtnis: 1. Oktober
Darstellung: als Ritter oder Edler mit Schwert oder Zepter, Falke (vornehme Herkunft) und Geldbörse (Almosen); selten: mit hohlem Baum und Stein als Last oder Kopfkissen (Einsiedlerleben), Wägelchen, Buch, Kirche.
Abb. siehe Seite 89

Beatrix, Märt. zu Rom, Hl. ↗ Simplicius, Faustinus u. Beatrix

Beatus, Glaubensbote in der Schweiz, Hl.
Nach der Legende Apostel der Schweiz, der am Thuner See einen Drachen tötete und dann als Einsiedler in dessen Höhle wohnte.
† 112 am Thuner See
Liturgie: Basel g am 9. Mai
Darstellung: als Einsiedler mit Stock und Buch; mit einem Drachen.
Abb. siehe Seite 90

Beda Venerabilis OSB, Kirchenlehrer, Hl.
Benediktinermönch in Jarrow (Nordengland), der erste wissenschaftliche Theologe des Mittelalters.
† 26. Mai 735
Liturgie: GK g am 25. Mai
Darstellung: trotz seiner Bedeutung selten; als alter Mönch mit Buch und Federkiel.

Benedikt von Aniane OSB, Abt, Hl.
Zuerst im Kriegsdienst Karls d. G., gründete das Benediktinerkloster Aniane bei Montpellier (Südfrankreich), der erste große Mönchsvater aus germanischem Stamm.

Vitus. Holzstatue, um 1510, Totenkapelle St. Michael und Veil, Schwaz/Tirol

Willibald, Maria mit Kind, Walburga, Holzstatuen, um 1470/1480, Hochaltar im Dom zu Eichstätt/Bayern

Erasmus und Mauritius. Tafelbild, Mathias Grünewald, 1521–1523, AP München

Christina. Tafelbild, Donauschule, um 1520, Stift Schlägl/OÖ

Bavo und Franz von Assisi. Sforzatriptychon (Ausschnitt), R. van der Weyden, M. 15. Jh., Musées royaux des Beaux-Arts de Belgique/Brüssel

Beatus. Holzstatue, J. B. Babel, 1785, Pfk Sarmenstorf/Kt. Aargau

† 11. Februar 821 in Kornelimünster bei Aachen
Liturgie: Aachen g am 12. Februar, sonst 11. Februar
Darstellung: als Einsiedler oder Benediktinerabt; Feuerflammen neben sich, weil er auf wunderbare Weise Brände gelöscht haben soll.

Benedikt Josef Labre, Hl. (Benoît-Joseph)
Nach mehreren vergeblichen Versuchen, in einen Orden einzutreten, führte er ab 1770 das Leben eines heimatlosen, unbekannten Pilgers.
* 26. März 1748 in Nordfrankreich
† 16. April 1783 in Rom
Liturgie: Einsiedeln g am 16. April

Darstellung: als Pilger mit Stab und Rosenkranz.

Benedikt von Nursia OSB, Hl.
Zog sich nach kurzer Studienzeit in Rom zu Buße und Gebet in die Einsamkeit zurück, gründete in Monte Cassino eine Mönchsgemeinschaft, die die Wiege des Benediktinerordens wurde; sein Wahlspruch lautete: Ora et labora (Bete und arbeite).
* um 480 in Nursia (Umbrien, Italien)
† 21. März 547 in Monte Cassino
Liturgie: GK G am 11. Juli (Übertragung; früher am 21. März)
Darstellung: als Benediktiner im schwarzen Habit mit Abtstab und Becher, aus dem eine Schlange steigt, oder mit einem zersprungenen Becher auf dem Regelbuch (das Glas, worin ihm seine eigenen Mönche Gift vorgesetzt hatten, zersprang, als er das Kreuz darüber machte); mit einem Raben, Brot im Schnabel, der das dem Heiligen zugedachte vergiftete Brot wegträgt; häufig mit anderen Heiligen zusammen, besonders mit seiner Schwester ↗ Scholastika; in Szenen seines Lebens.
Abb. siehe Seiten 141, 236

Benno, Bisch. **von Meißen,** Hl.
„Apostel der Wenden" (verschiedene Slawenstämme an Elbe und Ostsee).
* 1010 in Hildesheim
† 1106 in Meißen (Sachsen)
Liturgie: RK g am 16. Juni; Dresden-Meißen H (Bistumspatron); Stadt München H (Stadtpatron); Berlin, Görlitz, München-Freising G
Darstellung: als Bischof mit einem Fisch, der einen Schlüsselbund im Maul trägt (Legende von der Wiederauffindung der Domschlüssel).
Abb. siehe Seite 91

Bernadette Soubirous, Hl. (Marie-Bernard, Maria Bernarda)
Seherin von Lourdes, wo sie 18 Er-

Benno. Silberstatuette, um 1750, St. Maria Magdalena Hildesheim

scheinungen der Gottesmutter Maria hatte (1858).
* 17. Februar 1844 in Lourdes (Südfrankreich)
† 16. April 1879 in Nevers (Zentralfrankreich) als Nonne
Gedächtnis: 16. April
Darstellung: als kniendes Mädchen in der Lourdesgrotte vor der Immaculata.

Bernhard von Aosta, Hl.
Archidiakon zu Aosta (Nordwestitalien), Gründer des Hospizes auf dem Großen Sankt Bernhard.
† wahrscheinlich 13. Juni 1081 in Novara
Liturgie: Sitten G am 15. Juni
Darstellung: als Augustinerchorherr oder Mönch mit gefesseltem Teufel (Heidentum) und Stab; als Wetterpatron mit Korn, Weintraube und Blitz.

Bernhard, Markgraf **von Baden,** Sel.
Verzichtete auf seinen Landesanteil, sehr karitativ gesinnt, warb als Gesandter Kaiser Friedrichs III. für einen Kreuzzug gegen die Türken.
† 15. Juli 1458 in Moncalieri bei Turin
Liturgie: Freiburg/B., in Baden F (Landespatron); in Hohenzollern g; Speyer g am 15. Juli
Darstellung: als Ritter mit der Kreuzfahne und dem badischen Wappen.

Bernhard OCist, Abt **von Clairvaux,** Kirchenlehrer, Hl.
Stifter des Zisterzienserordens, eines Zweigordens der Benediktiner; der „ungekrönte Papst und Kaiser seines Jahrhunderts".
* 1090 in Burgund
† 20. August 1153 in Clairvaux
Liturgie: GK G am 20. August
Darstellung: als Zisterzienserabt oder weißgekleideter Mönch mit Kreuz oder Leidenswerkzeugen in der Hand (Zeichen seiner Leiden bzw. seiner beständigen äußeren Abtötung); betend vor einem Kruzifix und die Umarmung des Gekreuzigten empfangend; mit einem gefesselten Teufel (Überwindung aller Versuchungen); mit Marienerscheinung (wobei Maria ihm die entblößte Brust zeigt oder seine Lippen mit Milch ihrer Brust benetzt); selten mit Bienenkorb (Beredsamkeit) oder weißem Hündchen (Traum der Mutter); Mitra zu Füßen (abgelehnte

Bernhardin von Siena. Holzstatue, A. Köl-le, 1738–1742, Stiftskirche Stams/Tirol

Bischofstühle von Mailand und Genua).
Abb. siehe Seite 124

Bernhardin von Siena OFM, Hl.
Großer Volksprediger in Mittel- und Norditalien, Verbreiter der Verehrung des Namens Jesu.
* 8. September 1380 in der Toskana (Italien)
† 20. Mai 1444 in L'Aquila bei Rom
Liturgie: GK g am 20. Mai
Darstellung: als hagerer Franziskanermönch mit asketischen Zügen, mit (meist geöffnetem) Buch; mit Monogramm IHS im Strahlenkranz; mit drei Bischofsmützen neben sich (weil er drei angebotene Bischofssitze ausschlug).
Abb. siehe oben

Bernward, Bisch. **von Hildesheim,** Hl.
Aus sächsischem Hochadel, Erzieher Kaiser Ottos III., war Künstler und Förderer kirchlicher Kunst (schuf die Hildesheimer Kunstschule).
* um 960
† 20. November 1022 in Hildesheim
Liturgie: Hildesheim F am 20. November
Darstellung: als Bischof mit Buch, Kirchenmodell, Kelch oder Bernwardskreuz (edelsteinbesetztes Kreuz, von ihm selbst angefertigt) oder als Künstler, mit dem Goldschmiedehammer einen Kelch bearbeitend.
Abb. siehe Seite 216

Berthold OSB, Abt **von Garsten,** Hl.
Mönch in St. Blasien im Schwarzwald, Prior im Stift Göttweig, Abt in Garsten bei Steyr, führte hier die cluniazensische Reform durch.
† 27. Juli 1142
Liturgie: Linz G; Salzburg, St. Pölten g am 27. Juli
Darstellung: als Abt mit Buch und ein oder zwei Fischen (Wunder der Fischvermehrung).
Abb. siehe Seite 93

Bibiana, Jgfr., Märt. zu Rom, Hl.
Unter Julian 363 in Rom zu Tode gegeißelt.
Gedächtnis: 2. Dezember
Darstellung: als junges Mädchen an der Geißelsäule stehend; Minzkraut zu Füßen; mit Märtyrerpalme.

Bilhildis OSB, Äbtissin **von Altenmünster,** Hl.
Gründerin des Frauenklosters Altenmünster in Mainz.
† um 734
Liturgie: Mainz g am 27. November
Darstellung: als Äbtissin mit Krone und Kirchenmodell auf dem Arm; Nonnen unter dem Mantel.
Abb. siehe Seite 94

Berthold. Kupferstich, Aegidio Ranbeck, 1675

Birgitta von Schweden, Hl. (Brigitta) Mutter von acht Kindern, als Witwe Stifterin des Birgittenordens, Seherin, Pilgerin.
* 1302/03 in Finstad bei Uppsala (Südschweden)

† 23. Juli 1373 in Rom
Liturgie: GK g am 23. Juli
Darstellung: als Nonne mit Feder, Tintenfaß und Buch; mit Herz, aus dem ein Kreuz wächst; mit Pilgerstab, -flasche und -hut; beim Emp-

Bilhildis. Steinstatue an einem Haus in Mainz, E. 17. Jh.

fang ihrer Visionen (Christus am Kreuz).

Blandina, Jgfr., Märt. zu Lyon, Hl.
Jungfrau aus dem Sklavenstand, die mit anderen Christen unter Marc Aurel 177 zu Lyon das Martyrium erlitt.
Gedächtnis: 2. Juni
Darstellung: als Jungfrau mit Bratrost (Marterinstrument) oder mit Netz und Stier (weil sie in einem Netz einem wilden Stier vorgeworfen wurde).

Blasius, Bisch. **von Sebaste,** Märt., Hl.
Nach der Legende Arzt, später Bischof von Sebaste (Armenien), Martyrium vielleicht unter Licinius

(307–323), er gehört zu den ↗ 14 Nothelfern.
Liturgie: GK g am 3. Februar
Darstellung: als Bischof mit brennender Kerze bzw. mit zwei gekreuzten Kerzen in der Hand (eine Frau brachte ihm Speise und Licht in den Kerker); mit eiserner Hechel (er wurde mit eisernen Kämmen zerfleischt); mit einem Schweinskopf (er soll bewirkt haben, daß eine arme Frau ihr Schwein, das ein Wolf geraubt hatte, zurückerhielt); mit einem Knaben (den er von einer verschluckten Fischgräte befreite).
Abb. siehe Seiten 95, 228

Bonaventura OFM, Bisch., Kirchenlehrer, Hl.
Zeitgleich mit ↗ Thomas von Aquin Theologieprofessor in Paris, große Verdienste um die Organisation des Franziskanerordens, Kardinalbischof in Rom.
* 1221 bei Viterbo (nördl. v. Rom)
† 15. Juli 1274 beim 2. Konzil in Lyon
Liturgie: GK G am 15. Juli
Darstellung: als Franziskaner oder Bischof mit Pluviale (die Engelsköpfe darauf als Zeichen seines Titels „Doctor Seraphicus"), mit Mitra, Stab und (danebenliegendem) Kardinalshut; mit Buch oder Kruzifix (aus den Bänder mit Inschriften seines Traktates wachsen); oft in Gruppen mit anderen wichtigen Heiligen aus dem Franziskanerorden (↗ Franziskus, ↗ Klara, ↗ Bernhardin von Siena, ↗ Antonius von Padua u. a.).
Abb. siehe Seite 96

Bonifatius OSB, Bisch., Märt., Hl. (Winfried)
Benediktinermönch aus England, Apostel Deutschlands, machte drei Romreisen, Reformer und Organisator der fränkischen Kirche.
† 5. Juni 754 mit 52 Gefährten bei

Blasius. Passionsaltar, H. Memling, 1491,
St.-Annen-Museum Lübeck

Dokkum in Friesland ermordet
Liturgie: RK G am 5. Juni; Fulda: Di-
özesanpatron H; Bischofsweihe g
am 1. 12.; Berlin, Eichstätt, Görlitz,
Mainz, Dresden-Meißen, München-
Freising, Osnabrück F
Darstellung: meist als Bischof oder

Benediktinerabt mit Stab (manchmal
erzbischöflicher Kreuzstab); mit Bußgeißel (Vorgehen des Hl. gegen un-
würdige Kleriker und Bischöfe) und
Dolch mit durchbohrtem Buch (beim
Martyrium versuchte Bonifatius sich
damit vor dem Dolchstoß zu schützen – der Dolch ist oft als Schwert
dargestellt); mit Beil und gefälltem
Baum (Donareiche bei Geismar); mit
vierstrahliger Quelle (Wunder).
Abb. siehe Seite 97

Brigitta von Kildare, Hl. (irisch Bri-
gid, lat. Brigida)
Gründerin und Vorsteherin des Doppelklosters Kildare in Irland, bekannt
für ihre Freigebigkeit.
† 1. Februar 523 oder 525
Gedächtnis: 1. Februar
Darstellung: als Äbtissin im Gebet,
mit Feuerflammen über dem Haupt,
mit Kuh oder Gans (bäuerliche Herkunft und Freigebigkeit); mit einer
Kerze, von der sie geschmolzenes
Wachs auf ihren Arm träufeln läßt;
Teufel austreibend.
Abb. siehe Seite 98

Brigitta von Schweden, Hl. ↗ Birgitta von Schweden

Briktius, Bisch. **von Tours,** Hl.
Schüler und Nachfolger des hl. ↗
Martin, dem er die erste Kirche in
Tours erbaute.
† um 444
Gedächtnis: 13. November
Darstellung: als Bischof, glühende
Kohlen im Pluviale tragend; mit
Wickelkind (die ihm zur Last gelegte
Unzucht widerlegte er durch Tragen
glühender Kohlen, das ihm ange-
dichtete Kind bewies auf wunderba-
re Weise die Unschuld des Briktius).
Abb. siehe Seite 99

Bruno der Kartäuser OCart, Hl.
Domherr in Reims (Frankreich), Stif-

Bonaventura und Franz von Assisi. Altarflügel (Ausschnitt), Meister der Verherrlichung Mariens, 3. V. 15. Jh., WRM Köln

Bonifatius. Holzstatue, B. Esterbauer, 1713, Klosterkirche Banz/Bayern

Brigitta von Kildare. Reliquienfigur, um 1330, St. Brigida Legden/NRW

ter des Kartäuserordens, gründete zwei Kartausen („La Chartreuse" bei Grenoble und „La Torre" in Apulien).
* 1030/35 in Köln
† 6. Oktober 1101 in La Torre (Apulien, Unteritalien)
Liturgie: RK g am 6. Oktober

Darstellung: als Kartäuser mit weißer Kutte ohne jedes Abtattribut; Stern auf der Brust; Glorie mit sieben Sternen über dem Haupt; mit Totenkopf, auf eine Weltkugel tretend (Weltverachtung); mit Finger an den Lippen (Meditation, Schweigepflicht); mit Buch oder Kreuz; Mitren zu Füßen (Zurückweisung des Bischofsamtes von Reims und Reggio).
Abb. siehe Seite 99

Bruno I., Erzb. **von Köln,** Hl.
Kanzler seines Bruders Kaiser Otto d. G., Erzbischof von Köln, 961–965 Reichsverweser, gründete mehrere Kirchen in Köln.
* 925
† 11. Oktober 965 im Reims
Liturgie: Köln G am 11. Oktober
Darstellung: als Bischof mit Pallium, mit Kirchenmodell und Buch.

Bruno, Bisch. **von Würzburg,** Hl.
(Bruno von Kärnten)
Kanzler des Kaisers Konrad II., begann den Bau des Würzburger Domes, verfaßte einen Psalmenkommentar.
† 27. Mai 1045 in Persenbeug a. d. Donau (Niederösterreich)
Liturgie: Würzburg G am 27. Mai
Darstellung: als Bischof mit Buch und Feder (Psalmenkommentar); manchmal mit Modell des Würzburger Domes.

Burkard von Beinwil, Hl.
Heiligmäßiger Pfarrer von Beinwil am See (Schweiz).
† 18. Mai 1192 (?)
Liturgie: Basel g am 18. Mai
Darstellung: als Priester (Kasel) mit Hostie in der Hand, mit Vogel (Rabe oder Dohle), sein ständiger Begleiter, dem er das Leben rettete.

Burkhard OSB, Bisch. **von Würzburg,** Hl.

Klosters (heute St. Burkhard) bei Würzburg, erhob die Gebeine des hl. ↗ Kilian.

† 2. Februar 754 in der Zelle Hohenburg im Odenwald

Liturgie: Würzburg F; Bamberg g am 14. Oktober, sonst 2. Februar

Darstellung: als Bischof mit Stab und Schwert (Herzogsschwert der Würzburger Bischöfe); mit Herzogshut.

Briktius. Holzstatue, Umkreis T. Riemenschneider, um 1510/1520, LM Karlsruhe

War angelsächsischer Benediktinermönch, vom hl. ↗ Bonifatius zum ersten Bischof von Würzburg geweiht, Gründer des St.-Andreas-

Bruno der Kartäuser. Holzstatue, A. Kölle, 1738–1742, Stiftskirche Stams/Tirol

C

Cäcilia. Holzstatue, M. Zürn d. J., um 1685, Frauenberg bei Admont/Stmk.

Cäcilia, Jgfr., Märt. zu Rom, Hl.
Brachte ihren Bräutigam ↗ Valerian zum Christentum, weihte sich mit ihm gemeinsam einem jungfräulichen Leben; Märtyrin im 3. Jh., über-

lebte die Schwerthiebe drei Tage lang.
Liturgie: GK G am 22. November
Darstellung: als Jungfrau mit Krone, Kreuz und Märtyrerpalme; mit Schwert (Marterwerkzeug) oder Buch (Evangelienverkündung); mit ein bis drei Blumenkränzen aus Rosen und Lilien (als Symbol für die Keuschheitsgelübde, oft zusammen mit Valerian); seit dem 15. Jh. mit Orgel oder anderen Instrumenten (durch Mißverständnis der Schilderung ihrer Hochzeitsfeierlichkeiten); mit Halswunden; liegend als Tote in der Stellung bei der Auffindung des Leichnams.
Abb. siehe links, Seite 284

Calixtus I., Papst, Märt., Hl. ↗ Kallistus I.

Camillus von Lellis, Hl. ↗ Kamillus von Lellis

Chlothilde, Frankenkönigin, Hl. (Chlothildis)
Gemahlin des Frankenkönigs Chlodwig I., maßgebend bei seiner Bekehrung, erbaute mehrere Kirchen und gründete Klöster.
† 544 oder 545 in Tours (Frankreich)
Liturgie: Lausanne-Genève-Fribourg G/F am 4. Juni, sonst 3. Juni
Darstellung: als Königin mit Krone, Zepter und Schleier, Almosen austeilend; mit Kirchenmodell; mit Wappenschild, darauf drei Lilien (Wappen des französischen Königshauses der Bourbonen); mit Quelle.

Christina, Jgfr., Märt. in Bolsena, Hl.
Jungfrau aus Bolsena (nordwestl. v. Rom), wahrscheinlich unter Diokletian um 304 nach zahlreichen grausa-

Christophorus. Holzstatue, H. Brüggemann, um 1515, Dom zu Schleswig

men Martern durch Pfeile getötet (wohl identisch mit der hl. Christine von Tyros).
Gedächtnis: 24. Juli
Darstellung: als junges Mädchen mit Krone, Palmzweig und Buch oder verschiedenen Attributen ihres Martyriums: Pfeil, Mühlstein, Messer, Zange, Haken, Flammen, Rost, Schlange.
Abb. siehe Seite 88

Christophorus, Märt., Hl.
Person und Martyrium historisch, jedoch Zeit und Ort unbekannt (früheste Legende im 5. Jh.); Christophorus war ein Riese, der Pilger über einen reißenden Fluß trug (er wollte mit seiner Kraft Gott dienen); ein Kind, das beim Tragen so schwer wurde, daß er meinte, die ganze Welt zu tragen, offenbarte sich als Schöpfer der Welt, taufte ihn und ließ zur Bestätigung seinen dürren Wanderstab als Baum ergrünen; Christophorus gehört zu den ↗ 14 Nothelfern.
Liturgie: GK g am 24. Juli
Darstellung: als Riese, auf der Schulter das Jesuskind tragend, mit Stab (dürrer oder grünender Baum) durch das Wasser schreitend.
Abb. siehe Seiten 101, 228

Chrysanthus u. **Daria,** Märtt. in Rom, Hll.
Hatten unter Keuschheitsgelübde geheiratet, wurden bei der Verfolgung durch Diokletian um 304 gesteinigt und nach weiteren Martern lebendig begraben.
Gedächtnis: 25. Oktober
Darstellung: Chrysanthus als jugendlicher Ritter mit Schild, Lanze und Banner, Daria als Jungfrau mit Buch, Krone, Palme und Löwe (der sie nach der Legende vor Schande bewahrte); beide mit Marterwerkzeugen und Sandgrube.

Chrysogonus, Märt. in Aquileja, Hl.
Nach der Legende Lehrer der hl. ↗ Anastasia, wurde in der Diokletianischen Verfolgung (um 304) nach Aquileja gebracht und enthauptet.
Gedächtnis: 24. November (Weihe der Titelkirche in Rom)
Darstellung: als jugendlicher Ritter mit Schwert, Lanze, Wimpel oder Schild.

Chuniald u. **Gislar,** Hll.
Priester und Gefährten des hl. Bischofs ↗ Rupert von Salzburg an der Wende 7./8. Jh.
Liturgie: Salzburg g am 28. September
Darstellung: als Diakone mit Buch.

Clara von Assisi, Hl. ↗ Klara

Clemens I., Papst, Hl. (Clemens Romanus) ↗ Klemens

Cölestin V., Papst, Hl.
Benediktinerabt und Einsiedler, Stifter der Kongregation der Cölestiner, 1294 Papst, dankte im selben Jahr ab, um sich in die Einsiedelei zurückzuziehen, von seinem Nachfolger bis zum Tod gefangengehalten.
* 1215 in den Abruzzen
† 19. Mai 1296 in Schloß Fumone bei Agnani (75 km östl. v. Rom)
Gedächtnis: 19. Mai
Darstellung: als Papst, die päpstlichen Schlüssel, die Tiara und Kreuzstab beiseite gelegt, dafür mit Kette umgürtet im Gefängnis; als Ordensstifter in weißer Kutte mit weißem Gürtel, schwarzem Skapulier und mit schwarzer Kapuze; mit Taube am Ohr (Symbol des Hl. Geistes anläßlich der Ordensgründung).

Cordula, Jgfr., Märt., Hl. ↗ Kordula

Cornelius, Papst, Hl. ↗ Kornelius

Corona, Jgfr., Märt., Hl. ↗ Korona

Cyriakus. Holzstatue, um 1470/1480, Hofburgkapelle Wien

Cosmas u. **Damian,** Märtt., Hll.
↗ Kosmas u. Damian

Crispin u. **Crispinianus,** Märtt. zu Rom, Hll. ↗ Krispin u. Krispinian

Cyprianus von Antiochia u. **Justina,** Märtt. in Nikomedien, Hll.
Nach der Legende versuchte der heidnische Zauberer Cyprian die christliche Jungfrau ↗ Justina zu verführen, bekehrte sich, wurde Diakon, später Bischof von Antiochien, während der Diokletianischen Verfolgung (um 304) wurden beide in Nikomedien gemartert.
Gedächtnis: 26. September
Darstellung: Justina als Jungfrau, Cyprian als vornehmer Bürger oder Bischof, Zauberbücher unter seinen Füßen; mit Schwert oder Kessel (Martyrium).

Cyriakus, Märt. zu Rom, Hl.
Diakon, verrichtete unter Diokletian Zwangsarbeit, heilte dessen Tochter Artemia von Besessenheit, erlitt unter Maximinian (Anfang 4. Jh.) mit Gefährten den Martertod; Cyriakus gehört zu den ↗ 14 Nothelfern.
Gedächtnis: 8. August
Darstellung: als Diakon mit Buch, Palme und Schwert (Martyrium); Teufel oder Drache gefesselt zu Füßen (Teufelsaustreibung); mit Artemia-Figur; mit Geld (Almosenspender).
Abb. siehe links, Seite 228

Cyrillus u. **Methodius,** Mönche, Glaubensboten bei den Slawen, Hll.
(Kyrillos u. Methodios)
Leibliche Brüder aus Griechenland, als byzantinische Missionare in Mähren, führten in Predigt und Liturgie die slawische Sprache ein, missionierten 866 Ostösterreich und Westungarn.
† Cyrillus 869 als Mönch in Rom
† Methodius 885 als Erzbischof von Mähren und Pannonien in Welehrad (Mähren)
Liturgie: GK G am 14. Februar (in den Ostkirchen 11. Mai)
Darstellung: als Bischöfe mit Buch oder Schriftrolle.

D

Dagobert II., König **von Austrasien,** Märt., Hl.
Wird mit vielen Stiftungen und Klöstern im Elsaß in Verbindung gebracht, von denen aber nicht alle historisch belegbar sind.
† um 679 bei Stenay (Nordfrankreich) auf der Jagd ermordet
Gedächtnis: 23. Dezember
Darstellung: als König mit Nagel oder Lanzenspitze (Mordinstrument).

Damasus I., Papst, Hl.
Papst von 366 bis 384, ließ viele Grabstätten der Märtyrer in den Katakomben restaurieren und mit seinen auf Marmortafeln geschriebenen Gedichten versehen.
† 11. Dezember 384 in Rom
Liturgie: GK g am 11. Dezember
Darstellung: als Papst mit Diamant (allein oder auf einem Handring, Ursprung seines Namens?), Buch, selten Kirchenmodell.

Damian, Märt., Hl. ↗ Kosmas u. Damian

Daniel, Prophet im AT
Hauptperson des Buches Daniel, das von seinem Leben und seinen Visionen erzählt, kam unter Nebukadnezar in babylonische Gefangenschaft.
Gedächtnis: 21. Juli
Darstellung: in verschiedenen Szenen seines Lebens, besonders oft als „Daniel in der Löwengrube" nackt oder in phrygischer Tracht zwischen den Löwen betend; als Prophet; als Patron der Bergleute (die Löwen-„Grube" wurde als „Zeche" aufgefaßt) in den Alpenländern mit Schlegel, Eisen und Erzstufe (= Gesteinsprobe).
Abb. siehe rechts

Daniel. Flügelaltar aus Flitschl bei Tarvis (Ausschnitt), um 1514, DM Klagenfurt

David, König in Israel
Regierte 1004–965 v. Chr., wurde durch den Kampf mit dem Riesen Goliath zum Liebling des Volkes, mußte aber vor Saul fliehen, nach dessen Tod er König wurde; bewies als Staatsmann und Feldherr erstaunliche Fähigkeiten, brachte die Bun-

David. Holzstatue, um 1690, Frauenberg bei Admont/Stmk.

deslade nach Jerusalem, war Initiator der israelischen Psalmendichtung.
Gedächtnis: 29. Dezember
Darstellung: als jugendlicher Hirte mit dem Haupt des Riesen Goliath; als königlicher Sänger, Psalmendichter oder Prophet mit Harfe oder anderem Musikinstrument; in Szenen seines Lebens.
Abb. siehe oben

Didakus von Alcalá OFM, Hl. (Diégo)
Eremit, dann Franziskanerlaienbruder und Missionar auf den Kanari-

schen Inseln, Pilgerfahrt nach Rom, pflegte im Kloster die Kranken.
† 12. November 1463 in Alcalá de Henares (bei Madrid)
Gedächtnis: 12. November
Darstellung: als Franziskanerlaienbruder, mit erhobenen Armen betend; Kranke bedienend oder heilend; Kreuz in der Hand oder auf der Schulter; Krug (Kochgeschirr) in der Hand, woraus er die Kranken speist.

Dionysius, Bisch. **von Paris,** u. Gef., Märtt., Hll.
Wurde von Papst ↗ Fabian zur Mis-

miteinander verwechselt wurden); er gehört zu den ↗ 14 Nothelfern.

Liturgie: GK G am 9. Oktober

Darstellung: als Bischof mit seinem abgeschlagenen Haupt in Händen (nach der Legende sei er so bis zu der Stelle gegangen, wo später die Abtei St-Denis erbaut wurde).

Abb. siehe links, Seite 228

Dismas

Legendärer Name des reuigen Schächers, der zur Rechten Jesu gekreuzigt würde (Lk 23, 39–43); er gilt als Vorbild bei der Erweckung der vollkommenen Reue.

Gedächtnis: 25. März

Darstellung: vor allem im süddeut-

Dionysius. Holzstatue, um 1470/80, Hofburgkapelle Wien

sion nach Gallien geschickt, erster Bischof von Paris, errichtete mehrere Kirchen; nach 250 mit Gefährten bei Paris enthauptet (Legende verwickelt und unklar, da mehrere Personen

Dismas. Holzstatue, M. 18. Jh., Pfk Wald am Schoberpaß/Stmk.

Dominikus. Gemälde, 1. H. 18. Jh., Wallfahrtskirche Pernegg/Stmk.

schen Raum im 17./18. Jh.: als knien-
der Mann mit Lendenschurz und
kurzem Manteltuch, mit großem
Kreuz, selten mit Ketten.
Abb. siehe Seite 106

Dominikus OP, Hl.
Domherr in Burgo de Osma (Spa-

nien), Stifter des Dominikanerordens
(Predigerordens), dadurch Überwinder der Häresien des 12.–13. Jh.
* um 1170 in Caleruega (Spanien)
† 6. August 1221 in Bologna (Italien)
Liturgie: GK G am 8. August
Darstellung: als Dominikaner mit
weißem Habit, Skapulier, Kapuze

Donatian. Altartafel des Kan. Georg Van der Paele (Ausschnitt), J. van Eyck, 1436, Groeninge-M Brügge

Dorothea. Holzstatue, niederl., um 1530, Suermondt-M Aachen

und schwarzem, offenem Mantel; mit Buch; häufigstes Attribut ist ein weiß und schwarz gefleckter Hund mit einer brennenden Fackel im Maul, der die Erdkugel erleuchtet (Traum seiner Mutter vor der Geburt; es wurde auch „Dominicani" volksetymologisch gedeutet als „Domini canes" –

„Wachhunde des Herrn"); Stern über dem Haupt oder an der Stirn oder der Brust (Vision seiner Amme bei der Taufe); mit einer Lilie (Sinnbild der Keuschheit); mit einem Rosenkranz (Maria übergibt ihm den Rosenkranz).
Abb. siehe Seite 107

108

Drei Könige. Holzstatuen, J. G. Witwer, um 1760/1770, Pfk Elmen/Tirol

Donatian, Bisch. **von Reims,** Hl.
Als Jüngling in Rom von einem Diener in den Tiber gestoßen, von Papst Dionysius gerettet.
† 389 (?) als Bischof von Reims
Gedächtnis: 14. Oktober
Darstellung: als Bischof mit Rad, auf dem fünf Kerzen brennen (das bei seiner Errettung auf das Wasser gesetzt wurde und an die Stelle trieb, wo er am Grund lag).
Abb. siehe Seite 108

Donatus von Münstereifel, Märt., Hl.
Katakombenheiliger, von dem nichts Näheres bekannt ist; als 1652 Reliqui-en nach Münstereifel gebracht wurden, wandelte sich der strömende Regen in strahlendes Wetter (daher Wetterpatron).
Gedächtnis: 30. Juni
Darstellung: erst nach 1652 als römischer Soldat mit Blitzen und Getreidegarbe; mit Schale, Sichel oder Messer und Palme.

Dorothea von Kappadozien, Jgfr., Märt., Hl.
Floh mit den Eltern und Schwestern vor der Verfolgung aus Rom, in Cäsarea in Kappadozien (Ostkleinasien) gefangengenommen, Martyrium unter Diokletian um 304; sie gehört zu

den ↗ Virgines capitales.

Liturgie: Görlitz g am 6. Februar
Darstellung: als Jungfrau in Zeitmode mit Krone, Palme oder Schwert als Märtyrerin gekennzeichnet; mit Korb mit Früchten oder Rosen bzw. wird sie von einem Knaben begleitet, der den Korb trägt (nach der Legende spottete Theophilus, der Schreiber des Richters, während sie zum Richtplatz geführt wurde, sie solle ihm doch jetzt im Winter einige Rosen und Früchte aus dem Paradies senden, wenn sie dorthin komme; da erschien jener Knabe bzw. Engel, worauf Theophilus sich bekehrte).
Abb. siehe Seiten 108, 289

Dorothea von Montau, Sel.
Lebte in Montau an der Weichsel (Polen), Mutter von neun Kindern, nach dem Tod ihres Mannes als Reklusin in einer Zelle des Doms von Marienwerder.
† 25. Juni 1394 in Marienwerder (Polen)
Gedächtnis: 25. Juni

Darstellung: mit ihren neun Kindern; mit dem Buch ihrer Offenbarungen, mit Laterne, Rosenkranz und fünf Pfeilen (die ihre fünf Wundmale symbolisieren).

Drei Könige (Kaspar, Melchior, Balthasar)
Die Erstberufenen der Heidenwelt an der Krippe des Herrn in Bethlehem mit den Gaben Gold, Weihrauch und Myrrhe.
Gedächtnis: Ein Fest der Heiligen gibt es außer in Köln nicht. Die Darstellungen beziehen sich immer auf das Fest der Anbetung des Herrn und nicht auf die Könige als Heilige.
Darstellung: in orientalischem Kostüm mit phrygischer Mütze, Turban oder Krone, mit Zepter und Geschenken in den Händen; oft als Symbole der drei Lebensalter oder Erdteile (daher einer als Mohr); meist auf dem Zug nach Bethlehem oder bei der Anbetung des Jesuskindes; selten alleine auf Altären.
Abb. siehe Seiten 109

E

Eberhard. Kupferstich, Matthäus Rader, 1627

Eberhard I. OSB, Erzb. **von Salzburg,** Hl. (Ebert)
Benediktiner in Prüfening bei Regensburg, erster Abt des Klosters Biburg und 1147 Erzbischof von Salzburg.

† 21. Juni 1164 in Stift Rein bei Graz
Gedächtnis: 21. Juni
Darstellung: als Benediktiner oder Bischof, Arme beschenkend oder bedienend.
Abb. siehe oben

Edeltrudis OSB, Äbtissin **von Ely,**
Hl. ↗ Etheldreda

Edigna, Sel.
Tochter eines französischen Königs,
lebte 35 Jahre lang in Puch bei Für-
stenfeldbruck (Oberbayern) als Einsiedlerin in einer hohlen Linde.
† 26. Februar 1109 in Puch
Gedächtnis: 26. Februar
Darstellung: in zeitgenössischer Kleidung (mit Mantel und Schleier) mit
Krone, mit Buch und Hahn; mit Och-
senkarren (auf dem sie vor der er-
zwungenen Heirat geflohen war); in
der hohlen Linde.
Abb. siehe rechts

Edith von Wilton OSB, Hl.
Tochter des angelsächsischen Königs
Edgar, lebte im Kloster Wilton bei
Salisbury, starb im Ruf der Heilig-
keit.
† 16. September 984
Gedächtnis: 16. September
Darstellung: als Benediktinerin, Edel-
mann und Krone zurückweisend
(Verzicht auf weltliche Macht); Arme
und Kranke pflegend.

Edmund von Abington, Erzb. von
Canterbury, Hl.
Lehrer in Oxford und Erzbischof von
Canterbury, von König Heinrich III.
verbannt, fand im Zisterzienserklo-
ster Pontigny bei Auxerre (Frankreich) Aufnahme.
* um 1180 in Abington (westl. v. London)
† 16. November 1240 im Chorherren-
stift Soissy (Frankreich)
Gedächtnis: 16. November
Darstellung: als Bischof mit Lilie,
Buch, Krone vor einem Marianischen
Gnadenbild.

Edmund, König **von Ostanglien,**
Märt., Hl.
König in Ostanglien (Landschaft

*Edigna. Altarflügel (Ausschnitt), 15. Jh.,
BNM München*

nördl. v. London), tatkräftiger und
tugendsamer Herrscher, beim
Däneneinfall 870 gefangengenommen und wegen seines christlichen

Elias. Holzrelief, V. Stoß, um 1520/1523, DM Bamberg

Bekenntnisses gemartert und enthauptet.
Gedächtnis: 20. November
Darstellung: als König mit Zepter oder Fahne; nackt an Baum gebunden; mit Pfeil (Marterwerkzeug); mit Bär oder Wolf (der seinen Kopf bewacht haben soll).

Eduard der Bekenner, König von England, Hl.
Letzter angelsächsischer König, förderte das monastische und kirchliche Leben, erbaute die Benediktinerabtei St. Peter (jetzt Westminster Abbey).
† 5. Jänner 1066
Gedächtnis: 5. Jänner
Darstellung: als König mit Mantel, Krone und Zepter; mit Ring (den er einem Bettler schenkte); in Szenen seines wohltätigen Lebens.

Eduard der Märtyrer, König von England, Hl.
Seit 975 angelsächsischer König, von seiner Stiefmutter befeindet, wurde er nach der Jagd meuchlings ermordet; „Märtyrer" nur im entferntesten Sinn.
† 18. März 978
Gedächtnis: 18. März
Darstellung: als König mit Dolch, Becher mit Schlange (Meuchelmord).

Edwin, König **von Northumbrien,** Hl.
König von Nordengland, in zweiter Ehe mit der hl. Ethelburga verheiratet, förderte die Christianisierung seines Landes.
† 12. Oktober 633 in der Schlacht von Hatfield (nördl. v. London), von Heiden besiegt

Gedächtnis: 12. Oktober
Darstellung: mit königlichen Insignien und einer Lanze.

Egwin OSB, Bisch. **von Worcester, Hl.**
Benediktinermönch, 693 Bischof von Worcester, gründete das Kloster Evesham (Worcestershire), starb im Ruf der Heiligkeit.
† 29./30. Dezember 717 in Evesham
Gedächtnis: 30. Dezember
Darstellung: als Bischof mit Fisch und Schlüssel.

Ehrentrudis OSB, Hl., ↗ Erentrudis

Eleutherius, Bisch. **von Tournai, Hl.**
Erster Bischof von Tournai (Belgien), hielt eine Synode gegen den Arianismus ab.
† um 531 (?)
Gedächtnis: 20. Februar
Darstellung: als Bischof mit Kirchenmodell; einen Drachen (Ketzertum) zertretend; mit Geißel; mit Monstranz (Vision).

Elias, Prophet im AT
Galt als größter Prophet im Reich Israel, Retter der gefährdeten Religion des Alten Bundes vor dem völligen Absinken ins Heidentum, lebte im 9. Jh. v. Chr.
Gedächtnis: 20. Juli
Darstellung: im Westen erst nach ca. 1300 in Kirchen und Klöstern der Karmeliter, die ihn als „Führer und Vater" verehren: als alter Mann bei der wunderbaren Speisung durch einen Raben oder durch einen Engel; mit einem Knaben, den er zum Leben erweckt hatte; bei seiner Himmelfahrt: Elias steht in einem von zwei oder vier Pferden gezogenen Wagen und fährt zum Himmel, unter ihm nimmt Elisäus den herabgefallenen Prophetenmantel entgegen; bei der Darstellung der „Verklärung Christi"

werden stets Moses und Elias gezeigt.
Abb. siehe Seite 113

Eligius, Bisch. **von Noyon, Hl.** (frz. Éloi)
Goldschmied, Münzmeister unter den fränkischen Königen, Gründer von Kirchen und Klöstern, betrieb als Bischof von Noyon und Tournai die Missionierung Flanderns.
* um 588 in Zentralfrankreich
† 1. Dezember 660 in Noyon (Belgien)
Gedächtnis: 1. Dezember
Darstellung: als Bischof mit Kelch; mit Goldschmiedegeräten in der Werkstatt oder mit Schmiedewerkzeug (Hammer, Amboß, Blasebalg, Zange, Nagel, Hufeisen) beim Beschlagen eines Pferdefußes: Der Legende nach war Eligius Hufschmied und nahm einem ungebärdigen Pferd zum Beschlagen einen Fuß ab, den er nachher wieder ansetzte.
Abb. siehe Seite 115

Elisabeth, Mutter Johannes' des Täufers, Hl.
Gattin des Priesters ↗ Zacharias, lange Zeit kinderlos, gebar dann einen Knaben, den sie nach Anweisung ihres Mannes Johannes taufte.
Gedächtnis: 5. November
Darstellung: als alte Frau mit langem Kleid, Mantel und Kopftuch, mit dem Johannesknaben auf dem Arm oder zu Füßen – meist als Gegenstück zu Zacharias; in Szenen aus dem Johannesleben; als schwangere ältere Frau in der Heimsuchungsszene mit Maria.
Abb. siehe Seite 116

Elisabeth TOR, Königin **von Portugal, Hl.**
Vorbild einer christlichen Gattin und Königin, unterstützte aus ihrem großen Besitz Klöster, Kirchen und Spitäler, lebte als Witwe in dem von

Eligius. Holzstatue, J. Th. Stammel, 1738–1740, Schloßkirche St. Martin bei Graz

Elisabeth. Holzstatue, um 1712, Pfk St.
Lorenzen bei Knittelfeld/Stmk.

ihr erbauten Klarissenkloster zu
Coimbra.
† 4. Juli 1336 in Estremoz (östl. v. Lissabon)
Liturgie: GK g am 4. Juli
Darstellung: mit fürstlichem Gewand
oder Witwenkleidung, mit Krone;
mit Buch, Weingefäß, Kronen in der
Hand; Almosen an Bettler austeilend;
Rosen im Schoß (mitten im Winter,
womit Gott ihrem Gemahl ihre eheliche Treue bewies); als Franziskanerterziarin.
Abb. siehe Seite 117

Elisabeth von Reute TOR, Šel.
(„Gute Beth")
Eine der großen Mystikergestalten
des ausgehenden Mittelalters, hatte
die Gabe der Visionen, Wundmale
und Nahrungslosigkeit.
* 1386 in Waldsee
† 25. November 1420 zu Reute am
Waldsee (nördl. d. Bodensees)
Liturgie: Rottenburg g am 25. November
Darstellung: als Franziskanerin mit
den Wundmalen an den Händen, mit
Kruzifix, Buch, Geißel, Rosenkranz,
Totenkopf; ein Engel reicht ihr über
einer Patene die Eucharistie (wunderbarer Kommunionempfang).

Elisabeth TOR, Landgräfin **von
Thüringen**, Hl.
Wurde früh auf die Wartburg
geschickt und mit Ludwig, dem Sohn
des Markgrafen von Thüringen, vermählt; nach dessen Tod beim Kreuzzug 1227 ging sie freiwillig (!) nach
Marburg als Terziarin des Dritten
Ordens des hl. Franziskus, gründete
ein Hospital und widmete sich der
Krankenpflege.
* 1207 in Nordungarn
† 17. November 1231 (erst 24jährig) in
Marburg
Liturgie: RK G am 19. November; Berlin, Fulda, Görlitz, Meißen F
Darstellung: in fürstlicher oder
schlichter Kleidung mit Buch, Kirchenmodell und Krone in der Hand;
ab dem 14. Jh. mit Attributen der
Mildtätigkeit: mit Broten, Fischen,
Krug oder Kanne, Schüssel und Löffel (zum Füttern der Kranken), mit
Kleid (das sie verschenkte) oder
Kamm; mit Bettler oder Krüppel zu
Füßen; Almosen austeilend; mit
Rosen in einem Korb oder in der
Schürze (Rosenwunder); in Szenen
ihrer Barmherzigkeit und ihrer Wunder.
Abb. siehe Seite 118

Elisabeth von Portugal mit Stifterin. Tafelbild (Ausschnitt), P. Christus, 2. H. 15. Jh.,
Groeninge-M Brügge

Elisabeth von Thüringen. Altarflügel (Ausschnitt), Meister der hl. Sippe, um 1500, WRM Köln

Emerita von Chur, Jgfr., Märt., Hl.
Legendäre Schwester des hl. ↗ Lucius, König von England, dem sie auf seine Missionsreise in die Schweiz folgte, erlitt das Martyrium durch den Feuertod.

† 5./6. Jh. in Dreiburg bei Chur
Gedächtnis: 26. Mai oder 4. Dezember
Darstellung: als Jungfrau mit Krone, manchmal mit Zepter; mit Holzscheit, dürrem Ast oder Reisigbündel (Martyrium).

Emil, Einsiedler, Hl. (Aemilianus Cucullatus)
Einsiedler, dann Abt in Nordspanien, zahlreiche Wunder sind überliefert.
† 12. November 574 (mit 100 Jahren)
Gedächtnis: 12. November
Darstellung: als Einsiedler (Hirtengewand) oder Abt, zu Pferd als Kämpfer gegen die Mauren.

Emmeram, Bisch. **von Regensburg,** Märt., Hl. (Haimrham, Heimeran)
Fränkischer Missionsbischof, der von Regensburg aus in Bayern wirkte.
† um 715 in Kleinhelfendorf bei Aibling (westl. v. Rosenheim)
Liturgie: Regensburg F (Nebenpatron der Diöz.); Eichstätt, München-Freising g am 22. September
Darstellung: als Bischof mit Leiter (auf die er während seines Martyriums gebunden war).
Abb. siehe Seite 119

Emmerich von Ungarn, Hl. (Emerich, Heinrich, ungar. Imre)
Sohn des hl. Königs ↗ Stephan von Ungarn und der sel. Königin ↗ Gisela, lebte mit seiner Frau in enthaltsamer Ehe.
† 2. September 1031 an den Folgen eines Jagdunfalls
Liturgie: Eisenstadt g am 5. November
Darstellung: als junger Ritter, Herzog oder Königssohn mit Ungarn-Schild; mit Schwert und Lilie (enthaltsame Ehe); Maria mit dem Kind erscheint ihm.

Epimachus, Märt., Hl. ↗ Gordianus u. Epimachus

Emmeram. Holzstatue, 1676, Pfk Untereching/Sbg.

Erasmus, Bisch., Märt., Hl. (Elmo, Herasmus, Rasimus)
Nach der Legende aus Kleinasien, Bischof von Antiochia in Syrien, durch Diokletian und später unter Maximian gefoltert; er gehört zu den ↗ 14 Nothelfern.
† um 305 in Formio bei Gaeta (nördl. v. Neapel)
Gedächtnis: 2. Juni
Darstellung: als Bischof mit Schiffswinde und Ankertauen (er wurde schon früh bei den Seeleuten als S. Elmo verehrt – „Elmsfeuer", seine Attribute wurden aber in den Binnenländern als Marterwerkzeug mißverstanden, als habe man ihm die Eingeweide mit der Winde herausgerissen); mit Pfriemen unter den Fingernägeln; mit Kessel (Martyrium).
Abb. siehe Seiten 87, 125, 228

Erentrudis OSB, Äbtissin **vom Nonnberg,** Hl.
Äbtissin in dem von ihrem Onkel, dem hl. ↗ Rupert, gestifteten Frauenkloster Nonnberg in Salzburg.
† 30. Juni um 718 in Nonnberg
Liturgie: Salzburg G; Graz-Seckau g am 30. Juni
Darstellung: als Jungfrau mit Krone oder als Äbtissin mit Stab und Kirchenmodell (das sie nicht als Stifterin, sondern als Patronin der Nonnberger Kirche bezeichnet).
Abb. siehe Seite 126

Erhard, Bisch. **von Regensburg,** Hl.
Stammte aus Südfrankreich, Vorgänger des hl. ↗ Emmeram als Bischof in Regensburg (um 700), große Missionstätigkeit in den Vogesen, wo er sieben Klöster gründete.
Liturgie: Regensburg F am 8. Jänner (Nebenpatron der Diözese)
Darstellung: als Bischof mit Stab und Buch, darauf manchmal zwei Augen (er soll die blindgeborene Odilia durch die Taufe geheilt haben); die

hl. ↗ Odilia taufend; mit Axt (weil er den Baum des Heidentums fällte).
Abb. siehe Seite 126

Erich IX. Jedvardson, König **von Schweden,** Märt., Hl.
Unternahm nach der Legende 1155 mit Bischof Heinrich von Uppsala einen Kreuzzug gegen die Finnen und förderte deren Christianisierung.
† 18. Mai 1160 während des Gottesdienstes in Uppsala (aus politischen Gründen ermordet)
Liturgie: RK g am 10. Juli (mit ↗ Knud und ↗ Olaf)
Darstellung: als bartloser jugendlicher König mit Zepter, Schwert und Banner.

Ernst OSB, Abt **von Zwiefalten,** Märt., Hl.
Abt des Benediktinerklosters Zwiefalten an der Donau, legte sein Amt zurück, nahm am zweiten Kreuzzug teil, auf dem er grausam gemartert wurde.
† 1148 in Mekka
Gedächtnis: 7. November
Darstellung: mit Lendenschurz bekleidet an einen Baum gebunden, bei verschiedenen Szenen seines Martyriums; mit Gedärmewinde; mit Schwert, Rute, Messer; Abtstab und Mitra zu Füßen.

Etheldreda OSB, Äbtissin **von Ely,** Hl. (Ediltrudis, Edeltraud)
Angelsächsische Königstochter, lebte in zwei enthaltsamen Ehen, gründete das Kloster Ely in Essex, wurde dort erste Äbtissin.
† 23. Juni 679 an der Pest
Gedächtnis: 23. Juni
Darstellung: als Äbtissin mit Krone und knospendem Stab (Legende), in weltlicher Kleidung mit Buch und Kreuz; Krone und Zepter zu Füßen; mit Quelle.

Thomas von Aquin. Gemälde, G. B. Göz, 1746, Stiftssammlungen Admont/Steiermark

Thomas von Villanova. Gemälde, G. B. Göz, 1746, Stiftssammlungen Admont/Steiermark

Leo I. d. G. Gemälde, G. B. Göz, 1746, Stiftssammlungen Admont/Steiermark

Bernhard von Clairvaux. Gemälde, G. B. Göz, 1746. Stiftssammlungen Admont/Steiermurk

Erasmus und Thomas Apostel. Altartafel, um 1420, Erzb. Dom- und DM Wien

Erentrudis. Holzstatue, 2. V. 18. Jh., Kolle-gienkirche Salzburg

durch Feuer hingerichtet.
† 10. Dezember 304
Gedächtnis: 10. Dezember
Darstellung: als Jungfrau mit Lilie oder Palme und Buch; mit großem Kreuz (Kreuzigung); mit Taube in der Hand (jungfräuliche Seele); mit kleinem Ofen oder Scheiterhaufen (Martyrium).

Erhard. Steinstatue am Grabziborium, 14/0/1480, Niedermünster Regensburg

Eucharius, Bisch. **von Trier,** Hl.
Erster Bischof von Trier im 3. Jh.
Liturgie: Trier F am 9. Dezember; Limburg g am 11. September mit Valerius u. ↗ Maternus
Darstellung: als Bischof mit Pallium oder in Wanderkleidung mit Stab; mit Drachen, (Höllen-)Hund, Teufel oder Venus (als Überwinder des Heidentums).

Eulalia, Jgfr., Märt. in Mérida, Hl.
Ging als zwölfjähriges Mädchen heimlich nach Mérida (Nordspanien, an der Grenze zu Portugal), stellte sich freiwillig dem Richter, wurde grausam gefoltert und schließlich

Euphemia, Jgfr., Märt. in Chalzedon, Hl.

Erlitt das Martyrium während der Diokletianischen Verfolgung in Chalzedon (heute Kadikoi, gegenüber Konstantinopel).

† 16. September 303

Gedächtnis: 16. September (bei den Griechen auch 11. Juli, der Gedenktag des Wunders, das den rechtgläubigen Bischöfen während des Konzils von Chalzedon 451 an ihrem Grab zuteil wurde)

Darstellung: als Jungfrau mit Lilie oder Palme; mit Löwe, Schlangen, Schwert, Ofen oder Rad (Martyrium).

Eustachius, Märt., Hl.

Nach der Legende ein römischer Heerführer, der durch die Erscheinung des Gekreuzigten im Geweih eines Hirschen bekehrt wurde; erlitt mit Frau und zwei Söhnen unter Kaiser Hadrian (um 130) den Martertod in einem glühenden Metallstier; er gehört zu den ↗ 14 Nothelfern.

Gedächtnis: 20. September

Darstellung: als Krieger oder Jäger mit Banner oder Schwert; mit Jagdhorn; mit Hirsch, der ein Kruzifix im Geweih trägt; mit Löwen und glühendem Stier oder Ofen (Martyrium der ganzen Familie).

Abb. siehe Seite 228

Eva, bibl. Stammutter

Frau des ↗ Adam, Stammutter des Menschengeschlechtes; der Name bedeutet „die vom Manne Genommene".

Gedächtnis: 24. Dezember

Darstellung: nackt im Paradies, mit Apfel und Schlange beim Baum stehend (Sündenfall); mit Feigenblatt bei der Vertreibung aus dem Paradies; nachher mit Fellkleidung bei der Arbeit am Spinnrocken.

Abb. siehe rechts

Eva. Holzstatue, B. Steinle, 1609–1613, Stiftskirche Stams/Tirol

Evangelisten ↗ *Verzeichnis der Attribute und Begriffe*
Abb. siehe Seiten 234, 235

Eventius u. Gef., Märtt. zu Rom, Hll.
Unterstützte Papst Alexander I. im

Gefängnis bei der Bekehrung und Taufe der Gefährten, erlitt unter Hadrian um 130 (?) das Martyrium.
Gedächtnis: 3. Mai
Darstellung: als Priester mit Buch neben Papst Alexander bzw. mit dem Gefährten Theodul auf dem brennenden Scheiterhaufen.

Ewald, 2 Glaubensboten und Märtt., Hll.
Angelsächsische Priestermissionare, die von Irland zu den Sachsen kamen; wurden nach ihrer Haarfarbe der „weiße" (albus) Ewald und der „schwarze" (niger) Ewald genannt.
† 3. Oktober 695 (?), bei einem Missionsversuch ermordet
Liturgie: Essen, Köln, Münster, Paderborn g am 3. Oktober
Darstellung: als Priester im Meßgewand, der eine mit dunklem Haar und Keule (wurde erschlagen), der andere mit hellem Haar und Schwert (wurde enthauptet); mit Buch, Kelch oder Palme.
Abb. siehe Seite 189

Ezechiel, Prophet im AT
Einer der vier großen Propheten des Alten Bundes, in der Babylonischen Gefangenschaft 597 bis ca. 571 v. Chr.
Gedächtnis: 10. April
Darstellung: als einer der großen Propheten oft den Evangelisten oder Kirchenvätern gegenübergestellt; mit Waage der göttlichen Gerechtigkeit; mit Schwert; mit Visionen (Cherubwagen, verschlossenes Tor u. a.).

F

Fabian, Papst, Märt., Hl.
Regierte ca. 236–250; es gelang ihm, die Kirche von Rom zu festigen und organisatorisch auszubauen.
† 20. Jänner 250 als eines der ersten Opfer der Verfolgung des Decius
Liturgie: GK g am 20. Jänner
Darstellung: als Papst, mit Schwert (Martyrium) und Taube (bei seiner Papstwahl soll sich eine Taube auf seinem Haupte niedergelassen haben zum Zeichen der Erwählung durch den Hl. Geist); mit Buch; oft mit dem hl. ↗ Sebastian (gleicher Festtag).

Felicitas u. ihre sieben Söhne, Märt.
Sie wurde unter Kaiser Marc Aurel (162 ?) in Rom enthauptet und im Cömeterium des Maximus beigesetzt; da am selben Tag sieben Brüder ebenfalls als Märtyrer starben, entstand die Legende, daß Felicitas die Mutter dieser Brüder gewesen sei.
Gedächtnis: 23. November (zus. mit ihren sieben Söhnen am 10. Juli)
Darstellung: als Matrone mit Mantel und Kopftuch, mit Palme, Schwert und Buch; von ihren sieben Söhnen begleitet oder deren Köpfe auf einer Schüssel tragend.

Felix von Cantalice OFMCap, Hl.
Laienbruder des Kapuzinerordens, über 40 Jahre lang klösterlicher Almosensammler in Rom, wegen seiner ständigen Dankesworte „Bruder Deogratias" genannt.
* 1515 in Cantalice (nördl. von Rom)
† 18. Mai 1587 in Rom
Gedächtnis: 18. Mai
Darstellung: als Kapuziner mit einem Bettelsack, auf dem manchmal die Worte „Deogratias" stehen; das Jesuskind tragend (Vision).
Abb. siehe rechts

Felix u. **Adauktus,** Märtt. zu Rom, Hll.
Starben wahrscheinlich in der Verfolgung des Diokletian um 305, ihre Grabstelle wurde 1905 entdeckt.
Gedächtnis: 30. August
Darstellung: in weißer Tunika (in den Katakomben); in zeitgenössischer Tracht mit Buch; als römische Soldaten mit Schwert und Märtyrerpalme; mit stürzenden Götzenbildern.

Felix von Valois OST, Hl.
Mit ↗ Johannes von Matha Stifter des Trinitarierordens zum Loskauf von Gefangenen.
* 1127 in der Grafschaft Valois (Frankreich)
† 1212 in Paris
Gedächtnis: 20. November
Darstellung: als Trinitarier mit Banner, Ketten und (losgekauften)

Felix von Cantalice. Kupferstich, J. J. Sartor, 1713

Felix, Regula und Exuperantius. Altarflügel, Zürcher Veilchenmeister (?), 1506, SLM Zürich

Gefangenen; mit Hirsch mit rotem und blauem Kreuz im Geweih (Gründung des Trinitarierordens); oft zusammen mit Johannes von Matha.
Abb. siehe Seite 171

Felix, Regula u. **Exuperantius,** Märtt. in Zürich, Hll.
Nach der Legende waren Felix und Regula Geschwister, die zur Thebäischen Legion gehörten, flohen über Glarus nach Zürich, erlitten dort in der Verfolgung des Maximian den Martertod; erst seit dem 13. Jh. ist ihr Gefährte Exuperantius nachweisbar.
Liturgie: Chur, Kl. Einsiedeln g am 11. September
Darstellung: als Kephalophoren (mit

ihren Köpfen in den Händen, weil sie diese selber zur Grabstätte trugen, über der später das Großmünster von Zürich errichtet wurde).
Abb. siehe oben

Ferdinand III. der Heilige, König **von León u. Kastilien,** Hl.
Unter seiner Herrschaft wurden die Königreiche Léon und Kastilien vereinigt, er eroberte Córdoba, Murcia, Jaén und Sevilla von den Mauren zurück.
† 30. Mai 1252 in Sevilla
Gedächtnis: 30. Mai
Darstellung: als König mit Kreuz auf der Brust (er trug ein großes härenes Kreuz mit Stacheln); eine Statue der Muttergottes im Arm; auf einem

Schimmel reitend, mit dem Schwert gegen die Mauren kämpfend, den Teufel zu seinen Füßen; mit Schlüssel und Kreuzfahne in der Hand (als Eroberer von Córdoba und Kreuzritter gegen die Mauren).

Ferreolus, Märt. zu Vienne, Hl.
War Militärtribun, wurde wegen seines christlichen Glaubens unter Diokletian 306 in Vienne (südl. v. Lyon, Frankreich) nach vielen Martern enthauptet.
Gedächtnis: 18. September
Darstellung: als römischer Soldat, ein Galgen neben ihm (er bat einen Delinquenten von der Hinrichtung frei und wollte an seiner Stelle gehängt werden), mit Geißel und Nadel (Marterwerkzeuge); zerrissene Ketten in der Hand (wunderbare Befreiung im Kerker).

Fiakrius, Hl.
Einsiedler irischer Herkunft, erhielt in Meaux bei Paris von Bischof Faro ein Stück Wald, das sich in einen Garten verwandelte, als er den Boden mit seinem Stab berührte; nach ihm heißen die Lohnkutscher „Fiaker", weil sie ihren Stand in Paris bei der Kirche des Heiligen hatten.
† 670
Gedächtnis: 30. August
Darstellung: als Einsiedler mit Kapuze, Pilgerhut, Stab und Spaten (womit er seinen Garten umgrub).

Fidelis von Sigmaringen OFMCap., Märt., Hl.
Jurist im Elsaß, später Priester und Kapuziner, ungemein geschätzter und erfolgreicher Prediger und Seelsorger; beim Versuch der Rekatholisierung in Graubünden wurde er von calvinistischen Bauern erschlagen.
† 24. April 1622 in Seewies im Prättigau (nördl. v. Chur)
Liturgie: Feldkirch F am 24. April;

Fidelis von Sigmaringen. Kupferstich, E. 17. Jh.

Freiburg/B.: in Hohenzollern F; in Baden g
Darstellung: als Kapuzinerpater mit Palme, Schwert und Stachelkeule (mit der er erschlagen wurde).
Abb. siehe oben

Firminus d. Ä., Bisch. **von Amiens,** Märt., Hl.
Nach der Legende in Pamplona (Nordspanien) geboren, als Missionar in Südfrankreich, und später Bischof in Amiens (nördl. v. Paris).
† 290/300 als Märtyrer in Amiens
Gedächtnis: 25. September
Darstellung: als Bischof mit Schwert und Palme, das abgeschlagene Haupt in Händen.

Florentius, Bisch. **von Straßburg,** Hl.
Als Bischof in Straßburg Nachfolger des hl. Arbogast, gilt als Gründer des Thomasstifts in Straßburg und des

Florentius. Kupferstich, Aegidio Ranbeck, 1675

Klosters Niederhaslach bei Straßburg.
† 677 in Straßburg
Gedächtnis: 7. November
Darstellung: als Einsiedler oder
Bischof mit einem Sonnenstrahl, an
dem er seinen Mantel aufgehängt

hat; mit Tieren des Waldes, die ihm
auf sein Gebet hin gehorchten.
Abb. siehe oben

Florian u. Gef., Märtt. in Lorch, Hll.
Römischer Verwaltungsbeamter in
Lauriacum (heute Lorch bei Enns in

Oberösterreich), beim Ausbruch der Christenverfolgung unter Diokletian 303/304 gefoltert und, mit einem Stein beschwert, in die Enns geworfen.
Liturgie: RK g am 4. Mai; Linz H (Diözesanpatron, 2. Landespatron von Oberösterreich), St. Pölten
Darstellung: als jugendlicher Ritter mit Schwert, Schild (oft mit Kreuz), Lanze oder Banner, selten mit Herzogshut; mit Palmzweig oder Mühlstein (Martyrium); seit Ende des 15. Jh.s mit Krug oder Wasserbottich, Wasser auf ein brennendes Haus (Kirche, Burg) schüttend; seit dem 18. Jh. meist als römischer Soldat mit Brustpanzer und Federhelm mit den üblichen Attributen; in Szenen aus seiner Legende; oft in Gruppen mit anderen hll. Kriegern zusammen (↗ Georg, ↗ Sebastian, ↗ Eustachius, ↗ Mauritius).
Abb. siehe rechts, Seite 65

Florinus, Pfarrer in Remüs, Hl.
Wurde angeblich in Matsch (Vinschgau/Südtirol) geboren, wirkte als Pfarrer in Remüs (Engadin/Schweiz) im 7. Jh.
Liturgie: Chur G; Bozen-Brixen g am 17. November
Darstellung: in Priesterkleidung mit Kelch; mit einer Kanne Wein (Weinwunder).

Franz von Assisi, Hl. (bürgerl. Giovanni Bernardone)
Löste durch seine Predigt eine gewaltige religiöse Erneuerungsbewegung aus, wurde so zum größten Reformator der Kirche des Mittelalters; Stifter des Franziskanerordens, des Klarissenordens und des Dritten Ordens (Terziaren).
* 1181 in Assisi (Mittelitalien)
† 3. Oktober 1226 in Portiunkula (Stammkloster des Ordens in Assisi)
Liturgie: GK G am 4. Oktober

Florian. Marmorstatue, A. 18. Jh., Pfk Bozen/Südtirol

Darstellung: in dunkelbraunem Franziskanerhabit mit den Wundmalen an den Händen und Füßen, mit Kruzifix, Buch, Totenkopf (Meditation); als Zeichen der Weltverachtung eine Weltkugel zu Füßen, in Szenen seines Lebens, besonders häufig beim Empfang der Wundmale durch den mit Seraphflügeln erscheinenden Heiland (Stigmatisation), Vogelpredigt u. a.
Abb. siehe Seiten 89, 96, 134

133

zogshut neben sich (Verzicht auf die Erdengüter); bei der Vision des Kelches mit Hostie; mit Monstranz.

Franz von Paula OMinim, Hl. (Francesco de Paola)
Gründete nach zweijähriger Eremitenzeit den Orden der Minimen (Paulaner, Mindeste Brüder), hatte die Gabe der Prophetie und Wunder.
* 1436 (?) in Paola (Kalabrien / Unteritalien)
† 2. April 1507 in Plessis-lès-Tours
Liturgie: GK g am 2. April
Darstellung: im schwarzen Ordenshabit mit langem Bart; das Wort „Caritas" (Liebe) in Gloriole an seiner Brust, über ihm oder an seinem Stab; als Asket mit Geißel, Buch und Totenkopf; auf seinem ausgebreiteten Mantel auf dem Meer stehend (in Ermangelung eines Schiffes sei er auf seinem Mantel nach Sizilien gefahren).

Franz von Assisi, Stigmatisation. Tafelbild (Ausschnitt), köln., 2. V. 15. Jh., WRM Köln

Franz de Borgia SJ, Hl.
Herzog von Gandía, nach dem Tod seiner Frau heimlich Jesuit (bis seine Kinder großjährig waren), dann öffentlich, floh vor der Inquisition nach Portugal, dritter Ordensgeneral der Jesuiten.
* 28. Oktober 1510 in Gandía (bei Valencia / Spanien)
† 1. Oktober 1572 in Rom
Gedächtnis: 1. Oktober
Darstellung: in Jesuitentracht, mit Buch, Totenkopf mit Krone oder Her-

Franz von Sales. „Authentisches Portrait", 1. H. 17. Jh., Salesianerinnenkl. Thurnfeld Hall/Tirol

Franz Xaver. Holzstatue, J. Th. Stammel, um 1740, Klosterkirche Mautern/Stmk.

Franz Régis SJ, Hl. (Johannes Franz)
Trat früh dem Jesuitenorden bei, wurde Priester und Volksmissionar, nahm sich besonders der Armen nach den Hugenottenkriegen an.
* 1597 in Fontcouverte (Frankreich)
† 31. Dezember 1640 in La Louvec (bei Le Puy / Südfrankreich)
Gedächtnis: 31. Dezember
Darstellung: in Jesuitentracht, meist wie er einem Sterbenden das Kruzifix reicht; mit Lederkappe und Kreuzstab mit einem Querbalken.

Franz von Sales, Bisch. von Genf, Kirchenlehrer, Hl.
Meldete sich als Missionar in das vom Calvinismus beherrschte und für katholische Priester gefährliche Chablais (Landschaft südlich des Genfer Sees), mit unendlicher Mühe gelang ihm die Rekatholisierung dieser Gegend, Bischof in Genf, gründete mit ↗ Johanna Franziska de Chantal den Orden der Salesianerinnen.
* 21. August 1567 auf Schloß Sales (Savoyen)
† 28. Dezember 1622 in Lyon
Liturgie: GK G am 24. Jänner; Lausanne–Genève–Fribourg H / F (2. Patron d. Diöz., Patron der Stadt u. des Kantons Genf)
Darstellung: mit authentischen Gesichtszügen, als Bischof oder Prälat ohne Insignien; mit von Dornen umwundenem Herz (Symbol der Liebe zu Jesus); mit seinem Buch „Philothea".
Abb. siehe Seite 134

Franz Solano OFM, Hl. (Francisco)
Franziskaner, nahm sich besonders der Pestkranken an, ging 1590 nach Südamerika und arbeitete dort als Apostel der Indianer und Seelsorger der Kolonisten.
* 1549 bei Córdoba (Spanien)
† 14. Juli 1610 in Lima
Gedächtnis: 14. Juli

Darstellung: als Franziskaner, Indianer neben sich lehrend, auch in der erhobenen Linken ein Kruzifix haltend; Violine spielend (Hinweis auf die mitreißende Art seiner Predigt, die er durch Geigenspiel und Gesang steigerte).

Franz Xaver SJ, Hl.
Schloß sich in Paris ↗ Ignatius von Loyola an, wurde Priester und Jesuit, ging 1542 nach Goa, dann nach Japan, wollte kurz vor seinem Tod nach China; als Apostel Indiens und Japans war er Bahnbrecher der neuzeitlichen Mission.
* 1506 in Navarra (Spanien)
† 3. Dezember 1552 auf der Insel Sancian bei Kanton (China)
Liturgie: GK G am 3. Dezember
Darstellung: als Missionar mit Kreuz in der Hand, predigend oder knienden Inder taufend; mit Flammen aus der Brust schlagend oder brennendes Herz in der Hand; sehr häufig: sein Tod auf Sancian.
Abb. siehe Seite 135

Franziska von Rom, Hl. (Francesca Romana)
Gründete den weiblichen Zweig des Olivetanerordens, trat nach dem Tod ihres Mannes dort selber ein, zahlreiche Visionen und Wunder, vertrauter Umgang mit ihrem Schutzengel.
* 1384 in Rom
† 9. März 1440 in Rom
Liturgie: GK g am 9. März
Darstellung: als Nonne im schwarzen Benediktinerhabit mit Gürtel und weißem Schleier; ihr Schutzengel als Diakon oder im weißen Chorrock neben ihr; vor der Monstranz kniend, deren Strahlen ihr Herz treffen (wegen ihrer Verehrung des hl. Altarsakramentes); mit einem Brotkorb oder Bündel Holz (für die Armen); bei Marienvision.
Abb. siehe Seite 137

Franziska. Kupferstich, Aegidio Ranbeck, 1675

Fridolin von Säckingen, Hl.
Erster Missionar Alemanniens im 6.
oder 7. Jh., wahrscheinlich fränkischer Wandermönch, Klostergründer
an der Mosel, im Elsaß, in Chur und
auf der Rheininsel Säckingen.
† in Säckingen
Liturgie: RK G am 6. März

Darstellung: als Wandermönch oder
Abt mit Gerippe (die Legende erzählt, ein Bauer namens Ursus habe
ihm ein Stück Land geschenkt, sei
aber bald darauf gestorben; dessen
Bruder habe dem hl. Fridolin die
Schenkung streitig gemacht, worauf
der Heilige Ursus zum Leben er-

Fridolin. Prozessionsstatue, um 1700, Pfk Breitenbach/Kt. Solothurn

weckte, damit er vor dem Richter die Schenkung bezeugen könne).
Abb. siehe oben

Friedrich, Bisch. von Utrecht, Märt., Hl. (niederl. Frederik)
Stammte aus Friesland, laut Legende im Auftrag von Kaiserin Judith (der zweiten Frau Ludwigs des Frommen) von Meuchelmördern erstochen.
Gedächtnis: 18. Juli
Darstellung: als Bischof am Altar, von zwei Schwertern oder Dolchen durchbohrt; mit Schwert oder Palme.

G

Gabriel, Erzengel
Verkünder der Ratschlüsse Gottes.
Liturgie: GK F am 29. September (mit
↗ Michael, ↗ Raphael, seit 1969)
Darstellung: meist als Verkündi-
gungsengel mit Lilie oder Botenstab
(am häufigsten in der Verkündigung
der Geburt des Erlösers an Maria; mit
Spruchband; auch zusammen mit
Erzengel Michael als Thronassistent
und Wächter an Kirchenportalen; in
der Ostkirche trägt er auch Weltku-
gel und Zepter.
Abb. siehe Seite 140

Gallus, Mönch und Glaubensbote
am Bodensee, Hl.
War irischer Glaubensbote in der
Schweiz, gründete nach der Legende
die Einsiedelei St. Gallen.
* um 550 in Irland
† 16. Oktober 641 oder 645 in Arbon
(Schweiz)
Liturgie: RK g am 16. Oktober; St. Gallen H (Hauptpatron des Bistums);
Chur, Feldkirch, Sitten G
Darstellung: als Benediktinermönch
mit Wanderstab (selten als Abt) mit
einem Bären, der ihm Brennholz
bringt und dem er Brot gibt (nach der
Legende befahl er einem Bären, der
seine Mahlzeit fressen wollte, ihm
Brennholz zu bringen, was dieser
willig tat); oft zusammen mit dem hl.
↗ Otmar.
Abb. siehe Seite 145

Gangolf, Märt., Hl.
Besitzer eines Eigenklosters bei Lan-
gres (Ostfrankreich), sein Martyrium
ist legendär.
† um 760
Liturgie: Bamberg g am 11. Mai
Darstellung: als Ritter mit Lanze,
Schwert und Schild (mit einem Kreuz

darauf), eine Quelle unter seinem
Schwert oder Stab (die Legende
berichtet von einem Gottesurteil: Er
ließ seine Gemahlin die Hand ins
Wasser tauchen; zum Beweis ihrer
Untreue löste sich die Haut von den
Fingern).

Gebhard II., Bisch. **von Konstanz,**
Hl.
Gründer der Benediktinerabtei Pe-
tershausen bei Konstanz.
* 949 in Bregenz
† 27. August 995 in Petershausen
Liturgie: Feldkirch H am 27. August
(Hauptpatron der Diözese); Frei-
burg g
Darstellung: als Bischof mit Stab und
Kirchenmodell.

Genovefa von Paris, Hl. (frz. Gene-
viève)
Helferin des Volkes beim Hun-
neneinfall 451.
* 422 in Nanterre (Frankreich)
† 3. Jänner um 502 in Paris
Gedächtnis: 3. Jänner
Darstellung: als Jungfrau mit brennender Kerze (die ein Teufel ausbläst
und ein Engel anzündet); mit Buch;
als Schafhirtin (in Zusammenhang
mit der Schäfermode des 17. Jh.s entstanden).
Abb. siehe Seite 145

Georg von Kappadozien, Märt., Hl.
Offizier im römischen Heer, erlitt um
303 unter Diokletian das Martyrium;
er gehört zu den ↗ 14 Nothelfern.
Liturgie: GK g am 23. April; Limburg
H (Patron der Diöz. u. der Domkir-
che); Bamberg F/G (2. Patron der
Domkirche)
Darstellung: meist als jugendlicher
Krieger mit weißer Fahne (rotes

Gabriel. Holzstatue, I. Günther, Weyarn/Bayern

Benedikt von Nursia. Holzstatue, 1500, Bernhardaltar, Stiftskirche Zwettl/NÖ

Antonius Einsiedler, Kornelius, Maria Magdalena und ein Stifter. Linker Flügel des Welt-gerichtsaltars, Stephan Lochner, 2. Viertel. 15. Jh., AP München

Katharina von Alexandrien, Hubert, Quirinus von Neuß und ein Stifter. Rechter Flügel des Weltgerichtsaltars, Stephan Lochner, 2. Viertel. 15. Jh., AP München

143

Schöne Madonna. Gußstein, um 1480, Franziskanerkloster Salzburg

mit Cassius und ↗ Florentius)
Darstellung: als Ritter mit Panzer
oder Rüstung und Mantel; mit Banner oder Lanze (Anführer der Thebäer) und Schild mit Kreuz; selten
mit Schwert (Martyrium).
Abb. siehe Seite 146

*Gallus. Holzstatue aus Wil, um 1700, SLM
Zürich*

Kreuz); mit Lanze, Schwert und
Schild; Drache zu Füßen; im Drachenkampf auf weißem Pferd; in verschiedenen Szenen seines Martyriums.
Abb. siehe Seiten 66, 228

Gereon u. Gef., Märtt. in Köln, Hll.
Angehöriger der Thebäischen Legion, in Köln um 304 enthauptet.
Liturgie: Köln G am 10. Oktober (zus.

*Genovefa. Altarbild, Ph. de Champaigne,
M. 17. Jh., Musées royaux des Beaux-Arts
de Belgique Brüssel*

Gereon. Altarflügel (Ausschnitt), Meister der Verherrlichung Mariens, M. 15. Jh., WRM Köln

Gerhard OSB, Bisch. **von Csanád,** Märt., Hl. (Gellert)
Abt in S. Giorgio zu Venedig, erster Bischof von Csanád (Ungarn).
* in Venedig
† 24. September 1046 in Buda, von Heiden ermordet
Gedächtnis: 24. September
Darstellung: als Bischof oder Abt mit Buch und Lanze (Martyrium); mit von Pfeil durchbohrtem Herzen.

Gerlach, Einsiedler zu Houthem, Hl.
Ritter von Valkenburg (Niederlande), als Witwer Büßer, Pilger und Einsiedler zu Houthem bei Maastricht.
† 5. Jänner 1172 (?)
Gedächtnis: 5. Jänner
Darstellung: in weißem Prämonstratenser-Ordenskleid neben hohem Baum (Einsiedlerklause); mit Wassergefäß (Heilbrunnen).

Germanus, Bisch. **von Auxerre,** Hl. (frz. Germain)
Eine der großen Gestalten der frühen gallo-fränkischen Kirche, Miterbauer der abendländischen Religions- und Kulturgemeinschaft.
* um 378 in Auxerre (Burgund)
† 31. Juli 448 in Ravenna (bei einer politischen Mission)
Gedächtnis: 31. Juli
Darstellung: als Bischof mit Kreuz; oft in Szenen aus dem Leben der hl. ↗ Genovefa.

Germanus OSB, Gründer-Abt **von Münster-Granfelden,** Märt., Hl.
Gründer-Abt von Münster-Granfelden (Grandval/Schweiz).
* in Trier
† 21. Februar 677 (?), von Herzog Attich ermordet
Liturgie: Basel g am 21. Februar (mit Randoald)
Darstellung: als Abt mit Buch und Palme (Martertod).

Gerold, Einsiedler im Großen Walsertal, Hl.
Rätischer Edler, Stifter der Propstei Frisun (seit 14. Jh. St. Gerold) im Großen Walsertal (Vorarlberg).
† 10. April um 978
Liturgie: Einsiedeln G; Feldkirch g am 19. April, sonst 10. April
Darstellung: als Ritter oder Edler mit Bär (der ihm beim Bau der Zelle geholfen haben soll); als Einsiedler mit Esel oder Engel, der ihn stärkt.

Gertrud d. G. OCist **von Helfta,** Hl.
Nonne im Kloster Helfta bei Eisleben (Sachsen), größte deutsche Mystikerin (Herz-Jesu-Mystik; großer Einfluß auf die spanischen Länder).
* 1256 in Thüringen
† um 1302 in Helfta
Liturgie: RK g am 17. November
Darstellung: erst nach 1677, als Nonne (Zisterzienserhabit) mit Buch und Feder oder Kruzifix; das Jesuskind im Herzen; in Haltung der „Seherin".

Gertrud, Äbtissin **von Nivelles,** Hl.
Tochter Pippins d. Ä., erste Äbtissin von Kloster Nivelles bei Brüssel (Belgien).
* 626
† 17. März 659 in Nivelles
Liturgie: RK g am 17. März
Darstellung: meist als Äbtissin oder in fürstlicher Kleidung; mit Spinnrocken und Mäusen (sie beißen den Faden ab – an ihrem Festtag sollte man nicht spinnen; Patronin gegen Mäuseplage) als Pilger- und Reisebegleiterin (Schiff); mit Kirchenmodell. Abb. siehe rechts

Gervasius u. **Protasius,** Märtt., in Mailand, Hll.
Historische Nachrichten fehlen, ihre Gebeine wurden 386 vom hl. ↗ Ambrosius in Mailand aufgefunden.
Gedächtnis: 19. Juni

Gertrud von Nivelles. Holzstatue, 2. H. 14. Jh., St. Gertraud Dreikirchen/Südtirol

Darstellung: als Edelleute oder Diakone mit Kreuz, Schwert, Palmzweig; mit Geißel und Schwert (Marterwerkzeuge).

147

Gisbert OSB, Bisch. **von Lindisfarne,**
Hl. (Cuthbert)
Einsiedler auf der Insel Farne (England), Bischof von Lindisfarne.
† 20. März 687 auf Farne
Gedächtnis: 20. März
Darstellung: als Benediktinermönch
in Szenen seines Lebens; als Bischof
mit dem gekrönten Haupt des hl.
↗ Oswald.

Gisela, Königin **von Ungarn,** Sel.
Gemahlin des hl. Königs ↗ Stephan I.
von Ungarn, Mutter des hl. ↗ Emmerich, an der Bekehrung der Magyaren
entscheidend beteiligt.
† 7. Mai um 1060 in Passau
Gedächtnis: 7. Mai
Darstellung: als Königin mit Kirchenmodell.

Goar, Priester und Einsiedler, Hl.
Aus Aquitanien, Einsiedler und Missionar am Rhein, Gründer der St.-Goars-Zelle bei Oberwesel am Rhein.
† um 500
Liturgie: Limburg, Trier g am 6. Juli
Darstellung: als Priester mit Kirchenmodell, Kelch oder Buch; als Einsiedler und Wundertäter: die Kutte oder
Mütze an einem Sonnenstrahl aufhängend (dieses Wunder wirkte er,
um damit die Gottgefälligkeit seines
Wirkens, besonders die Bewirtung
der anlegenden Rheinschiffer, gegen
verleumderische Anklagen zu bekräftigen); einen Topf in der Hand
und drei Hirschkühe neben sich (mit
deren Milch er Verdurstende tränkte); den Teufel auf den Schultern
(weil er fälschlich der Zauberei angeklagt wurde).

Godeberta, Äbtissin in Noyon, Hl.
Klostergründerin in Noyon (nordöstl. v. Paris).
† um 700
Gedächtnis: 11. April
Darstellung: als Äbtissin, neben ihr

ein Diener, der feurige Kohlen im
Gewand trägt (diese verwandelten
sich auf ihren Befehl in Rosen); mit
einem Ring (Vermählung mit Christus).

Godehard OSB, Bisch. **von Hildesheim,** Hl. (Gotthard)
Benediktinerabt, 1022 Bischof von
Hildesheim, Erbauer von ca. 30 Kir-

*Godehard. Godehardischrein (Ausschnitt),
A. 12. Jh., Hohe Domkirche Hildesheim*

chen und Klöstern, Förderer der Kunst.
* 961 in Niederbayern
† 5. Mai 1038 im Moritzstift bei Hildesheim
Liturgie: RK g am 5. Mai; Hildesheim F; Passau G
Darstellung: als Bischof mit Buch oder Kirchenmodell.
Abb. siehe Seite 148

Gordianus u. **Epimachus,** Märtt., Hll.
Märtyrer in Alexandrien und Rom im 3. und 4. Jh.; ihre Grabstätten lagen in Rom nebeneinander, deshalb werden sie zusammen verehrt.
Gedächtnis: 10. Mai
Darstellung: selten; Gordianus als Ritter mit Schwert und Palme, Epimachus in höfischer Kleidung mit Buch.

Gottfried von Bouillon, Sel.
Herzog von Niederlothringen, Führer des ersten Kreuzzugs, „Anwalt des Hl. Grabes".
† September 1100 in Jerusalem
Gedächtnis: 15., (16., 18.) Juli
Darstellung: als Ritter mit Dornenkrone über dem Helm, auf dem Schild das Jerusalemer Kreuz.
Abb. siehe rechts

Gottfried OPraem, Graf **von Cappenberg,** Hl.
Wandelte seine Burgen und Schlösser in Prämonstratenserklöster um.
* 1097 auf Schloß Cappenberg (Westfalen)
† 13. 1. 1127 in Ilbenstadt (nördl. v. Frankfurt / Main)
Liturgie: Mainz, Münster g am 13. Jänner
Darstellung: als Prämonstratenser im weißen Habit mit Krone und Kirchenmodell (Klosterstiftungen); mit Broten (Zeichen der Wohltätigkeit); mit Totenkopf (Symbol der Vergänglichkeit).

Gottfried von Bouillon. Bronzestatue, 1523, Hofkirche Innsbruck

Gotthard OSB, Bisch. **von Hildesheim,** Hl. ↗ Godehard

Gregor I. d. G., Papst, Kirchenlehrer (Gregorius)
Nuntius in Konstantinopel, der genialste und einflußreichste Papst (590–604) des ersten christlichen Jahrtausends: Organisator der kirchlichen Armenpflege, Erneuerer der Liturgie und Kirchenmusik, Verfasser vieler Schriften.

Gudula. Altarflügel (Ausschnitt), Meister der hl. Sippe, um 1500, WRM Köln

Messe" (während der Messe erscheint ihm Christus als Schmerzensmann mit den Leidenswerkzeugen).
Abb. siehe Seite 71

Gudula, Jgfr., Hl. (Gudila, Guodila, frz. Goule, Engoule, fläm. Goëlen)
Vornehme Jungfrau in Belgien, führte ein strenges Büßerleben.
† 712 (?) in Nivelles bei Brüssel
Gedächtnis: 8. Jänner
Darstellung: als Jungfrau mit Laterne und Buch; mit Kerze, die ein Teufel ausbläst (ähnlich hl. ↗ Genovefa).
Abb. siehe links

Guido von Anderlecht, Hl. (fläm. Wyden, Wye)
Bauernsohn, pilgerte nach Rom und Jerusalem; wunderbare Heilungen an seinem Grab.
† 12. 9. 1012 in Anderlecht bei Brüssel
Gedächtnis: 12. September
Darstellung: als Pilger mit Hut, Stab und Flasche; mit Pferd und Ochs; als Bauer bei der Feldarbeit oder betend, während ein Engel den Pflug führt.

Guido OSB, Abt **von Pomposa,** Hl. (Wido)
Benediktiner-Reformabt von Pomposa (nördl. v. Ravenna), Gebeine in Speyer.
† 31. März 1046 in Borgo San Donnino (Oberitalien)
Liturgie: Speyer g am 4. Mai, sonst 31. März
Darstellung: als Mönch; mit zwei Schiffen (da auf sein Gebet hin Schiffe mit Getreide bei der Abtei anlegten, als keine Nahrungsmittel mehr vorhanden waren).
Abb. siehe Seite 151

Günther von Niederaltaich OSB, Hl.
Thüringischer Gaugraf, Laienbruder, Gründer von Rinchnach am Regen im Bayerischen Wald als Kulturzentrum, Einsiedler.

* um 540 in Rom
† 12. März 604 in Rom
Liturgie: GK G am 3. September (Bischofsweihe; bis 1969: 12. März)
Darstellung: als Papst mit der Taube des Hl. Geistes; mit Buch oder Schreibfeder; mit drei Bluthostien; mit Kirchenmodell (in Spanien); als Kirchenvater; bei der „Gregorius-

Guido von Pomposa. Kupferstich, Aegidio Ranbeck, 1675

† 9. Oktober 1045 im Böhmerwald
Liturgie: Passau G; Berlin, Fulda g am
9. Oktober
Darstellung: als Einsiedler oder Mönch
(oft mit Kapuze), mit Buch; mit Sense
(Rodung des Nordwaldes); bei der
letzten hl. Kommunion.
Abb. siehe Seite 152

Gunthildis von Suffersheim, Jgfr.,
Hl.
„Heilige Dienstmagd" in Suffers-
heim, sah in niederen Diensten den
Weg zum Heil; einer der frühesten
Heiligen des Dienstbotenstandes.
† vor 1057
Gedächtnis: 22. September

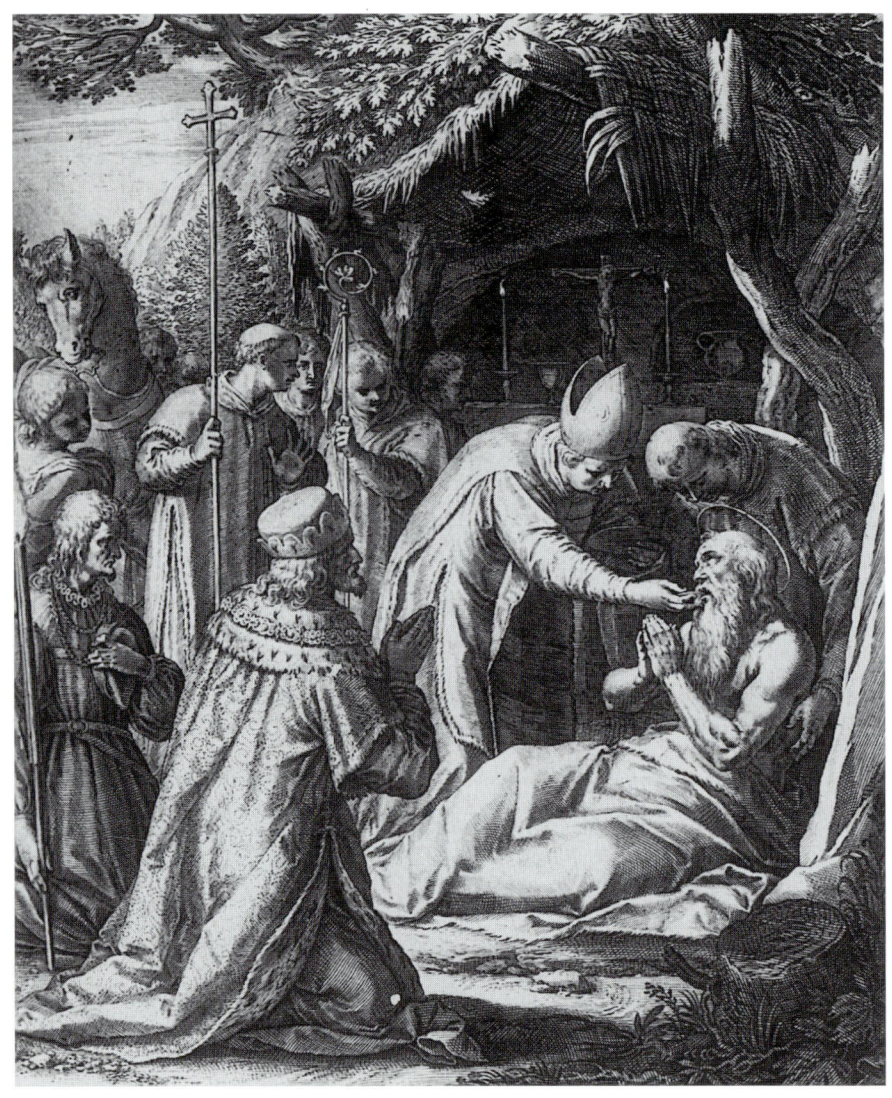

Günther. Kupferstich, Matthäus Rader, 1627

Darstellung: als Jungfrau mit Kuh, Milchkübel, Milchkanne oder Käselaib (als Dienstmagd oder Symbol ihrer Mildtätigkeit).

Gutmann von Cremona, Hl. (Homobonus)
Frommer und wohltätiger Tuch-händler, in Cremona am Po (Oberitalien).
† 13. November 1197 in Cremona
Gedächtnis: 13. November.
Darstellung: in bürgerlicher Kleidung mit Geldbeutel oder Almosen austeilend, Bettler neben sich; mit Elle und Schere (als Schneiderpatron).

152

H

Halvard Vebjörnsson, Märt., Hl. (Hallvard)
Vetter oder Neffe des hl. Königs ↗ Olaf, lebte in Norwegen, Opfer im Kampf für die Gerechtigkeit.
† um 1043
Gedächtnis: 15. Mai
Darstellung: in bürgerlicher Tracht mit Pfeil und Mühlstein (Martyrium).

Hedwig, Herzogin **von Schlesien,** Hl. (in Bayern: Hedwig von Andechs)
Herzogin von Schlesien, ausgezeichnete Familien- und Landesmutter, Tante der hl. ↗ Elisabeth von Thüringen, Gründerin des Zisterzienser-Frauenklosters Trebnitz.
* 1174 auf Schloß Andechs (Oberbayern)
† 15. Oktober 1243
Liturgie: RK g am 16. Oktober; Görlitz H (Landespatronin); Berlin, Meißen F, München-Freising G (die Diöz. Görlitz feiert auch die Translation 1267: g am 25. August)
Darstellung: als bürgerliche Frau mit Schleier oder Kopftuch oder Herzogin mit Herzogshut oder Krone; mit Kirchenmodell (Stifterin von Trebnitz); mit Rosenkranz und Gebetbuch; mit Marienstatuette (die sie immer bei sich trug); Schuhe in der Hand (Askese); Brote (Mildtätigkeit).
Abb. siehe Seite 270

Heinrich von Bozen, Sel.
Armer Taglöhner in Bozen (Südtirol) und Treviso (Norditalien).
* um 1250
† 10. Juni 1315 in Treviso
Liturgie: Bozen-Brixen g am 10. Juni
Darstellung: im Bauerngewand mit Beil.

Heinrich II. Steinstatue, ehem. Adamspforte des Bamberger Domes, um 1225/1230, DM Bamberg

Heinrich II. der Heilige, Kaiser, Hl.
Wurde vom hl. Bischof ↗ Wolfgang
erzogen, zielbewußter Staatsmann,
Stifter des Bistums Bamberg, 1002
deutscher König, 1014 Kaiser.
* 6. Mai 973 in Hildesheim (?)
† 13. Juli 1024 zu Grona bei Göttingen
Liturgie: RK G am 13. Juli (mit Kunigunde); Bamberg H (Patron des Bistums, Basel: 2. Patron des Bistums);
GK g
Darstellung: als Kaiser mit Krone,
Zepter und Reichsapfel, im Harnisch;
mit Kirchenmodell; oft zusammen
mit seiner Gemahlin, der hl. ↗ Kunigunde.
Abb. siehe Seiten 153, 166

Heinrich Seuse OP, Sel. (Henricus
Amandus Suso)
Dominikaner, der liebenswürdigste
und gemütstiefste der deutschen
Mystiker.
* 21. März 1295 am Bodensee
† 25. Jänner 1366 in Ulm
Liturgie: RK g am 23. Jänner
Darstellung: in Ordenstracht, Monogramm IHS auf der Brust, mit Griffel,
Kranz von Rosen um sein Haupt;
manchmal mit Hund, der ein Tuch
im Maul trägt.

Helena, röm. Kaiserin, Hl. (Flavia
Julia Helena)
Mutter Kaiser Konstantins d. G.,
Erbauerin vieler Kirchen, Pilgerin zu
den hl. Stätten.
† 330 in Nikomedien (heute İzmid,
östl. v. Konstantinopel)
Liturgie: Limburg, Trier g am 18.
August
Darstellung: als Kaiserin oder Köni-
gin mit Krone (und Zepter); mit
Kreuz, drei Nägeln und INRI-Schild
(die Legende schrieb ihr die Auffin-
dung des Kreuzes Christi zu); mit
Kirchenmodell (Kirchenstifterin); in
Zusammenhang mit der Passion und
dem Kreuz Christi bzw. Personen,

die mit der Passion verbunden sind.
Abb. siehe Seite 155

Hemma von Gurk, Hl. (Emma)
Gräfin von Friesach-Zeltschach
(Kärnten), Gründerin der beiden
Benediktinerklöster Gurk (Kärnten)
und Admont (Steiermark).
* um 980
† 29. Juni 1045 in Gurk
Liturgie: RK g am 27. Juni; Gurk-Klagenfurt H (Diözesanpatronin)
Darstellung: als Stifterin in Tracht
und Witwenschleier bzw. Haube; mit
Geldbeutel (aus dem die Gurker Bauarbeiter den ihnen zustehenden Lohn
nehmen konnten); mit Rosen (selten).
Abb. siehe Seite 156

Hermann Joseph OPraem, Hl.
(schles. Menzel)
Prämonstratenserpriester im Kloster
Steinfeld (Eifel), Asket, Mystiker und
unermüdlicher Prediger.
† 7. April 1241 (oder 1252?) in Hoven
(Eifel)
Liturgie: RK g am 21. Mai
Darstellung: als Prämonstratenser-
mönch mit Schlüsseln am Gürtel
(Mesner); mit Buch (Verfasser geistlicher Schriften), mit Kelch, aus dem
drei Rosen wachsen (Priesteramt,
himmlischer Duft während der Meß-
feier); mit Jesuskind auf dem Arm
und Lilienstengel (Keuschheit); in
den Legendenszenen oft als Jüngling
oder Schüler, der dem Jesuskind
einen Apfel reicht.

Hermine OSB, Äbtissin **von Oeren,**
Hl. ↗ Irmina

Hieronymus, Kirchenlehrer, Hl. (So-
phronius Eusebius)
Einsiedler in Kleinasien, Priester, Sekretär des hl. Papstes ↗ Damasus I.,
Übersetzer der Bibel („Vulgata"),
Klostergründer in Bethlehem, lebte
dort 34 Jahre in strenger Askese.

Helena. Altarbild, 18. Jh., St. Helena Ulten/Südtirol

Hemma. Holzstatue, um 1500, Deutschordenskirche Friesach/Kärnten

* um 347 in Dalmatien
† 30. September 420 in Bethlehem
Liturgie: GK G am 30. September; Bamberg: 3. Oktober; Basel: 1. Oktober
Darstellung: als weißbärtiger Greis

mit Kardinalshut (wegen seiner Sekretärsstellung beim Papst); mit Büchern als Gelehrter am Pult oder in der Schreibstube; als Büßer und Einsiedler nackt mit Lendenschurz oder Büßerhemd, mit Kreuz, Stein oder Geißel und Totenkopf; immer als Attribut ein Löwe (dem er nach der Legende einen Dorn aus der Pranke gezogen hatte).
Abb. siehe Seite 71

Hilarius, Bisch. **von Poitiers,** Kirchenlehrer, Hl.
Der bedeutendste Bekämpfer des Arianismus im Abendland, Literat.
† um 367 in Poitiers
Liturgie: GK g am 13. Jänner
Darstellung: als Bischof mit Buch und Drache oder Schlangen (die er von der Insel Gallinaria bei Genua vertrieben haben soll – Sinnbild für die Bekämpfung des Arianismus).

Hildegard von Bingen OSB, Äbtissin, Hl.
Äbtissin der von ihr gegründeten Klöster Rupertsberg bei Bingen und Eibingen bei Rüdesheim, Autorin naturwissenschaftlicher und geistlicher Werke, Ratgeberin in Wort und Brief, Mystikerin.
* um 1098
† 17. September 1179 auf dem Rupertsberg
Liturgie: RK g am 17. September; Berlin, Limburg G
Darstellung: als Äbtissin oder Seherin mit Flammen aus ihrem Haupt schlagend; mit Buch und Feder; mit Kirchenmodell (Klostergründerin).

Hippolytus der Soldat, Märt., Hl.
In der Legende vermischt mit dem historisch nachweisbaren Kirchenschriftsteller und Bischof von Rom gleichen Namens; Kerkermeister des hl. ↗ Laurentius, durch diesen bekehrt und getauft, Martyrer im 3. Jh.

Hubert. Holzstatue, J. Geisselbrunn, 1. H. 17. Jh., Marienkapelle im Dom Köln

Liturgie: GK g am 13. August (Bestattung); St. Pölten H
Darstellung: als Soldat mit Lanze oder Schwert, Schild und Fahne; mit Knüttel, Eisenkamm, Gurt und Stricken (Marterwerkzeuge); beim Martyrium (wird von Pferden geschleift und zerrissen).
Abb. siehe links

Homobonus, Hl. ↗ Gutmann von Cremona

Hubert, Bisch. **von Maastricht und Lüttich,** Hl. (Hucbert, Hubertus) „Apostel der Ardennen", er gehört zu den ↗ vier Marschällen Gottes.

Hippolytus und Afra, im Hintergrund Maria von Ägypten. Altarflügel, Meister des Bartholomäusaltars, um 1499, WRM Köln

Hugo von Lincoln. Tafelbild (Ausschnitt), köln., E. 15. Jh., WRM Köln

tum geführt worden war); mit Jagdhorn; mit Schlüssel (den er nach der
Legende vom hl. ↗ Petrus erhalten
hat); mit Buch.
Abb. siehe Seiten 143, 157

Hugo, Bisch. **von Grenoble,** Hl.
Verfechter der Reformideen des hl.
Papstes Gregor VII., Förderer des
Kartäuserordens.
* 1053 in Südostfrankreich
† 1. April 1132 in Grenoble
Gedächtnis: 1. April

*Hyacinthus. Holzstatue, M. 18. Jh., Pfk
Wildalpen/Stmk.*

† 30. Mai 727 in Tervueren bei Brüssel
Liturgie: RK g am 3. November (Übertragung)
Darstellung: als Bischof (selten als
vornehmer Jäger), mit Hirsch oder
Hirschkopf, in dessen Geweih zuwei-
len ein Kruzifix erscheint (die Bekehrung Huberts wurde aus der Legende des hl. ↗ Eustachius übernommen, der durch die Erscheinung des
Hirsches mit Kreuz zum Christen-

Darstellung: wegen seiner engen Beziehung zum Kartäuserorden meist in Ordenstracht mit Bischofsstab und Mitra, mit sieben Sternen als Vision (die ihm die Ankunft des hl. ↗ Bruno mit sechs Gefährten ankündigte, dem er den Ort zur Gründung der Großen Kartause bei Grenoble anwies).

Hugo OCarth, Bisch. **von Lincoln,** Hl.
Gründer der Kartause von Witham (Somerset, England), begann den Bau der Kathedrale von Lincoln.
* 1140 in Avalon, Burgund
† 16. November 1200 in London
Gedächtnis: 16. November
Darstellung: als Kartäuser mit Mitra und Stab; mit Schwan (der ihm besondere Anhänglichkeit zeigte) und Kelch, in dem das Jesuskind erscheint (Eucharistievision); zusammen mit anderen Kartäusern oder dem hl. ↗ Hugo von Grenoble. Abb. siehe Seite 158

Hyacinth von Polen OP, Hl.
Kanonikus in Krakau, durch die Begegnung mit dem hl. ↗ Dominikus Eintritt in dessen Orden, verbreitete den Orden in Polen und Rußland.
* vor 1200 in Groß-Stein (Oppeln, Schlesien)
† 15. August 1257 in Krakau
Liturgie: Görlitz G; Berlin, Gurk-Klagenfurt g am 17. August, sonst 15. August
Darstellung: als Dominikaner mit Monstranz, Speisekelch oder Marienstatuette (weil er diese bei der Zerstörung Kiews vor den Tataren rettete); mit Buch, Lilie, ertrunkenem Knaben (den er erweckte); in Szenen seines Lebens (am häufigsten die Marienvision).
Abb. siehe Seite 158

I

Ida von Toggenburg. Kupferstich, Aegidio Ranbeck, 1675

Ida von Herzfeld, Hl.
Aus frommer Familie, stiftete mit ihrem Gemahl, dem Sachsenherzog Ekbert, die Kirche in Herzfeld (Münster in Westfalen), nach Erhebung der Gebeine (980) rege Wallfahrt zum Grab.
† 4. September 825 (813?)
Liturgie: Münster, Paderborn g am 4. September

Ildefons. Fresko, M. von Görz, 1723, ehem. Stiftskirche Pöllau/Stmk.

Darstellung: als Matrone mit langem Kleid, Mantel und Kopftuch, mit Kirchenmodell und Hirsch (dem sie laut Legende vor Jägern Schutz bot).

Ida von Toggenburg, Hl. (Idda, Itha, Itta, Ytta)
Benediktinerreklusin beim Kloster Fischingen (westl. v. St. Gallen, Schweiz).
† 1226 (?) zu Fischingen
Liturgie: Basel, St. Gallen g am 3. November
Darstellung: als Gräfin oder Benediktinernonne mit Buch; mit Hirsch mit 12 Lichtern am Geweih (der ihr beim nächtlichen Kirchgang leuchtete); mit Rabe, der ihren Ehering im Schnabel hält (nach der Legende

stahl er den Ring, womit er Idas Verleumdung und Verstoßung bewirkte).
Abb. siehe Seite 160

Ignatius von Loyola SJ, Hl.
Gründer und erster General des Jesuitenordens, Schöpfer der neuzeitlichen Exerzitien.
* 1491 auf Schloß Loyola (Nordspanien)
† 31. Juli 1556 in Rom
Liturgie: GK G am 31. Juli
Darstellung: Gesichtszüge nach Porträts, als Priester im Ordens- oder Meßgewand, mit Christusmonogramm IHS, mit Kreuz und drei Nägeln (Hingabe an Jesus); mit flammendem Herz; mit Buch; Dämon

Isidor von Madrid. Holzstatue, B. Prandstätter, 2. V. 18. Jh., Pfk Pöls/Stmk.

austreibend; Drache zu Füßen (Bekämpfung der Irrlehre); mit Weltkugel (weltweite Mission der Jesuiten); zusammen mit anderen Jesuiten (↗ Franz Xaver, ↗ Petrus Canisius u. a.); in Szenen von Wundern, Visionen und bestimmenden Ereignissen für den Orden.

Ildefons OSB, Erzb. **von Toledo,** Hl. Abt im Kloster von S. Cosma y Dami-

an in Agalia bei Toledo, Schriftsteller, Dichter, Marienverehrer.
† 23. Jänner 667 in Toledo
Gedächtnis: 23. Jänner
Darstellung: als Mönch oder Bischof, dem die Gottesmutter ein weißes Meßkleid überreicht (weil er die Lehre von der Jungfräulichkeit der Gottesmutter verteidigte).
Abb. siehe Seite 161

Irmgard OSB, Äbtissin **von Buchau u. Frauenchiemsee,** Sel. (Irmengard) Tochter König Ludwigs des Deutschen von Bayern, Enkelin Karls d. G.
† 16. Juli 866 in Frauenchiemsee
Liturgie: München-Freising G am 16. Juli; Rottenburg, Salzburg g
Darstellung: als Äbtissin mit Krone und flammendem Herzen in der Hand.

Irmgard, dt. Kaiserin, Hl.
Gemahlin des deutschen Kaisers Lothar I., Stifterin der Frauenabtei Erstein (Elsaß).
† 20. März 851 in Erstein
Gedächtnis: 20. März
Darstellung: mit Kaiserkrone und Zepter, Kirchen- oder Klostermodell in der Hand.

Irmina OSB, Äbtissin **von Oeren,** Hl. (Irmina von Trier, Hermine)
Nach dem Tod ihres Gatten Äbtissin des Klosters „Zur Oeren" in Trier; Gründerin der Benediktinerabtei Echternach in Luxemburg.
† um 708 in Trier
Liturgie: Luxemburg, Trier g am 3. Jänner, sonst 24. Dezember
Darstellung: als Äbtissin mit Stab, Buch und Kirchenmodell; Krone zu Füßen.

Isaias, Prophet im AT
Der erste der vier großen Propheten des Alten Bundes; wirkte in Jerusalem im 8. Jh. v. Chr.; er war Kämpfer

Isidor von Sevilla. Fresko, M. von Görz, 1718, ehem. Stiftskirche Pöllau/Stmk.

gegen den Götzendienst des Volkes.
Gedächtnis: 6. Juli
Darstellung: als alter Mann mit langem Bart, in Prophetenzyklen; oft Jeremias gegenübergestellt; im Sinn der messianischen Prophezeiungen oft mit Bezug zu Mariendarstellungen (Verkündigung) und Darstellungen der Wurzel Jesse; mit Säge (Martyrium).

Isidor von Madrid, Hl.
Bauernknecht bei einem Gutsherrn in Madrid; Ehemann der sel. Maria Toribia.
* um 1070
† 15. Mai 1130
Gedächtnis: 15. Mai
Darstellung: in Bauerntracht mit landwirtschaftlichem Gerät (Dreschflegel, Heugabel, Sichel, Hacke, Sense, Rechen); mit Getreidegarbe; mit Rosenkranz; beim Beten, während ein Engel für ihn den Pflug führt (Gemälde); oft zusammen mit der hl.
↗ Notburga, seltener gemeinsam mit

seiner Frau Maria Toribia.
Abb. siehe Seite 162

Isidor, Erzb. von Sevilla, Kirchenlehrer, Hl.
Großer theologischer Schriftsteller.
* um 560 in Cartagena (Südostspanien)
† 4. April 636 in Sevilla
Liturgie: GK g am 4. April
Darstellung: als Bischof mit Buch und Federkiel.
Abb. siehe oben

Ivo Hélory, Hl. (Yves)
Priester, Jurist, trug als Richter den Beinamen „Advokat der Armen".
* 17. Oktober 1253 in der Bretagne
† 19. Mai 1303
Gedächtnis: 19. Mai
Darstellung: als Richter in zeitgenössischem Gewand oder im Talar mit Buch, Papierrolle, Feder und Tinte; mit Armen und Kindern, die ihm ihre Bittschriften reichen.
Abb. siehe Seite 180

J

Jakob Patriarch. Buchmalerei, Wenzelsbibel, 1390–1400, ÖNB Wien

Jakob, Patriarch im AT
Sohn Isaaks, durch seine zwölf Söhne
Begründer der zwölf Stämme Israels.
Gedächtnis: 6. Oktober (mit Abraham
und Isaak): Überführung der angeb-
lichen Gebeine in Hebron in Juda im
Jahr 1120; 2. Jänner: Translation der
angeblichen Reliquien durch Karl IV.
(1346–78) nach Prag; 5. Februar (mit
Abraham und Isaak, Sara, Lot, Mel-
chisedech, Rachel, den zwölf Söhnen
Jakobs und den zwei Söhnen Jo-
sephs): Martyrologium des Richard
Whitford von Salisbury; 19. Dezem-
ber (mit Isaak, Sara, Melchisedech,
Rachel, Lea, den zwölf Söhnen
Jakobs und den zwei Söhnen Jo-
sephs): bei den Griechen
Darstellung: unter der Himmelsleiter
schlafend (Traum); mit einem Engel
(Gott) ringend; in anderen Szenen
seines Lebens.
Abb. siehe Seite 164

Jakob Griesinger OP, Sel. (Jakob von
Ulm, Jacobus Alemannus)
Glasmaler, Rompilger, Dominikaner-
bruder in Bologna.
* 1407 in Ulm
† 11. Oktober 1491 in Bologna
Liturgie: Rottenburg g am 11. Oktober
Darstellung: auf den Dominikaneror-
den beschränkt, als Dominikaner mit
Kreuz und Rosenkranz; mit Maler-
palette und Glaserutensilien; mit
Panzer unter dem Ordenskleid (als
Buße).

Jakobus d. Ä., Apostel, Märt., Hl.
Bruder des Apostels Johannes, Erst-
märtyrer des Apostelkollegs.
† um Ostern 44 in Jerusalem, enthauptet
Seine Gebeine kamen nach der
Eroberung Jerusalems im 7. Jh. nach
Santiago de Compostela in Nordspanien (seither internationaler Wall-
fahrtsort).
Liturgie: GK F am 25. Juli

*Jakobus d. Ä. Holzstatue, H. von Bruneck
(?), um 1430, St. Sigmund im Puster-
tal/Südtirol*

Darstellung: als Apostel mit Buch
oder Schriftrolle und Muschel; ab
dem 12. Jh. als (Santiago-)Pilger mit
Muschel als Pilgerabzeichen am Hut
oder auf der Brust, mit Wanderstab,
Reisetasche und Wasserflasche (neben ↗ Petrus der einzige Apostel mit
individueller Tracht); mit Schwert

165

Heinrich II., Jakobus d. Ä. und Kunigunde. Tafelbild, 1478, BNM München

(Martyrium); in Ritterrüstung auf weißem Pferd als „Matamoros" (Maurentöter) in der spanischen Kunst und im Barock (Gegenreformation) in ganz Europa.
Abb. siehe oben, Seiten 165, 215

Jakobus d. J., Apostel, Märt., Hl.
Nach der Flucht des ↗ Petrus Oberhaupt der Kirche von Jerusalem.
† Ostern 62 in Jerusalem
Liturgie: GK F am 3. Mai (Einsiedeln 4. Mai); Griechen: 9. Oktober

Darstellung: als Apostel mit Buch oder Schriftrolle; mit Keule, Walkerstange oder Wollbogen (nach der Legende wurde er von der Zinne des Tempels gestürzt und mit einer Keule oder Tuchwalkerstange erschlagen).
Abb. siehe Seite 215

Januarius, Bisch. **von Benevent,** u. sechs Gef., Märtt., Hll. (ital. Gennaro) Mit sechs Gefährten unter Diokletian 305 in Pozzuoli bei Neapel geköpft.

166

Liturgie: GK g am 19. September
Darstellung: als Bischof mit Buch und
zwei Blutampullen (zu seinen
Hauptfesten – viermal jährlich – ver-
flüssigt sich sein sonst eingetrocknetes Blut in den Ampullen – bis heute
gibt es dafür keine natürliche Er-
klärung).

Joachim, Hl.
Gemahl der hl. ↗ Anna, Vater der
Gottesmutter Maria.
Liturgie: GK G am 26. Juli (zus. mit
Anna)
Darstellung: mit langem Rock, Mantel
und Hut oder Turban oder in Hirten-
kleidung; mit Stab oder Hirtenschip-
pe; mit Buch (AT) oder Schriftrolle;
mit zwei Tauben (zurückgewiesenes
Opfer im Tempel); mit Opferlamm;
selten mit Marienkind auf dem Arm;
oft seiner Frau Anna gegenüberge-
stellt; im Zusammenhang mit der hl.
Sippe, dem Stammbaum Christi und
Szenen des Marienlebens.
Abb. siehe rechts

Jodok, Hl. (Josse, Jost)
Königssohn der Bretagne, Verzicht
auf die Krone, Pilger, Eremit, Prie-
ster.
† um 669 (?)
Gedächtnis: 13. Dezember
Darstellung: als Pilger mit Hut und
Stab, Buch oder Rosenkranz, die ab-
gelegte Krone zu Füßen.
Abb. siehe Seite 168

**Johanna Franziska Frémyot de
Chantal** (Jeanne-Françoise)
Als Witwe 1610 Gründerin des
Ordens der Heimsuchung (Salesiane-
rinnen).
* 28. Jänner 1572 in Lyon (Frankreich)
† 13. Dezember 1641 in Moulins
Liturgie: GK g am 12. Dezember
Darstellung: als Nonne, Herz mit Na-
men Jesu in der Rechten; mit Buch.
Abb. siehe Seite 168

*Joachim. Holzstatue, um 1780, Pfk Absam/
Tirol*

Johanna von Orléans, Hl. (Jeanne
d'Arc)
„Jungfrau von Orleans", Befreierin
von Orleans 1429.
* 6. Jänner 1412
† 30. Mai 1431 in Rouen, verbrannt
Gedächtnis: 30. Mai
Darstellung: hauptsächlich in Frank-

Jodok. Altarflügel, H. von Bruneck (?), um 1430, St. Sigmund im Pustertal/Südtirol

reich ab der zweiten Hälfte des 19. Jh.s, in Rüstung (oft über Frauenkleidern) mit Banner und Schwert; oft zu Pferd.
Abb. siehe Seite 169

Johannes, Apostel und Evangelist, Hl.
Gehörte mit Petrus und Jakobus d. Ä. zu den Vorzugsjüngern Jesu; Leiter der Kirche in Ephesus, Verfasser der Apokalypse und des Johannesevangeliums.

† um 100 / 101 in sehr hohem Alter in Ephesus
Liturgie: GK F am 27. Dezember
Darstellung: als Apostel mit Buch oder Schriftrolle; in der abendländischen Kunst stets als junger Mann (jüngster Apostel), die Kleidung ab dem 12. Jh. in den Farben Rot und Grün; mit Buch (Evangelium); ab dem 14. Jh. mit Kelch, aus dem eine Giftschlange oder ein Drache steigt (versuchte Vergiftung); mit Faß oder Ölkessel (legendäre Ölmarter); als Evangelist mit Schreibfeder und Adler; zusammen mit anderen Personen, z. B. beim Letzten Abendmahl; mit Maria unter dem Kreuz.
Abb. siehe Seiten 214, 215, 235

Johannes Berchmans SJ, Hl.
Starb noch als Novize in Rom, seine Zeitgenossen verehrten ihn als „zweiten hl. Aloysius".
* 1599 in Diest (Belgien)
† 13. August 1621 in Rom
Gedächtnis: 13. August
Darstellung: als jugendlicher Jesuit

Johanna Franziska de Chantal. Gemälde, E. 17. Jh., Pfarre Kulwung/Stmk.

168

Johanna von Orleans. Gemälde, J. A. D. Ingres, 1854, Musée du Louvre Paris

mit Kreuz, Totenkopf, Rosenkranz und Regelbuch.

Johannes Bosco, Hl. (Giovanni, Don Bosco)
Große Priesterpersönlichkeit, Grün-der der Salesianer für Jugend- und Priesterbildung.
* 16. August 1815 bei Turin
† 31. Jänner 1888 in Turin
Liturgie: GK G am 31. Jänner
Darstellung: mit porträthaften Zügen

im Priestergewand, oft Kinder um sich.

Johannes Cantius, Hl. ↗ Johannes von Krakau

Johannes von Capestrano OFM, Hl. (J. Kapistran)
Richter in Perugia, Franziskaner, größter Wanderprediger des 15. Jh.s.
* 24. Juni 1386 in Capestrano (Abruzzen)
† 23. Oktober 1456 in Ilok an der Donau (nordwestl. v. Belgrad)
Liturgie: RK g am 23. Oktober
Darstellung: als Franziskaner mit Kreuzfahne, Kruzifix oder Buch in der Hand; mit Monstranz oder IHS-Monogramm; mit einem sechseckigen Stern; auf einem Ketzer (Türken) stehend.

Johannes Eudes CJM, Hl. (Jean)
Volksmissionär, Gründer des Ordens der Eudisten zur Erneuerung des religiösen Lebens, Begründer des öffentlichen Kultes der Herzen Jesu und Mariä.
* 14. November 1601 in der Normandie
† 19. August 1680 in Caen
Liturgie: GK g am 19. August
Darstellung: als Priester mit dem Herzen Jesu.

Johannes von Gott, Hl.
Führte ein abenteuerliches Leben, bevor er Gründer des Ordens der Barmherzigen Brüder wurde.
* 8. März 1495 in Portugal
† 8. März 1550 in Granada
Liturgie: GK g am 8. März
Darstellung: im Ordensgewand mit Dornenkrone auf dem Kopf, mit Kruzifix; mit Granatapfel (oft mit Jesuskind, das ihm prophezeite, er werde in Granada sein Kreuz finden); mit Bettlern, Kranken oder Kindern zu Füßen.

Johannes Gualbertus CVUOSB, Hl.
Gründer des Vallombrosanerordens bei Camaldoli (nahe Florenz).
* um 955 (?) in Florenz
† 12. Juli 1073 im Kloster S. Michele Arcangelo in Passignano bei Florenz
Gedächtnis: 12. Juli
Darstellung: im Ordensgewand mit Tau-Stab und Kreuz (aus S. Miniato, vor dem er sich bekehrte); mit Buch (Regel).

Johannes von Krakau, Hl. (J. Cantius)
Geistlicher Universitätsprofessor in Krakau, Rom- und Palästinapilger.
* 23. Juni 1390 zu Kety (Polen)
† 24. Dezember 1473 in Krakau
Liturgie: GK g am 23. Dezember
Darstellung: als Priester mit Kreuz oder Monstranz; Maria mit dem Kind erscheint ihm, setzt ihm einen Kranz aus Rosen auf den Kopf.

Johannes vom Kreuz OCarm, Kirchenlehrer, Hl.
Mit ↗ Theresia von Avila Reformator des Karmeliterordens, bedeutendster neuzeitlicher Mystiker.
* 24. Juni 1542 östl. v. Salamanca (Westspanien)
† 14. Dezember 1591 in Ubeda (?)
Liturgie: GK G am 14. Dezember
Darstellung: als Karmelit mit offenem Buch, Federkiel, Kreuz; mit Adler zu Füßen (Symbol für Größe seines Genies); mit Lilie; mit Ketten (Gefangenschaft); bei der Vision des kreuztragenden Christus.

Johannes von Matha OST, Hl.
Mit ↗ Felix von Valois Ordensgründer der Trinitarier (zum Loskauf von Christensklaven) in Cerfroid (nordöstl. v. Paris).
* 23. Juni 1160 in der Provence
† 17. Dezember 1213 in Rom
Gedächtnis: 17. Dezember
Darstellung: als Trinitarier in weißer

Johannes von Matha und Felix von Valois. Kupferstich nach F. C. Palko, M. 18. Jh.

Ordenstracht mit rot-blauem Kreuz, zerbrochene Ketten in der Hand; gefesselte Sklaven neben sich, mit einem Hirsch, der ein Kreuz im Geweih trägt (diese Erscheinung gab den Anstoß zur Gründung des Ordens).
Abb. siehe oben

Johannes Nepomuk, Märt., Hl. (eig. J. de Pomuk)
Generalvikar des Prager Erzbischofs, Widerstand gegen die Einmischung König Wenzels IV. in kirchliche Angelegenheiten.
* um 1350 in Pomuk (Südböhmen)
† 20. März 1393 in Prag, nach Folte-

manchmal den Finger an den Mund haltend (legendäre Wahrung des Beichtgeheimnisses); Kranz von fünf Sternen um das Haupt (weil über der Moldau Lichter anzeigten, wo sich sein Leichnam befand; nach anderer Deutung nach der Anzahl der Buchstaben in lat. „tacui" = ich schwieg); mit Zunge (ein unverwestes Gewebestück in seinem Schädel hatte man seit 1719 für seine Zunge gehalten – vgl. Beichtgeheimnis; 1973 wurde es als eingetrocknetes Hirngewebe identifiziert); in Szenen seines Lebens und Martyriums, v. a. beim Brückensturz in die Moldau.

Abb. siehe Seite 269

Johannes der Täufer, Prophet, Hl. (Johannes Baptista)
Sohn des jüdischen Priesters ↗ Zacharias und der ↗ Elisabeth, Vorläufer Jesu Christi, Bußprediger und Täufer.
* ein halbes Jahr v. Chr. im Bergland von Judäa
† mit ca. 30 Jahren, unter Herodes enthauptet
Liturgie: Geburt Johannes' d. T.: GK H am 24. Juni (Görlitz: Patron der

Johannes der Täufer und Onuphrius. Altarflügel, Meister mit der Nelke, um 1500, Staatl. Kunsthalle Karlsruhe

rung in der Moldau ertränkt
Liturgie: RK g am 26. Mai (Görlitz, Meißen, Regensburg, Salzburg 2. Diözesanpatron G)
Darstellung: Die unzähligen Nachbildungen seines 1683 auf der Prager Karlsbrücke errichteten Standbildes machen ihn zum bekanntesten Brückenheiligen: als Priester mit Talar, Chorrock, hermelinbesetztem Schultermantel oder -kragen und Birett; mit Kruzifix und Palme in der Hand,

Johannesschüssel. Um 1460, St. Johannes Baptist Gimbte/NRW

Johannes und Paulus. Altarbild, Th. F. Gedon (?), um 1740, DM St. Pölten/NÖ

Kathedrale, Gurk-Klagenfurt: Diözesanpatron); Enthauptung Johannes' d. T.: GK G am 29. August
Darstellung: als hagere Asketengestalt, mit Fell bekleidet, oder Leibrock aus Kamelhaar und darüber Mantel; Bart und Haare ungepflegt, Füße meist nackt; mit Lamm (verkündete Jesus als Lamm Gottes), mit Stab (Kreuzstab), oft mit Schriftbanderole „Ecce Agnus Dei" („Seht das Lamm Gottes"); mit der rechten Hand auf Jesus weisend (Zeigegestus); mit Buch (Predigt der Erfüllung des AT); mit Schale, Krug oder Muschel (bei der Taufe Christi); in Szenen seiner Kindheitsgeschichte (z. B. als Knabe, mit dem Jesusknaben und dem Lamm spielend); mit Maria als Fürbitter bei Christus (Deesis). Sonderform „Johannesschüssel": das abgeschlagene Haupt auf einer Platte oder Schüssel (im Osten als Attribut, im Abendland als selbständiges Motiv).
Abb. siehe Seite 172

Johannes u. **Paulus,** Märtt. zu Rom, Hll.
Der Legende nach im 4. Jh. in Rom enthauptet, Wetterpatrone.
Gedächtnis: 26. Juni
Darstellung: in Zeittracht oder Ritterkleidung, als Soldaten mit Helm oder Lorbeerkranz; mit Palmzweig, Buch, Marterwerkzeugen (z. B. Schwert, Lanze); mit Getreidegarbe; Johannes mit Wolke und Blitzen oder Sonnenscheibe; Paulus mit Wolke und Regentropfen oder Hagelkörnern.
Abb. siehe Seite 173

Joseph, Bräutigam der Gottesmutter Maria, Hl. (Joseph, Nährvater Jesu)
Zimmermann in Nazareth in Galiläa.
Liturgie: Joseph, Bräutigam der Gottesmutter Maria, GK H am 19. März (Hauptpatron des Bistums Osnabrück, 2. Patron des Erzbistums

Köln, Landespatron von Tirol, Steiermark u. Kärnten); Joseph der Arbeiter GK g am 1. Mai
Darstellung: als reifer, bärtiger Mann mit bürgerlicher Kleidung (15./16. Jh.) oder in antiker Tracht (Barock), mit Stab (Wanderstab oder blühender Stab von der wunderbaren Erwählung zum Bräutigam Mariens); das Jesuskind auf dem Arm oder an der Hand; mit Lilie (Keuschheit), mit Zimmermannswerkzeug (Axt, Säge, Winkelmaß u. ä.); in Szenen des Marienlebens und der Kindheit Jesu (z. B. Geburt Christi, Flucht nach Ägypten), bei der hl. Familie und hl. Sippe, beim Tod im Beisein von Jesus und Maria.
Abb. siehe Seite 175

Joseph von Calasanza SP, Hl.
Spanischer Priester, Stifter des Piaristenordens (Schulorden) in Rom.
* 11. März 1556 in Peralta de la Sal (Nordspanien)
† 25. August 1648 in Rom
Liturgie: GK g am 25. August
Darstellung: im Ordenstalar mit Kindern; bei der letzten hl. Kommunion.

Joseph von Copertino OFMConv., Hl.
Franziskaner, mystisch einzigartig begnadet.
* 17. Juni 1603 in Copertino (Apulien, Süditalien)
† 18. September 1663 in Osimo (Mittelitalien)
Gedächtnis: 18. September
Darstellung: als Franziskaner (schwarzer Habit) in der Luft schwebend (in Ekstase).

Judas Thaddäus, Apostel, Märt., Hl.
Bruder des Apostels ↗ Jakobus d. J., wirkte in Palästina.
Liturgie: GK F am 28. Oktober (mit ↗ Simon)
Darstellung: als Apostel mit Buch

Joseph. Altarbild, F. de Neve, um 1700, Frauenberg bei Admont/Stmk.

Judas Thaddäus. Holzstatue, V. Königer, um 1760–1770, Pfk St. Veit am Vogau/ Stmk.

oder Schriftrolle (in Apostelzyklen oft von ↗ Paulus verdrängt), mit Keule, Hellebarde, Steinen, selten Schwert oder Beil (Martyrium); mit Winkelmaß; am häufigsten mit Keule, zusätzlich Christusmedaillon (ab dem 18. Jh.).
Abb. siehe oben, Seite 215

Julia, Jgfr., Märt., Hl.
Jungfrau, Märtyrin aus Karthago, Sklavin, in Korsika gekreuzigt (5. Jh.).
Gedächtnis: 22. Mai
Darstellung: als Jungfrau mit Palme und Kreuzstab; gekreuzigt.

Juliana von Falconieri OSM, Hl.
Oberin im Dritten Orden der Servi-

ten, der sogenannten „Mantellaten".
* um 1267 in Florenz
† 19. Juni 1341 in Florenz
Gedächtnis: 19. Juni
Darstellung: im Ordenshabit mit Rosenkranz, Totenkopf und Lilie, Hostie vor der Brust (Hostienwunder an ihrem Sterbebett).
Abb. siehe unten

Juliana von Lüttich CSA, Hl. (Juliana von Cornillon)
Augustiner-Chorfrau in Kornelien-

Juliana von Falconieri. Steinstatue, um 1690, Pfk Frohnleiten/Stmk.

176

Agnes und Maria Magdalena. Glasgemälde, um 1380, Pfarrkirche Weiten/NÖ

Stephanus. Altarflügel, um 1480/1490, Diözesanmuseum St. Pölten

Laurentius. Altarflügel, um 1480/1490, Diözesanmuseum St. Pölten

Ivo Hélory, Holzstatue, Stefan Föger (?), um 1733, Universitätskirche St. Johannes Nepomuk, Innsbruck

Justina, von einem Stifter verehrt. Gemälde, A. Bonvicino, um 1530, KHM Wien

berg (Lüttich); wirkte für die Einführung des Fronleichnamsfestes
(das 1264 für die ganze Kirche ange-
ordnet wurde); zuletzt Einsiedlerin.
* um 1192 bei Lüttich (Belgien)

† 5. April 1259 in Fosse bei Namur
(Belgien)
Gedächtnis: 5. April
Darstellung: als Nonne mit Mon-
stranz und Regelbuch.

Juliana, Jgfr., Märt., Hl.
Jungfrau-Märtyrin um 305 in Nikomedien (östl. v. Konstantinopel).
Gedächtnis: 16. Februar
Darstellung: als Jungfrau mit einem geflügelten Teufel (nicht Drache!) an der Kette; mit Buch, Palme und Schwert.

Justa u. **Rufina,** Jgfr.en, Märtt., Hll.
Märtyrinnen in Sevilla um 300.
Gedächtnis: 19. Juli
Darstellung: erst im 18. Jh. außerhalb Spaniens: als Jungfrauen mit Palmen und irdenen Gefäßen (weil sie Töchter eines Töpfers waren).

Justina, Jgfr., Märt. in Nikomedien, Hl.
Unter Diokletian 304 gemeinsam mit dem bekehrten Zauberer ↗ Cyprianus gemartert und dann enthauptet.
Gedächtnis: 26. September
Darstellung: als Jungfrau mit Einhorn (Symbol jungfräulicher Reinheit, der Legende zufolge habe sie den Verführungskünsten des Zauberers Cyprianus widerstanden und diesen bekehrt); mit Palme und Schwert; mit Cyprianus in einem Kessel (Martyrium).
Abb. siehe Seite 181

Justina, Jgfr., Märt. zu Padua, Hl.
Unter Diokletian um 304 in Padua zur Enthauptung verurteilt und von einem Soldaten mit einem Schwert durchbohrt.
Gedächtnis: 7. Oktober
Darstellung: als Jungfrau mit Krone, Buch, Palme, Dolch oder Schwert in der Brust.

K

Kajetan von T(h)iene OTheat, Hl.
Vertreter der Kirchenreform im 16.
Jh.; gründete mit anderen den Theati-
nerorden.
* 1480 in Vicenza (Oberitalien)
† 7. August 1547 in Neapel
Liturgie: GK am 7. August
Darstellung: in schwarzem Talar mit
Kreuz, geflügeltem, brennendem
Herzen, Buch, Lilie, Füllhorn (der
göttlichen Vorsehung); ab 17. Jh.
meist mit Christkind auf den Armen
(Vision Weihnachten 1517 in Rom),
selten: Totenkopf; Rosenkranz, Öl-
zweig.

Kallistus I., Papst, Märt., Hl. (Calixtus)
Papst von 217 bis 222; kämpfte gegen
die Häretiker und führte die Kirchen-
malerei ein.
† 222 in Rom, ermordet
Liturgie: GK am 14. Oktober (Tag der
Beisetzung)
Darstellung: als Papst mit Tiara und
Buch; mit Stein oder Brunneneinfas-
sung zu Füßen (wurde mit Stein um
den Hals im Brunnen ertränkt).

Kamillus von Lellis, Hl.
Zuerst Kriegsmann, dann Gründer
des Kamillianerordens für den Kran-
kendienst.
* 25. Mai 1550 in den Abruzzen
† 14. Juli 1641 in Rom
Liturgie: GK g am 14. Juli
Darstellung: als Ordensmann mit
rotem Kreuz auf der Soutane, mit
Kruzifix, Buch, Engel, Totenschädel,
Rosenkranz; in Szenen seines Lebens
(rettet Kranke, Christus neigt sich
vom Kreuz ihm zu).

Kanut, König **von Dänemark,** Märt.,
Hl. ↗ Knud

Karl Borromäus. Werkstatt Ph. J. Straub,
M. 18. Jh., Pfk Anger/Stmk.

Karl Borromäus, Kard., Erzb. von
Mailand, Hl. (Carlo Borromeo)
Reformbischof bis zur Selbstaufopfe-
rung.
* 2. Oktober 1538 am Lago Maggiore
(Oberitalien)
† 3. November 1584 in Mailand
Liturgie: GK G am 4. November
(Patron der Diöz. Lugano)
Darstellung: in Kardinalskleidung mit
porträthaften Zügen, mit doppeltem
Kreuzstab und Kardinalshut; mit
Kreuz, Strick um den Hals, Toten-
kopf, Geißel (als Zeichen der Buße);
in Szenen seines Lebens, z. B. dem hl.
↗ Aloisius von Gonzaga die erste
Kommunion spendend oder beim
Trösten von Pestkranken.
Abb. siehe oben

Karl d. G. Tafelbild, Aachener Meister (?), um 1460, Domschatz Aachen

Karl d. G., fränk. König, röm.-dt. Kaiser (768–814)
* wohl 742 als Sohn des Frankenkönigs Pippin d. J.
† 28. Jänner 814 in Aachen
Verehrung: 28. Jänner in Aachen und Osnabrück als „beatus"
Darstellung: als Herrscher mit Krone, Reichsapfel, Schwert oder Zepter und Kirchenmodell (Stifter von Kirchen, v. a. des Aachener Münsters).
Abb. siehe oben, Seite 299

Kasimir, Königssohn in Polen, Hl.
Sohn des Polenkönigs Kasimir IV.
* 5. Oktober 1458 in Krakau
† 4. März 1484 in Grodno (Litauen)
Liturgie: GK g am 4. März
Darstellung: in polnischer Tracht mit Zepter und (abgelegter) Krone; mit Lilie.

Kassian, Märt. zu Imola, Hl.
Vornehmer Römer, gilt nach der Legende als Gründer des Bistums Säben (später Brixen / Südtirol), um 300.
Liturgie: Bozen-Brixen H am Samstag nach dem 2. Ostersonntag (mit ↗ Vigilius), sonst 13. August
Darstellung: als Bischof mit Buch und Abc-Tafel und Griffeln (als Lehrer in Imola von Schülern mit Eisengriffeln erstochen).
Abb. siehe Seite 185

Katharina von Alexandrien, Jgfr., Märt., Hl.
Nach der Legende Tochter des Königs von Zypern, in Alexandrien 307 (oder 315) unter Kaiser Maxentius oder Maximinus gemartert und enthauptet; sie gehört zu den drei hll. ↗ Madln, zu den vier ↗ Virgines capitales und zu den ↗ 14 Nothelfern.
Liturgie: RK g am 25. November (Sitten G: 2. Patronin des Wallis)
Darstellung: als jungfräuliche Königstochter mit Palme, Buch (Gelehrsamkeit) oder Schwert (Enthauptung) und Rad (teils mit Eisenspitzen, ganz oder zerbrochen, da Engel oder Blitze dieses Marterinstrument zerschlugen); zu Füßen die Gestalt des Kaisers; in Szenen aus ihrem Leben, z. B. bei der mystischen Vermählung mit dem Jesuskind (Ring).
Abb. siehe Seiten 143, 185, 228, 288, 298

Katharina von Schweden OSSalv, Hl. (Karin)
Tochter der hl. ↗ Birgitta und deren

Kassian. Altarflügel, F. Pacher (?), 1490, ÖG Wien

treueste Schülerin als Pilgerin und Vorsteherin des Klosters in Vadstena. * 1331/32

Katharina von Alexandrien. Holzstatue, M. Zürn d. J., um 1685, Frauenberg bei Admont/Stmk.

† 24. März 1381 in Vadstena (Schweden)
Gedächtnis: 24. März
Darstellung: in vornehmer weltlicher Kleidung oder Ordenstracht, mit Lilie, Buch (Ordensregel) und Lampe; mit Hirschkuh (schützte nach der Legende ihre bedrohte Jungfräulichkeit).

Katharina von Siena, Hl. (Caterina) Dominikanerterziarin, geistig und mystisch außerordentlich begabt, einflußreiche Ratgeberin; schrieb Werke

Katharina von Siena. Gemälde, G. B. Tiepolo, 1746, KHM Wien

von hohem literarischem Rang.
* um 1347 in Siena (als 25. Kind)
† 29. April 1380 in Rom
Liturgie: GK G am 29. April
Darstellung: als Dominikanerterziarin mit Buch und Lilie, Kruzifix oder Herz, aus dem ein Kreuz wächst; mit Wundmalen an den Händen und Dornenkrone; in Szenen ihres Lebens bzw. ihrer Visionen, z. B. mystische Vermählung mit Christus (Ring). Abb. siehe oben

Kilian. Holzstatue, Umkreis T. Riemen-
schneider, um 1500, Kunstslg.en der Diöz.
Würzburg

Klara. Altarflügel (Ausschnitt) Meister der
Verherrlichung Mariens, 3. V. 15. Jh.,
WRM Köln

Kilian, Bisch. u. Gef., Märtt., Hll.
Irischer Wanderbischof im Gebiet um Würzburg; mit den Gefährten Kolonat und Totnan gemartert.
† um 689 durch Enthauptung
Liturgie: RK g am 8. Juli (Würzburg H: Hauptpatron der Diöz.)
Darstellung: als Bischof mit Schwert (Martyrium und zugleich Herzogsschwert der Würzburger Bischöfe); oft zusammen mit den Gefährten (mit Buch, Kelch oder Palme).
Abb. siehe Seite 187

Kirchenväter ↗ *Verzeichnis der Attribute und Begriffe*
Abb. siehe Seite 71

Klara von Assisi OSCl, Hl.
Mit ↗ Franz von Assisi Gründerin des Klarissenordens.
* 1194 in Assisi (Mittelitalien)
† 11. August 1253 in S. Damiano, Assisi
Liturgie: GK G am 11. August
Darstellung: als Nonne im dunklen Ordenskleid mit Monstranz oder Speisekelch; seltener mit Kruzifix, Lilie und Buch; zusammen mit anderen Franziskanerheiligen.
Abb. siehe Seite 187

Klemens I., Papst, Hl. (Clemens Romanus)
Dritter Papst nach Petrus von 92 bis 101, Verfasser des berühmten Klemensbriefes an die Korinther, Martyrium legendär.
Liturgie: GK g am 23. November
Darstellung: als Papst mit Papstkreuz, Tiara und Anker (der Legende nach wurde er mit einem Anker um den Hals ins Schwarze Meer versenkt); mit einem Lamm und Quelle oder Brunnen (ließ für die in den Steinbrüchen arbeitenden Christen eine Quelle entspringen, auf die ein Lamm hinwies).
Abb. siehe Seite 189

Knud, König **von Dänemark,** Märt., Hl. (Kanut)
Förderer des Christentums, von Gegnern seiner kirchlichen Reformpolitik in der Albanskirche zu Odense (Dänemark) ermordet.
† 10. Juli 1086
Liturgie: RK g am 10. Juli (mit Erich und Olaf)
Darstellung: als Ritter oder König mit Schwert, Krone, Zepter, Reichsapfel oder Banner; mit Lanze (Martyrium); mit Blumenkranz; oft zusammen mit ↗ Erich von Schweden und ↗ Olaf von Norwegen, gehört mit ihnen zu den drei nordischen Königsheiligen.

Koloman, Märt. in Stockerau, Hl.
Irischer Palästinapilger, in Stockerau bei Wien wegen seiner orientalischen Kleidung als „Spion" an einem Baum aufgehängt.
† 17. Juli (?) 1012
Liturgie: St. Pölten, Wien G; Eisenstadt g am 13. Oktober
Darstellung: als Pilger mit Hut, Stab und Flasche; einen Hanfstrick (manchmal grünend) in der Hand oder um den Hals; mit Lanzenspitze, Zange, Rutenbündel und Steinen (Marterwerkzeuge).
Abb. siehe Seite 190

Kolumba von Sens, Jgfr., Märt., Hl.
Der Legende nach Fürstentochter von Saragossa.
† 273, unter Aurelian enthauptet
Gedächtnis: 31. Dezember
Darstellung: als vornehme Jungfrau mit Bärin (die ihre Jungfräulichkeit beschützt hatte); mit Buch; mit Pfauenfeder.
Abb. siehe Seite 73

Konrad, Bisch. **von Konstanz,** Hl.
Freigebiger Wohltäter an Kirchen und Spitälern (aus seinem väterlichen Erbe), Freund des hl. Bischofs ↗ Ulrich von Augsburg und Kaiser

Klemens und Ewald niger. Altarflügel (Ausschnitt), Meister des Cyriakus-Altars, um 1540, LM Darmstadt

Koloman. Altarflügel, um 1500, Stift Herzogenburg/NÖ

Korbinian, Bisch. **von Freising,** Hl. Einsiedler bei seinem Heimatort, Pilgerfahrt nach Rom, gründete in Kuens bei Mais (Meran/Südtirol) ein

Konrad mit Stifter. Altarflügel, Meister vom Bodensee, um 1500, Staatl. Kunsthalle Karlsruhe

Ottos I., machte drei Pilgerfahrten in das Heilige Land.
* um 900 in Altdorf bei Konstanz am Bodensee
† 26. November 975
Liturgie: RK g am 26. November; Freiburg, Einsiedeln, St. Gallen G
Darstellung: als Bischof mit einem Kelch und einer Spinne am Kelchrand oder auf der Patene (aus Ehrfurcht vor dem Blut Christi trank er eine in den Kelch gefallene giftige Spinne, die später wieder lebend aus seinem Mund kam).
Abb. siehe rechts

Korbinian. Tafelbild, Meister der Pollinger Tafeln (?), um 1455, DM Freising

kleines Kloster, erster Bischof von Freising bei München.
* um 680 südl. von Paris
† 8. September 720/730
Liturgie: München-Freising H am 20. November (Hauptpatron der Diöz.); Bozen-Brixen g am 9. September, sonst: 8. September
Darstellung: als Mönch, Abt, Priester oder Bischof mit einem bepackten Bären (nach der Legende zerriß ein Bär das Maultier des Heiligen und mußte dafür selbst das Gepäck des Heiligen nach Rom tragen); mit Buch; mit Kirchenmodell.
Abb. siehe Seit 191

Kordula, Jgfr., Märt., Hl.
Jungfrau-Märtyrin aus der Schar der hl. ↗ Ursula von Köln.
† um 304 (?)
Gedächtnis: 22. Oktober
Darstellung: als königliche Jungfrau mit Krone, Palme, Pfeil oder Lanze und Schiff (auf dem sie sich verbarg, bevor sie freiwillig das Martyrium der Gefährtinnen erlitt).

Kornelius, Papst, Hl.
Papst von 251 bis 253, Vertreter einer milderen Bußpraxis; er gehört zu den ↗ vier hll. Marschällen.
† 14. September 253 in Civitavecchia, westl. v. Rom (in Verbannung, Martyrium jedoch legendär)
Liturgie: GK G am 16. September (zus. mit Cyprianus von Karthago)
Darstellung: als Papst mit Horn (weil man seinen Namen von „cornu" = „Horn" ableitete); mit Buch; mit Vieh.
Abb. siehe rechts, Seite 142

Korona, Jgfr., Märt., Hl.
Mit dem hl. ↗ Viktor 177 unter Kaiser Antonius verurteilt und gemartert (in Syrien oder Ägypten).
Gedächtnis: 14. Mai
Darstellung: als junge Frau mit Palme (Martyrium); mit Krone; mit Geld-

Kornelius. Tafelbild, Aachener Meister (?), um 1460, Domschatz Aachen

kästchen oder Geldstück (Patronin und Helferin in Geldangelegenheiten – vor allem in Niederbayern und Österreich).

Kosmas u. **Damian,** Märtt., Hll.
Der Legende nach christliche Ärzte im Vorderen Orient, die zur Ehre Gottes kranke Menschen und Tiere unentgeltlich behandelten; unter Diokletian gefoltert, aus dem Kerker wunderbar befreit, enthauptet.
* um 304 (in Südostkleinasien?)
Liturgie: GK g am 26. September (Essen: Patrone der Stadt II)

Krispin. Holzstatue, A. 16. Jh., Pfk St. Nikolai Kalkar/NRW

Krispinian. Holzstatue, A. 16. Jh., Pfk St. Nikolai Kalkar/NRW

Darstellung: als bartlose Ärzte in langer Robe mit Pelzbesatz und Mütze, im Barock z. T. orientalisch gekleidet; mit Arzttasche am Gürtel; mit medizinischen Gläsern, Arzneigefäß, Salbenspatel, Instrumenten oder Schlangenstab, bzw. mit Mörser und Stößel (als Apothekerpatrone); in Szenen ihres Lebens, besonders häufig bei der wunderbaren Übertragung eines Beines.

Abb. siehe Seite 233

Kunibert. Flügel eines Beweinungstriptychons, B. Bruyn, um 1532, AP München

Kunigunde. Steinstatue, ehem. Adamspforte des Bamberger Domes, um 1225/30, DM Bamberg

Krispin u. **Krispinian,** Märtt., Hll.
Angeblich Brüder aus Rom, flohen vor der Diokletianischen Verfolgung nach Soissons (Frankreich), lebten dort als Schuhmacher und predigten das Christentum.

† um 303 in Soissons (nach vielen Martyrien enthauptet)

Liturgie: Osnabrück G am 25. Oktober (2. Patrone des Bistums)
Darstellung: Männer mittleren Alters in bürgerlicher Kleidung oder Handwerkertracht mit Palme und Buch (Missionstätigkeit); mit Mühlstein, Messer, Schwert, Ahlen unter den Nägeln (Marterwerkzeuge); ab 15. Jh. meist mit Schuh oder Schusterwerkzeugen; in Szenen ihres Lebens.
Abb. siehe Seite 193

Kümmernis, Kummernus ↗ Wilgefortis

Kunibert, Bisch. von Köln, Hl.
Aus vornehmer fränkischer Familie in der Moselgegend, Staatsmann, Wohltäter, versuchte die Friesen und Sachsen zu missionieren.
† 12. November um 663 in Köln
Liturgie: Köln G; Trier g am 12. November
Darstellung: als Bischof mit Kirchenmodell (St. Kunibert, Köln) und Taube, die auf der Schulter oder Mitra sitzt (der Legende nach setzte sich der Hl. Geist in Gestalt einer Taube bei einer Messe in St. Ursula zu Köln auf seinen Kopf).
Abb. siehe Seiten 82, 194

Kunigunde, dt. Kaiserin, Hl.
Gemahlin Kaiser ↗ Heinrichs II., des Heiligen, mit ihm an der Gründung des Bistums Bamberg beteiligt, als Witwe Nonne in der Abtei Kaufungen bei Kassel/Hessen.
† 3. März 1033 in Kaufungen
Liturgie: RK g am 13. Juli (mit Heinrich II.); Bamberg: Patronin der Diöz. H am 3. März
Darstellung: als Kaiserin mit Kirchenmodell (Bamberger Dom); mit Pflugschar (Gottesurteil: sie ging mit bloßen Füßen über glühende Pflugscharen, um ihre eheliche Treue zu beweisen); mit Kreuzreliquiar (das sie dem Münster in Basel schenkte); oft gemeinsam mit dem hl. Kaiser Heinrich.
Abb. siehe Seiten 166, 194

L

Ladislaus I., König **von Ungarn**, Hl.
(László)
Verfechter eines christlichen Staatswesens, verkörpert das mittelalterliche Ritterideal, Gründer des Bistums Zagreb.
* um 1040 in Polen
† 29. Juli 1095 in Neutra (Slowakei)
Gedächtnis: 29. Juli
Darstellung: als Ritter mit königlichem Mantel, Krone, Schwert, Lanze; oft zu Pferd als unermüdlicher Kämpfer für die Sache Christi.

Lambert, Bisch. **von Maastricht,** Märt., Hl.
War in parteipolitische Kämpfe seiner Zeit verwickelt, Ordner der verworrenen kirchlichen Verhältnisse.
* nach 625 in Maastricht (Niederlande)
† 17. August 705/706 in Lüttich (Belgien), meuchlings ermordet
Liturgie: RK g am 18. September
Darstellung: als Bischof mit Rationale und Kreuz (Lichtkreuz, das bei seinem Tod am Himmel erschien); mit Schwert, Lanze, Pfeil (Mordinstrumente); mit Kirchenmodell (zahlreiche Kirchengründungen); mit geknotetem Tuch und Flammen (Wunder des Tragens glühender Kohlen); mit kauerndem Mann zu Füßen (Überlegenheit über weltliche Machthaber); mit zwei liegenden Männern mit Waffen (Bestrafung der Mörder).

Landelin, Einsiedler in der Ortenau, Märt., Hl. (Landolin)
Nach der Legende aus schottischer Königsfamilie, Einsiedler, Mönch in Ettenheimmünster (Baden), im 7. Jh., nach der Legende enthauptet.
Liturgie: Freiburg/B. g am 22. September

Darstellung: in vornehmem Gewand mit Krone (königliche Herkunft).

Landrich, Abt **von Soignies u. Hautmont,** Hl. (Landerich)
Sohn der hl. ↗ Waldetrudis, Missionsbischof im Gebiet um Brüssel.
† 17. April um 730 (?)
Gedächtnis: 17. April
Darstellung: als Abt mit Buch, auf dem ein Rasiermesser liegt (Symbol für seinen Wunsch nach der Tonsur).

Laurentius von Brindisi OFMCap, Kirchenlehrer, Hl.
Kapuzinerprovinzial in verschiedenen Provinzen, überragender Gelehrter und Reformator.
* 22. Juli 1559 in Brindisi (Süditalien)
† 22. Juli 1619 in Lissabon (Portugal)
Liturgie: RK g am 21. Juli
Darstellung: als Kapuziner mit Buch und Schreibfeder auf dem Tisch, Kruzifix, Totenkopf oder Marienbildnis (hauptsächlich in Druckgraphik).

Laurentius, Diakon, Märt. in Rom, Hl.
Diakon des hl. Papstes ↗ Sixtus II., der ihm das Kirchenvermögen übergab, anstatt es Kaiser Valerian auszuliefern. Laurentius verteilte es an die Armen und führte diese als „wahres Vermögen der Kirche" dem Kaiser vor.
† 10. August 258 in Rom, hingerichtet
Liturgie: GK F am 10. August
Darstellung: als junger bartloser Diakon mit Rost (legendäres Martyrium) und Märtyrerpalme; mit Kelch voller Goldstücke oder Börse (als Verwalter des Kirchenvermögens); mit Buch (Evangelium); oft dem hl. Diakon ↗ Stephanus gegenübergestellt.
Abb. siehe Seite 179

Leander. Kupferstich, Aegidio Ranbeck, 1675

Lazarus von Bethanien, Hl.
Freund Jesu und Bruder von ↗ Maria (Magdalena) und ↗ Martha; war tot und schon begraben, als Jesus ihn auferweckte.
Gedächtnis: 17. Dezember

Darstellung: bei der Auferweckung aus dem Grab kommend (Höhle, Sarg); als Bischof (nach der Legende floh er mit seinen Schwestern über das Meer und landete in Marseille, wo er erster Bischof wurde).

Leonhard. Holzstatue, Werkstatt M. Guggenbichler, um 1722, Kollegienkirche Salzburg

Leander OSB, Erzb. **von Sevilla**, Hl.
Kämpfer gegen den Arianismus, besondere Verdienste um die Bekehrung der arianischen Westgoten.
† 13. März 600 in Sevilla
Gedächtnis: 13. März
Darstellung: als Bischof oder Benediktiner mit Buch und Schreibfeder.
Abb. siehe Seite 197

Leo I. d. G., Papst, Kirchenlehrer, Hl.
Bedeutender Kirchenlehrer, reiste 452 dem Hunnenkönig Attila bis Mantua entgegen und konnte ihn von der Verwüstung Italiens abhalten; rettete Rom beim Vandaleneinfall.
† 10. November 461 in Rom
Liturgie: GK G am 10. November
Darstellung: mit Papstkreuz, Tiara und Evangelienbuch, auch mit einem Drachen (als Retter Roms vor Attila).
Abb. siehe Seite 123

Leodegar, Bisch. **von Autun**, Hl.
(Lutgar, frz. Léger)
Abt, energischer kirchlicher Reformator, wurde verbannt und grausam gemartert.
† 2. Oktober 679/680, enthauptet
Liturgie: Basel g am 2. Oktober (Patron des Kantons Luzern)
Darstellung: als Bischof mit Schwert, Palme, Bohrer (Blendung); mit Kreuz und Krone (Märtyrerlohn).

Leonhard von Noblac, Hl. (frz. Léonard, Lienard)
Einsiedler in Noblac bei Limoges (Zentralfrankreich), Geburtshelfer bei der Königin, dafür Schenkung eines Waldstückes durch den König, Gründer der Klosterzelle Nobliacum.
† um 559 (?)
Liturgie: RK g am 6. November
Darstellung: als Benediktiner mit Abtstab und Buch; mit Gefangenenfessel oder Kette (Gefangenenfürsorge); mit Ochs oder Pferd zu Füßen.
Abb. siehe Seite 198

Liborius. Gemälde, Umkreis St. Kessler, 2. H. 17. Jh., Pfarre Oberbozen/Südtirol

Leopold III., Markgraf **von Österreich**, Hl. (Liutpold)
Ausgezeichneter Familien- und Landesvater, Klösterstifter.
* um 1075 in Gars am Kamp (Niederösterreich) aus dem Stamm der Babenberger
† 15. November 1136 auf der Jagd
Liturgie: RK g am 15. November (Linz: Landespatron von Oberösterreich H; Wien: Landespatron H; St. Pölten F; Gurk-Klagenfurt G)
Darstellung: in fürstlicher Kleidung (manchmal Harnisch unter dem Mantel) mit Markgrafenhut, Schild mit Reichswappen, Fahne und Kirchenmodell (Klosterneuburg).
Abb. siehe Seite 67

Liborius, Bisch. **von Le Mans**, Hl. (Liberius)
Freund des hl. ↗ Martin von Tours, der ihn auch bestattete.
† 9. Juni 397 (?)
Liturgie: Patron des Erzbistums Paderborn H am 23. Juli; Rückführung

Lifard. Kupferstich, Aegidio Ranbeck, 1675

der Reliquien g am 25. Oktober („Klein-Libori"); Essen g am 23. Juli, sonst 9. Juni
Darstellung: als Bischof mit Buch, darauf drei oder vier kleine Steinchen (als Patron der Steinleidenden)
Abb. siehe Seite 199

Lidwina, Hl. (Ludwina, Lidwigis, Lidia)
Durch 38 Jahre schwer krank, Vertreterin der Leidensmystik.
† 14. April 1438 in Schiedam bei Rotterdam (Niederlande)
Gedächtnis: 14. April

Darstellung: als rosenbekränzte Jungfrau mit Rosenzweig und Kruzifix in der Hand.

Lifard, Abt, Hl. (Liphard)
Gründerabt von Meung-sur-Loire bei Orléans (Frankreich).
† um 550
Gedächtnis: 3. Juni
Darstellung: als Abt, der einen Drachen vertreibt (welcher den Zugang zur Quelle neben dem Kloster behinderte).
Abb. siehe Seite 200

Lioba OSB, Äbtissin **von Tauberbischofsheim,** Hl. (Leoba, Leobgytha, Truthgeba)
Hochgebildete Angelsächsin, verwandt mit dem hl. ↗ Bonifatius, der sie zur Christianisierung Deutschlands berief; erste Äbtissin von Tauberbischofsheim.
† 28. September um 782 in Schornsheim bei Mainz
Liturgie: RK g am 28. September; Fulda F
Darstellung: als Äbtissin mit Buch, auf dem eine Glocke liegt (ihre Mutter träumte, sie trage eine Glocke in ihrem Schoß).

Lucia, Jgfr., Märt., Hl.
Jungfrau-Märtyrin um 304 in Syrakus (Sizilien).
Liturgie: GK G, RK g am 13. Dezember
Darstellung: als Jungfrau mit Palme und Buch; mit Lampe, Fackel oder Kerze (redendes Attribut ihres Namens, Lucia = lux = Licht); mit Schwert oder Dolch, die oft ihren Hals durchbohren (Martyrium); mit Augen (ausgestochen) auf Schale oder Tablett – im Gegensatz zur hl. ↗ Odilia, deren Augen auf einem Buch liegen; mit Flammen zu Füßen (Martyrium).
Abb. siehe rechts

Lucia. Altarflügel, 1505, Badisches LM Karlsruhe

Ludger. Kupferstich, Jan Boel, um 1620, Westfälisches LM Münster

Lucius, Bisch. **von Chur,** Märt., Hl.
Aus dem Stamm der Pritanni in der
Ostschweiz, missionierte im 5./6. Jh.
die Gegend von Chur, wurde dort
erster Bischof, Märtyrer durch Steini-
gung.
Liturgie: RK g am 2. Dezember (Chur:
Hauptpatron des Bistums H)
Darstellung: als König mit Krone,
Reichsapfel, Buch oder Zepter (die
Legende aus der karolingischen Zeit
machte ihn irrtümlich zum britischen
König), im Harnisch; oft zusammen
mit der hl. ↗ Emerita (im 11./12. Jh.
ihm fälschlicherweise als Schwester
zugesellt).

Ludger, Bisch. **von Münster,** Hl.
(Luitger, Luitgar, Liudger)
Von Karl d. G. zum Leiter der Frie-
sen- und Sachsenmission berufen,
gründete mehrere Klöster, baute viele Kirchen.
† 26. März 809 in Billerbeck (westl. v.
Münster)
Liturgie: RK g am 26. März (Münster:
Patron des Bistums H; Essen: 2. Patron der Diözese F)
Darstellung: als Bischof mit Buch, mit
Kirchenmodell (St. Ludgeri in Münster oder Abteikirche von Werden);
mit zwei Wildgänsen (er befreite
einen Acker im Stiftsbesitz von Wildgänsen).
Abb. siehe Seite 202

Ludmilla von Böhmen, Hl. (Lidmila)
Gemahlin des ersten christlichen
Böhmenkönigs Bořiwoy, mit ihm
zusammen vom hl. ↗ Methodius
getauft, Erzieherin ihres Enkels, des
hl. ↗ Wenzeslaus, deshalb auf An-
stiftung ihrer Schwiegertochter ermordet.
* um 860
† 15. September 921 in Tetin bei
Beraun (südwestl. v. Prag)
Gedächtnis: 15. September
Darstellung: als Matrone in langem,

*Ludmilla. Holzstatue, 18. Jh., Dominika-
nerkirche Znaim/Tschechien*

gegürtetem Kleid mit Tuch oder
Schleier (selten Strick) um den Hals
oder in der Hand (Erdrosselung); in
Szenen der Wenzel-Legende; unter
den Patronen Böhmens.
Abb. siehe oben

Ludwig Beltrán OP, Hl. (Bertrán,
Bertránd, Bertrandus)
Missionar in Kolumbien (Südamerika), Prior von Bogotá, dann in Valencia (Ostspanien).
* 1. Jänner 1526 in Valencia
† 9. Oktober 1581 in Valencia
Gedächtnis: 9. Oktober
Darstellung: als Dominikanermissionar mit Indianer; mit Schale, aus der

Luitgard von Tongern. Kupferstich, P. Augustino Sartorio, 1708

eine Schlange oder ein Drache herauskriecht (Gifttrank der Indianer,
durch den er nicht starb, aber schwer
erkrankte); mit Wanderstab, um den
sich eine Schlange windet (beschwer-
liche Wanderung zu den Indianern,
um das Evangelium zu verkünden);
mit Pistole, deren Lauf ein Kruzifix
ist (die auf ihn gerichtete Pistole
eines Edelmannes wurde in ein Kruzifix verwandelt)

Ludwig IX., der Heilige, König **von
Frankreich,** Hl.
König von Frankreich 1226–1270,
Vorbild eines christlichen Herr-
schers, unternahm den siebten und
achten Kreuzzug.
* 25. April 1219 in Poissy (westl. v.
Paris)
† 25. August 1270 in Tunis (an der
Pest)
Liturgie: GK g am 25. August

Darstellung: als König mit Lilienmantel, Krone und Zepter; mit Harnisch oder Ordenshabit der Franziskaner oder Ordensstrick unter dem Krönungsmantel; mit Reichsapfel; mit Buch (Brevier); mit Lilie (Lilienwunder); mit Schwert, Lanze, Gerichtshand; mit drei Nägeln vom Kreuz Christi, Kreuzreliquiar und Dornenkrone (für die er in Paris die Sainte-Chapelle errichten ließ); mit Modell der Sainte-Chapelle.

Ludwig OFM, Erzb. **von Toulouse,** Hl.
Verzichtete auf die Krone Neapels, wurde Franziskaner und Erzbischof von Toulouse.
* 1274
† 19. August 1297
Gedächtnis: 19. August
Darstellung: als jugendlicher Bischof mit Ordenshabit unter dem Bischofsmantel; mit Buch; mit Lilie; Krone und Zepter zu Füßen (Verzicht auf die Thronfolge).

Lüfthildis, Hl. (Luchteld, Leuchteldis, Luthild, Linthildis)
Jungfrau des 9. Jh.s in Lüftelberg bei Bonn (Diözese Köln).
Gedächtnis: 23. Jänner
Darstellung: als junge Frau mit Spindel (mit der sie der Legende nach in einem Grenzstreit das Land teilte), Ginsterrute (Züchtigungsmittel der Stiefmutter), Kirchenmodell (Patronin der Lüftelberger Kirche).

Luitgard von Tongern OCist, Hl. (Liutgard, Lutgart)
Zuerst Benediktinerpriorin, dann Zisterzienserin in Aywières bei Brüssel, Mystikerin, eine der ersten Herz-Jesu-Verehrerinnen.
* 1182 in Tongern (Belgien)
† 16. Juni 1246 in Aywières bei Brüssel
Gedächtnis: 16. Juni
Darstellung: als Zisterzienserin, Christus am Kreuz umarmt sie mit einem losgelösten Arm (Vision); sie tauscht ihr Herz mit dem Herzen Christi; mit Lilien und Blumenkranz vor dem Kreuz; Christus weist ihr seine Seitenwunde.
Abb. siehe Seite 204

Lukas, Evangelist, Hl.
Von Beruf Arzt, literarisch gebildet, Begleiter des hl. ↗ Paulus, Verfasser des dritten Evangeliums und der Apostelgeschichte.
† 63 (?) mit 84 Jahren
Liturgie: GK F am 18. Oktober
Darstellung: meist zusammen mit den anderen Evangelisten, mit Buch oder Schriftrolle, mit Schreibfeder; mit Stier (Evangelistensymbol); mit Marienbild (nach der Legende war er Maler und schuf das „wahre Bild Mariens" – dies bezieht sich wohl auf die genaue Beschreibung der Kindheitsgeschichte Jesu im Lukasevangelium); beim Malen des Marienporträts.
Abb. siehe Seite 234

M

Madln ↗ *Verzeichnis der Attribute und Begriffe*

Magdalena, Hl. ↗ Maria Magdalena

Magnus OSB, Glaubensbote im Allgäu, Hl. („St. Mang")
Benediktinermönch aus St. Gallen, missionierte von Füssen aus das Gebiet am oberen Lech.
* um 699
† 6. September 772 in seiner Zelle bei Füssen
Liturgie: Augsburg G; Feldkirch, Innsbruck, München-Freising, Rottenburg, St. Gallen g am 6. September
Darstellung: als Benediktinermönch mit Abtstab und Drache (den er tötet); mit Buch.
Abb. siehe Seite 207

Margareta von Antiochien, Jgfr., Märt., Hl.
Unter Diokletian Anfang 4. Jh. enthauptet, sie gehört zu den ↗ 14 Nothelfern.
Liturgie: RK g am 20. Juli
Darstellung: als Jungfrau mit Krone, Handkreuz oder Stabkreuz und Drache (den sie mit dem Stabkreuz tötet oder an der Leine führt oder aus dessen geborstenem Leib sie entsteigt); mit Buch; mit Fackeln oder Eisenkamm (Marterwerkzeuge); oft zusammen mit ↗ Barbara und ↗ Katharina als drei hll. ↗ Madln oder zusätzlich mit Dorothea ↗ Virgines capitales.
Abb. siehe Seiten 208, 228, 289

Margareta von Cortona TOR, Hl.
Büßerin, Franziskanerterziarin, Mystikerin.
* 1247 in Laviano (Süditalien)
† 22. Februar 1297 in Cortona (zwischen Florenz und Rom)
Gedächtnis: 22. Februar
Darstellung: als Terziarin mit Buch, Bußattributen (Geißel, Totenkopf) und kleinem Hund (er führte sie zum halbverwesten Leichnam ihres Geliebten, bei dessen Anblick sie sich bekehrte); mit Vision des Auferstandenen.

Margareta Maria Alacocque OVM, Hl. (Marguerita-Marie)
Salesianerin in Paray-le-Monial (Zentralfrankreich), Seherin des Herzens Jesu.
* 22. Juli 1647 in Burgund
† 16. Oktober 1690 in Paray-le-Monial
Liturgie: GK am 16. Oktober
Darstellung: als Salesianerin in Anbetung des Herzens Jesu.

Maria, Jungfrau und Gottesmutter
Maria allein, meist jedoch mit dem Kind, ist der häufigste Gegenstand in der christlichen Kunst; da sie jedoch als Gottesmutter keine „Heilige" im üblichen Sinn ist, gehört ihre Darstellung nicht in den Rahmen dieses Buches.
Abb. siehe Seiten 75, 86, 144, 228, 240, 262

Maria von Ägypten, Hl.
Dirne in Alexandria, nach ihrer Bekehrung 47 Jahre lang Einsiedlerin in der Wüste, vom Mönch Zosimas gefunden, mit den Sakramenten versehen und mit Hilfe eines Löwen begraben.
† 4. Jh.
Gedächtnis: 2. April (Griechen: 1. April)
Darstellung: als jugendliche (im Osten alte) Büßerin, nackt, mit langem Haar, das den Körper bedeckt (ihre

Magnus. Holzstatue, J. Auer, 1696, Pfk Fließ/Tirol

Margareta. Tafelbild, Aachener Meister (?), um 1460, Domschatz Aachen

Kleider waren zerfallen) oder am ganzen Körper behaart; mit drei Broten, von denen sie 47 Jahre lang lebte; mit dem Mantel des Zosimas; als Büßerin mit Totenschädel und Kreuz.
Abb. siehe rechts

Maria Bernarda ↗ Bernadette Soubirous

Maria Magdalena, Hl.
Jüngerin Jesu, erst später identifiziert mit der öffentlichen Sünderin und der Schwester des ↗ Lazarus.
Liturgie: GK G am 22. Juli
Darstellung: entweder bekleidet und mit Salbgefäß (Fußsalbung durch die

Maria von Ägypten. Altarflügel, H. Memling, 1482, Memlingmuseum Brügge

Sünderin, Salbenkauf am Ostermorgen), auch in Szenen des Lebens Christi: unter dem Kreuz, bei der

Maria Magdalena. Tafelbild, Aachener Meister (?), um 1460, Domschatz Aachen

Grablegung und bei der Begegnung mit Christus am Ostermorgen = „Noli me tangere"; oder als Büßerin halbnackt, nackt, von Haaren bedeckt oder mit behaartem Körper; mit Kreuz, Totenkopf und weiteren Buß- bzw. Vanitassymbolen.
Abb. siehe oben, Seiten 142, 177

Maria Magdalena de' Pazzi OCarm, Hl. (Maddalena, Taufname: Caterina)
Karmelitin in Florenz, eine der bedeutendsten Mystikerinnen.
* 2. April 1566 in Florenz
† 25. Mai 1607 in Florenz
Liturgie: GK g am 25. Mai
Darstellung: als Karmelitin mit Lei-denswerkzeugen; mit Christkind (das Maria ihr reicht – Vision); mit Wundmalen, Dornenkrone, Kreuz und Lilie; mit brennendem Herzen. Abb. siehe unten

Marinus u. **Anianus,** Glaubensboten in Bayern, Märtt., Hll.
Irische Wandermönche in Oberbayern (7./8. Jh.), laut Legende war Marinus Bischof, Anianus sein Diakon.
Liturgie: München-Freising G am 15. November

Maria Magdalena de' Pazzi. Holzstatue, 1896, Karmeliterkirche Graz

Darstellung: Marinus als Bischof mit Buch, Pilgerstab und Tasche; Anianus als Diakon mit Buch, Pilgerstab, Tasche; mit Palme.

Markus, Evangelist, Märt., Hl.
Verfasser des zweiten Evangeliums, Begleiter des hl. ↗ Paulus, Dolmetscher des hl. ↗ Petrus, Gründer der Kirche in Alexandrien.
† um 67 als Märtyrer in Alexandria
Liturgie: GK F am 25. April
Darstellung: als Evangelist mit Buch oder Buchrolle, Feder und Schreibutensilien; mit dem geflügelten Löwen als Evangelistensymbol.
Abb. siehe Seite 235

Martha von Bethanien, Hl.
Mit ihren Geschwistern ↗ Maria (Magdalena) und ↗ Lazarus mit Jesus befreundet, war im Gegensatz zu Maria die geschäftige Hausfrau, die Jesus bewirtete.
Liturgie: GK G am 29. Juli
Darstellung: als Hausfrau mit gegürtetem Kleid, Mantel und Kopftuch, gelegentlich mit Schürze, selten mit Krone; mit Kochlöffel, Besteck und Schlüsselbund am Gürtel; mit Teller und Löffel; mit Schüssel und Kanne; mit Drachen, der mit einem Gürtel gefesselt ist, mit Weihwasserkessel oder -wedel (nach der Legende landete Martha mit ihren Geschwistern nach der Flucht über das Meer in Marseille und besiegte im Rhônetal mit Kreuz und Weihwasser den menschenfressenden Drachen Tarascus); selten mit Salbgefäß (Gang zum Grab Christi).
Abb. siehe rechts

Martha von Bethanien. Steinstatue, um 1390, ÖG Wien

Martin, Bisch. von Tours, Hl.
Römischer Soldat in Gallien, ließ sich mit 18 Jahren taufen und verließ die Armee, gründete das erste Kloster Galliens, missionierte bis an die Donau, wurde durch Volksgunst Bischof von Tours (Frankreich), starb auf einer Seelsorgereise.
* 316/317 in Szombathely (Steinamanger, Ungarn) als Sohn eines römischen Tribuns
† 8. November 397 nahe Tours

Martin. Holzstatue, niederl., 1. H. 17. Jh., Suermondt-M Aachen

Liturgie: GK G am 11. November; Eisenstadt, Mainz, Rottenburg H (Patron der Diözesen); Hildesheim H/G (Hauptpatron des Eichsfeldes); Einsiedeln H (Hauptpatron des Kantons Schwyz)

Darstellung: als Bischof mit Bettler (dem er Münzen schenkt) oder mit Gans (die nach der Legende durch ihr Schnattern sein Versteck verriet, als er der Bischofswürde entgehen wollte – dieses Symbol hat sicher mit den bäuerlichen Bräuchen um den Martinitag zu tun); selten mit Pokal; am häufigsten als römischer Legionär (oft zu Pferd), der seinen Mantel mit einem Bettler teilt (dieses Werk der Barmherzigkeit bezieht sich auf eine Begebenheit vor der Bekehrung des jungen Martin: Vor den Toren von Amiens, nördl. v. Paris, teilte er seinen Reitermantel mit dem Schwert und gab die Hälfte einem frierenden Bettler).

Abb. siehe oben, Seite 212

Maternus, Bisch. **von Köln,** Hl.
Erster geschichtlich beglaubigter Bischof von Köln.
† 14. September nach 314
Liturgie: Köln F, Aachen, Essen, Trier g am 11. September; Limburg g (mit ↗ Eucharius u. Valerius), sonst 14. September

Martin. Altarflügel, um 1500, LM Darmstadt

Darstellung: als Bischof mit Buch; mit dreitürmigem Kirchenmodell, mit drei Infeln, mit drei Hostien über dem Kelch (Hinweis auf die nach der Legende von ihm verwalteten Bischofssitze in Köln, Trier und Tongern); mit Krückstock oder Stock mit Knauf (nach der Legende Stock des hl. ↗ Petrus).

Mathilde, dt. Königin, Hl. (Mechthild)
Gemahlin des deutschen Königs Heinrich I., Stifterin mehrerer Klöster.
* um 895 in Engern (Sachsen)
† 14. März 968 in Quedlinburg
Liturgie: RK g am 14. März
Darstellung: als Königin mit Kirchenmodell (zahlreiche Klostergründungen); mit Geißel und Besen; mit Geldbörse (Wohltäterin).

Matthäus, Apostel u. Evangelist, Märt., Hl.
Von Beruf Zöllner, Verfasser des ersten Evangeliums, wirkte in Äthiopien, Parthien und Persien; über sein Leben ist wenig bekannt.
Liturgie: GK F am 21. September
Darstellung: als Evangelist mit Buch oder Schriftrolle und Mensch oder Engel als Evangelistensymbol; als Apostel mit Schwert oder Hellebarde, selten mit Beil (Marterinstrument); mit Geldbeutel oder Zahlbrett (Zöllner); gemeinsam mit den anderen Evangelisten bzw. Aposteln; in Szenen seines Lebens, vor allem seiner Berufung vom Zolltisch weg zum Apostel.
Abb. siehe Seiten 215, 234

Matthias, Apostel, Märt., Hl.
Als Ersatzmann für den Verräter Judas durch das Los als Apostel berufen, Lebensberichte und Martyriumsarten legendär.
† um 63

Wolfgang. Holzstatue, 1. Hälfte 15. Jh., Basilika St. Emmeram Regensburg

Apostel Johannes. Altarflügel aus Roden-
eck, um 1490, Diözesanmuseum Brixen

Apostel Paulus. Altarflügel aus Rodeneck,
um 1490, Diözesanmuseum Brixen

Zwölf Apostel. Altarflügel aus Rodeneck, um 1490, Diözesanmuseum Brixen: Thomas, Jakobus d. Ä., Petrus, Johannes, Jakobus d. J., Philippus, Andreas, Bartholomäus, Matthias, Matthäus, Simon, Judas Thaddäus

Bernward. Holzstatue, A. 16. Jh., Bernwardhospital an der Michaelskirche, Roemermuseum Hildesheim

Liturgie: RK F am 24. Februar (GK seit 1969: 14. Mai); Trier H (Patron des Bistums)
Darstellung: als Apostel mit Buch oder Buchrolle und Beil, Hellebarde, Schwert oder Kreuz, selten Steine und Lanze (Martyrium).
Abb. siehe Seite 215

Mauritius u. Gef., Märtt. der Thebäischen Legion, Hll.
Anführer der ↗ Thebäischen Legion, im Jahr 302 bei einer großen Säuberungsaktion des Heeres in Agaunum (St. Maurice, Schweiz) enthauptet.
Liturgie: RK g 22. September; Einsiedeln (Titel der Kirche), Sitten (Patrone des Wallis) H; Chur G
Darstellung: als Ritter mit Lanze und Schild; mit Lanzenfahne bzw. seinem Banner mit Kleeblattkreuz oder A für Agaunum oder mit Jerusalem-Kreuz; als Mohr (auf Grund seines Namens: althochdeutsch „mor" von lateinisch „Maurus"); zu Roß nie als Mohr; mit Herzogshut und Adlerschild; oft den hll. ↗ Erasmus oder ↗ Georg gegenübergestellt.
Abb. siehe Seite 87

Maurus von Subiaco OSB, Hl.
Schüler des hl. ↗ Benedikt, dem er wahrscheinlich als Abt von Subiaco (nördl. v. Rom) folgte.
† 6. Jh.
Gedächtnis: 15. Jänner
Darstellung: als Benediktinermönch oder -abt (in Deutschland erst seit dem Barock) mit Schwert oder drei Lilien (angeblich hat er den Benediktinerorden nach Gallien gebracht); mit Teufelchen, das er austreibt; mit ↗ Benedikt und ↗ Placidus in Szenen des Benedikt-Lebens.

Maximilian, Bisch. **von Lorch,** Hl.
Nach der Legende aus Cilli (Untersteiermark, heute Slowenien), als Wanderbischof in Noricum – Öster-reich südl. d. Donau – tätig, dann Bischof in Lorch.
† um 284 in Cilli, enthauptet
Liturgie: Passau F am 12. Oktober (2. Patron der Diözese), Linz G, München-Freising, Graz-Seckau, Salzburg g
Darstellung: als Bischof mit Buch und Schwert (Martyrium).

Maximinus, Bisch. **von Trier,** Hl.
Kämpfer gegen den Arianismus.
† 12. September 346 oder 352 in Silly (Westfrankreich) auf der Rückreise von Konstantinopel
Liturgie: Trier g am 29. Mai (Translation), sonst 12. September
Darstellung: als Bischof mit Buch, ein Bär trägt ihm das Gepäck (der Bär hatte dem Heiligen das Lasttier zerrissen).

Mechtild von Hackeborn OCist, Hl.
(Mechtild von Helfta)
Zisterzienserin in Helfta (westl. v. Halle), wissenschaftlich gebildet, Herz-Jesu-Verehrerin.
* 1241
† 19. November 1299 in Helfta
Gedächtnis: 19. November
Darstellung: als Zisterzienserin, mit Buch; mit Herz Jesu.
Abb. siehe Seite 218

Medardus, Bisch. **von Noyon,** Hl.
Vom hl. ↗ Remigius zum Bischof geweiht, führte seine Diözese zu neuer Blüte, weihte die hl. ↗ Radegundis von Thüringen zur Diakonissin.
† um 550/560 in Noyon (nordöstl. v. Paris)
Liturgie: Trier g am 8. Juni
Darstellung: als Bischof mit Stab und Herz (Symbol seiner freigebigen Nächstenliebe).

Meinolf von Paderborn, Hl. (Meinulf)
Archidiakon des Bistums Paderborn,

Mechtild. Kupferstich, Aegidio Ranbeck, 1675

gründete das Stift Böddeken (südl. v. Paderborn).

† 847 (?)

Liturgie: Paderborn am 5. Oktober

Darstellung: als Diakon mit Kirchenmodell, Buch und kniendem Hirsch mit Kreuz.

Meinrad von Reichenau OSB, Märt., Hl. (Meginrat)

Benediktinermönch im Kloster Reichenau am Bodensee, dann Einsiedler; an der Stelle seiner Klause steht heute das Benediktinerkloster Einsiedeln (Schweiz).

Meinrad. Birnbaumrelief, Werkstatt C. D. Schenck, um 1680/1690, Kloster Einsiedeln/ Kt. Schwyz

Michael als Seelenwäger. Tafelbild, Zürcher Nelkenmeister, um 1500, Kunsthaus Zürich

Moses. Holzstatue (Kanzeldach), um 1760, Pfk Ehrenhausen/Stmk.

† 21. Jänner 861, in seiner Klause von zwei Räubern erschlagen
Liturgie: RK g am 21. Jänner; Einsiedeln H (Hauptpatron des Bezirkes), Translation g am 6. Oktober
Darstellung: als Benediktinermönch mit Brot und Weinkrug oder -becher (er hatte die Räuber bewirtet) und zwei Raben (die er aufgezogen hatte – sie verrieten die Räuber); mit Keule (Marterinstrument).
Abb. siehe Seite 219

Methodius, Slawenapostel, Hl.
↗ Cyrillus u. Methodius

Michael, Erzengel, Hl.
Fürst der himmlischen Heerscharen, Beschützer der christlichen Kirche, Bekämpfer aller gottfeindlichen Mächte.
Liturgie: GK F am 29. September (zus. mit ↗ Gabriel und ↗ Raphael)
Darstellung: als Jüngling von edler Gestalt mit Kopfbinde oder Diadem; Flügel meist aus weißen Federn; im Mittelalter in liturgischer Gewandung mit Botenstab, Lilienstengel oder Globus mit Kreuzzeichen als göttlicher Bote oder als Seelenwäger (mit Waage und Schwert beim Jüngsten Gericht); als Paradieswächter (Vertreibung von ↗ Adam und ↗ Eva aus dem Paradies); ab der Neuzeit meist im Harnisch mit Speer oder Schwert, mit Schild oder Kreuzstab beim Kampf gegen den Satan oder gegen den apokalyptischen Drachen, manchmal mit Siegesfahne oder Flammenschwert; mit Erzengel Gabriel als Thronwächter bei der Muttergottes.
Abb. siehe Seite 220, 271

Monika, Hl.
Mutter des hl. Kirchenlehrers ↗ Augustinus, litt viel um die Bekehrung ihres Sohnes, erlebte in Mailand seine Taufe.
* um 332 in Tagaste (Algerien)
† 387 in Ostia bei Rom auf der Rückreise nach Afrika
Liturgie: GK G am 27. August (früher: 4. Mai, weil die Bekehrung Augustinus' am 5. Mai gefeiert wurde)
Darstellung: als Matrone mit Schleier, weinend und betend, mit Buch, Kruzifix oder Rosenkranz; oft Augustinus gegenübergestellt oder in Szenen seines Lebens.

Moses, Prophet u. Führer Israels
Begründer und Gesetzgeber des alttestamentlichen Bundesvolkes.
Gedächtnis: 4. September
Darstellung: als bärtiger Prophet mit langem Gewand und Mantel, ab dem 12. Jh. mit Hörnern (wegen einer mißverstandenen Übersetzung), ab dem 16. Jh. mit zweigeteiltem Bart, mit Gesetzestafeln; in Szenen seines Lebens; im NT mit ↗ Elias bei der Verklärung Christi.
Abb. siehe Seite 221

N

Nikolaus von Myra. Gemälde, 18. Jh., Pfarre Kammern/Stmk.

Nikolaus von Tolentino. Kupferstich, A. Hörmonseder, 1733

Nabor u. **Felix,** Märtt., Hll.
Märtyrer in Mailand um 304.
Gedächtnis: 12. Juli
Darstellung: als Soldaten in Kettenhemd oder Panzer mit Palme und Schwert (Martyrium).

Natalia von Nikomedien, Hl.
Legendäre Gattin des Märtyrers ↗ Adrian von Nikomedien.
† Anfang 4. Jh. in Konstantinopel
Gedächtnis: 1. Dezember
Darstellung: zusammen mit ihrem Mann; mit seiner abgehackten Hand.

Nereus u. **Achilleus,** Märtt. in Rom, Hll.
Laut Legende mit hl. Domitilla unter Diokletian (um 304) hingerichtet.
Liturgie: GK g am 12. Mai
Darstellung: als römische Soldaten mit Schwert (Martyrium).

Nikasius, Erzb. **von Reims,** u. Gef., Märtt., Hll. (frz. Nicaise)
Erlitt nach der Legende mit seiner

Schwester und anderen Gefährten den Martertod durch die Vandalen.
† 407 in Reims
Gedächtnis: 14. Dezember
Darstellung: als Bischof mit Stab und abgeschlagener Schädeldecke (trägt die Schädelkalotte mit Mitra in der Hand).
Abb. siehe Seite 251

Nikolaus von der Flüe, Hl. (Niklaus, auch „Bruder Klaus" genannt)
Schweizer Bauer, Abgeordneter und Richter, trennte sich von seiner Familie, lebte als politisch einflußreicher Einsiedler in der Ranftschlucht, rettete den Frieden der Eidgenossenschaft.
* 1417 auf dem Flüeli bei Sachseln
† 21. März 1487 in Ranft
Liturgie: RK g am 25. September; Schweizer Diözesen H (erster Patron der Schweiz)
Darstellung: als bärtiger Einsiedler mit hagerem Gesicht, mit Stock und Rosenkranz.

Nikolaus, Bisch. **von Myra,** Hl.
Lebte in Lykien (südl. Kleinasien), unter Konstantin verfolgt und gefangen, Teilnehmer am Konzil von Nicäa 325; als „großer Wundertäter" in vielen Legenden gefeiert, er gehört zu den ↗ 14 Nothelfern.
† 6. Dezember 345 oder 351 in Myra
Liturgie: g am 6. Dezember; Lausanne-Genève-Fribourg g 9. Mai
Darstellung: als Bischof mit Stab, Mitra und Buch; mit drei goldenen Kugeln, Äpfeln oder Geldbeuteln („Jungfrauenlegende": er bewahrte drei Jungfrauen vor der Unzucht, indem er für ihre Heiratsausstattung nachts goldene Kugeln in ihre Zimmer warf); mit drei Knaben im Bottich zu Füßen („Schülerlegende": er erweckte drei Schüler zum Leben, die von einem habgierigen Wirt getötet und in Fässern eingepökelt worden

Nikomedes. Holzstatue, J. Elsbeck, um 1700/1720, Pfk St. Nikomedes Steinfurt-Borgholst

waren); mit Anker oder Schiff (er rettete ein Schiff in Seenot, während er am Konzil von Nicäa teilnahm); mit ein bis drei Broten (rettete Myra vor einer Hungersnot); in zahlreichen Szenen stets als Retter, Beschützer oder Helfender.
Abb. siehe Seiten 72, 223

Nikolaus von Tolentino OESA, Hl.
Augustinereremit, bedeutender Prediger und Wundertäter.
* 1245 bei Ancona (Mittelitalien)

Norbert. Altarbild, B. Altomonte, 1749, Stiftskirche Schlägl/OÖ

† 10. September 1305 in Tolentino
(südl. v. Ancona)
Gedächtnis: 10. September
Darstellung: als Augustinereremit,
meist jugendlich und bartlos, mit Lilie, (Regel-)Buch, Kruzifix und Sternen (Andeutung der Lichterschei-
nung, die ihm vor seinem Tod den
Weg zum Oratorium wies – oft zu
einem Stern oder einer Art Flammen-
scheibe reduziert); oft mit einer
Schüssel mit gebratenen Vögeln (die
er nicht essen wollte, worauf sie
davonflogen); mit Fieberbroten; von
Gott gekrönt, mit Teufel zu Füßen.
Abb. siehe Seite 224

Nikomedes, Märt. in Rom, Hl.
Märtyrer im 1. Jh. in Rom.
Gedächtnis: 15. September
Darstellung: als Priester mit Kelch,
Buch, Palmenzweig und (Stachel-)
Keule (Martyrium).
Abb. siehe Seite 225

Norbert von Xanten OPraem, Erzb.
von Magdeburg, Hl.
Reformator, Gründer des Prämon-
stratenserordens, internationaler Prediger.
* um 1082 in Xanten (Unterrhein)
† 6. Juni 1134 in Magdeburg
Liturgie: RK g am 6. Juni
Darstellung: im Mittelalter als Bischof
mit Kelch (eine giftige Spinne war
hineingefallen und wurde von ihm
mit dem Blut Christi getrunken); seit
der Heiligsprechung 1582 als Erzbischof mit Pallium und Doppelkreuz-
stab, mit Monstranz oder Ziborium;
zu seinen Füßen der Ketzer Tanchelm oder ein angeketteter Teufel
(als Zeichen für seine Teufelsaustrei-
bungen).
Abb. siehe Seite 226

Notburga von Eben, Hl.
Dienstmagd auf Schloß Rottenburg
und in Eben am Achensee, versorgte

*Notburga. Holzstatue, B. Prandstätter, 2.
V. 18. Jh., Pfk Pöls/Stmk.*

die Armen mit Speiseresten und vom
Mund abgespartem Essen, führte ein
Leben voller Nächstenliebe.
* um 1265 in Rattenberg (Tirol)
† 14. September 1313
Liturgie: Innsbruck, Salzburg G am
13. September; Bozen-Brixen, Feldkirch, Graz-Seckau, Linz, München-
Freising, Passau g
Darstellung: in bäuerlicher Kleidung
mit Schlüsselbund am Gürtel, mit
Broten und Zinngefäß (Speise und
Trank für die Armen); mit Lilie; oft
mit Rechen und Getreidegarbe;
immer mit Sichel (laut Legende ver-
langte der dienstgebende Bauer nach
dem Aveläuten am Samstag die Fort-

14 Nothelfer. Tafelbild, um 1500, Alte Galerie am LM Joanneum Graz

setzung der Erntearbeit, da hob sie die Sichel in die Höhe, und diese blieb in der Luft frei schwebend hängen), oft dem hl. ↗ Isidor von Madrid gegenübergestellt.
Abb. siehe Seite 227

Nothelfer ↗ *Verzeichnis der Attribute und Begriffe*
Abb. siehe oben

Notker der Stammler OSB, Sel.
Name wegen seines Sprachfehlers, Benediktinermönch in St. Gallen, Wissenschaftler und Komponist.
† 6. April 912 in St. Gallen (Schweiz)
Liturgie: St. Gallen G am 7. Mai, sonst 6. April
Darstellung: als Mönch mit Buch und Mühlrad; prügelt einen Hund (Teufel) und zerbricht dabei den Stock.

O

Oda. Bronzestatue, um 1520, Hofkirche Innsbruck

Oda von Belgien, Hl. (Ute, Utta)
Wohl ident mit Oda von Österreich und Oda von Schwaben.
† 7. Jh.
Gedächtnis: 23. Oktober
Darstellung: als Matrone, Brot und Kleidung spendend, Bettler zu Füßen.
Abb. siehe oben

Odilia CanR, Äbtissin **von Odilien-berg,** Hl. (Ottilia, Otilia)
Mit ihrem Vater, dem elsässischen Herzog Attich, Stifterin der Klöster Odilienberg und Niedermünster südwestl. v. Straßburg.
† um 720 in Odilienberg

Odilia. Altarflügel, M. Reichlich, A. 16. Jh., ÖG Wien

Olaf. Holzstatue, J. Stenrat, 1472, St.-Annen-Museum Lübeck

Liturgie: RK g am 13. Dezember
Darstellung: als Äbtissin mit Buch, darauf zwei Augen (sie wurde blind geboren, bei der Taufe durch den Missionsbischof ↗ Erhard aber sehend); mit Hahn (statt der Augen, vielleicht bezugnehmend auf den Künder des Tageslichtes); mit Kelch (Legende der letzten Kommunion); mit Vater Attich (den sie durch ihr Gebet aus dem Fegefeuer erlöste).
Abb. siehe Seite 229

Odilo OSB, Abt **von Cluny,** Hl.
Fünfter Abt von Cluny (Frankreich), unter ihm gewaltige Entwicklung des Klosters.
* um 962 in Zentralfrankreich
† 31. Dezember 1048 in Souvigny bei

Oswald. Altarflügel, um 1450, Alte Galerie am LM Joanneum Graz

Moulins (Frankreich)
Liturgie: Lausanne-Genève-Fribourg
G am 3. Jänner, sonst 31. Dezember
Darstellung: als Abt, zu Füßen arme
Seelen im Fegefeuer (auf ihn geht die
Feier des Allerseelentages zurück).

Olaf II. Haraldssón, König **von Norwegen,** Hl.
Schuf ein einheitliches Reich, reihte
es der christlichen Völkerfamilie ein.
* um 990 (995?)
† 29. Juli 1030 in der Schlacht bei Stilestad (nordöstl. v. Trondheim)
Liturgie: RK g am 10. Juli (mit Knud
und Erich)
Darstellung: in vornehmer Kleidung
oder Rüstung mit Mantel und Krone,
Reichsapfel und Zepter; mit Hellebarde oder Streitaxt (Todesart); mit
Humpen (Olaf-Minne oder Weinwunder); mit gekröntem Drachen zu
Füßen (besiegtes Heidentum); in der
Gruppe der drei nordischen Könige
mit ↗ Erich und ↗ Knud stets mit
Streitaxt.
Abb. siehe Seite 230

Onuphrius Einsiedler, Hl. (Onuphrios)
Sohn eines Stammesfürsten in Ägypten, in einem Kloster in Oberägypten
erzogen, lebte 60 Jahre als Einsiedler
in der Wüste, bis man ihn kurz vor
seinem Tod fand.
† um 400
Gedächtnis: 12. Juni
Darstellung: als nackter langhaariger
Greis oder dicht behaart mit Blätterschurz und Krone; mit Zepter oder
Stock, Kreuz oder Gebetsschnur; mit
Hostie oder Kelch mit Hostie (ein
Engel brachte ihm jeden Sonntag die
Kommunion).
Abb. siehe Seite 172

Oswald, König **von Northumbrien,**
Hl.
Betrieb mit Missionsbischof Aidan

*Otmar. Holzstatue aus Wil, um 1700,
SLM Zürich*

aus Kloster Hy die Christianisierung
seines Landes, gründete mit diesem
das Benediktinerkloster Lindisfarne
auf der Insel Holy Island (an der Ostküste von Nordengland).
* um 604
† 5. August 642 in der Schlacht bei
Maserfield gegen die heidnische
Opposition
Liturgie: Graz-Seckau g am 5. August;

Otto von Bamberg. Ottograbstein, um 1280/1290, St. Michael Bamberg

Basel g: Patron des Kantons Zug
Darstellung: in fürstlicher Kleidung oder Rüstung mit Krone, Reichsapfel und Zepter; mit Fahne; mit Rabe, der einen Ring oder Brief im Schnabel hält (er war der Bote bei Oswalds Brautwerbung); mit Pokal oder Pyxis (enthielt nach der Legende Chrisam für die Salbung zum König).
Abb. siehe Seite 230

Otmar OSB, Gründerabt **von St. Gallen,** Hl. (Othmar)
Erster Abt an der ehemaligen Zelle des hl. ↗ Gallus in St. Gallen, führte dort die Benediktinerregel ein; aus politischen Gründen verbannt.
† 16. November 759 auf der Rheininsel Werd bei Stein (Westende des Bodensees)
Liturgie: St. Gallen F am 16. November; Chur, Einsiedeln G, Basel, Freiburg g
Darstellung: als Abt mit Weinfäßchen (bei der Überfahrt der Reliquien nach St. Gallen wurde das Weinfaß nie leer).
Abb. siehe Seite 231

Otto, Bisch. **von Bamberg,** Hl.
Widmete sich dem Wohl seiner Diözese, gründete und reformierte zahlreiche Klöster und Stifte, vollendete den Dom in Bamberg, missionierte Pommern.
* 1060 / 62
† 30. Juni 1139 in Bamberg
Liturgie: RK g am 30. Juni; Berlin F (Mitpatron des Bistums), Görlitz G; Bamberg: F am 30. September
Darstellung: als Bischof mit Pallium und Stab, mit Kreuz oder Buch, selten mit Kirchenmodell.
Abb. siehe links

Kosmas und Damian. Gemälde, Joseph Haller, um 1760, ÖG Wien

Evangelisten Lukas und Matthäus. Holzstatuen. 1. Viertel 18. Jh., Diözeanmuseum St Ulrich Regensburg

Evangelisten Johannes und Markus. Holzstatuen, 1. Viertel 18. Jh., Diözesanmuseum St. Ulrich Regensburg

Benedikt von Nursia und Agapitus. Rotelbuch von Kremsmunster, 1595–1607

P

Pankratius, Märt. zu Rom, Hl.
Römischer Märtyrer um 305 (?) unter
Diokletian.
Liturgie: GK g am 12. Mai
Darstellung: als jugendlicher Ritter
oder Soldat mit Schwert und Palme
(Martyrium).

Pantaleon, Märt. zu Nikomedien, Hl.
Nach der Legende Leibarzt Maximi-
nians, durch den Priester Hermolaos
bekehrt und getauft, von neidischen
Amtskollegen angezeigt; er gehört zu
den ↗ 14 Nothelfern.
† um 305 (?), gemartert
Gedächtnis: 27. Juli
Darstellung: meist jugendlich, bartlos,
mit langem Mantel, die beiden Hände auf das Haupt genagelt oder mit
einem Nagel in der Hand (Martyrium), mit ↗ Kosmas und Damian als
Arzt, mit Arzneigefäß.
Abb. siehe rechts, Seite 228

Paschalis Baylon OFM, Hl.
Franziskanerlaienbruder in Monforte
bei Alicante (Spanien), mystisch
besonders begnadet.
* 16. Mai 1540 in Torrehermosa
† 17. Mai 1592 im Kloster Villareal bei
Valencia
Gedächtnis: 17. Mai
Darstellung: als Franziskaner mit
Speisekelch oder Monstranz (als
Erscheinung); mit Hirtenstab; mit
Bußkette.

Patrizius, Glaubensbote in Irland, Hl.
(Patrick)
Als Sklave nach Irland verschleppt,
flüchtete nach Gallien, kam als Bischof nach Irland zurück und missionierte die Insel.
* um 385 im römischen Britannien
† um 461

*Pantaleon. Altarflügel, F. Pacher (?), um
1490, ÖG Wien*

237

Patrizius. Holzstatue, Ph. J. Straub, um 1745, Pfk St. Erhard i. d. Breitenau/Stmk.

Liturgie: GK g am 17. März
Darstellung: als Bischof mit Mitra und (Kreuz-)Stab (aus dem sich in Irland wahrscheinlich das Kleeblatt als Attribut bildete); mit Schlangen oder Vieh (Schafe und Kühe) zu Füßen.
Abb. siehe Seite 238

Paulus, Apostel, Märt., Hl.
Hochgebildeter Diasporajude aus Tarsus (Kleinasien), Pharisäer, erklärter Feind der jungen Christengemeinde bis zu seiner Bekehrung vor der Stadt Damaskus (war auch bei der Steinigung des ↗ Stephanus anwesend), Berufung zum Apostel, ausgedehnte Missionsreisen, Verfasser der Paulus-Briefe, zweimal in römischer Gefangenschaft.
† 67, vor den Toren von Rom enthauptet
Liturgie: GK H am 29. Juni (mit Petrus); Bekehrung des Apostels Paulus GK F am 25. Jänner; Weihe der Basilika zu Rom GK g am 18. November
Darstellung: als Apostel mit Buch oder Schriftrolle, meist mit Glatze und Bart charakterisiert; mit Schwert (Martyrium); oft ↗ Petrus gegenübergestellt (zwei Apostelfürsten); häufig in der Szene der Bekehrung vom Pferd stürzend.
Abb. siehe Seite 214

Paulus von Theben, Hl. (Paulos, Paulus der Einsiedler)
Lebte 90 Jahre lang als Einsiedler in der ostägyptischen Wüste, wurde von keinem Menschen gesehen bis der hl. ↗ Antonius ihn fand.
† 341 im Alter von 113 Jahren
Gedächtnis: 15. Jänner
Darstellung: mit Gewand aus Palmblättern und Krückstab, mit einem Raben (der ihm Brot brachte), mit zwei Löwen, die sein Grab gruben; statt der Einzeldarstellung häufig die Begegnung mit dem hl. Antonius.

Peregrinus Laziosi. Holzstatue, B. Prandstätter, 2. V. 18. Jh., Pfk Judenburg/Stmk.

Pelagius, Märt. zu Aemona, Hl.
Nach der Legende in Aemona (Istrien) 283 enthauptet.
Liturgie: Freiburg/B. g am 1. September
Darstellung: als Edelmann mit Buch, Palme und Schwert (Martyrium); meist zusammen mit Bischof ↗ Konrad von Konstanz.

Peregrinus Laziosi OSM, Hl. (Pellegrino)
Nach der Bekehrung durch den hl. ↗ Philippus Benitius Servit in seiner Heimatstadt.
* 1265 in Forlì (Oberitalien)

*Petrus als Papst und Anna selbdritt Altarflügel (Ausschnitt). Meister der Verherrlichung
Mariens, M. 15. Jh., WRM Köln*

† 1. Mai 1345 in Forlì
Gedächtnis: 1. Mai
Darstellung: im schwarzen Ordens-
kleid mit Kruzifix in der Hand; mit
Beinwunde (wunderbarerweise vom
Beinkrebs geheilt).
Abb. siehe Seite 239

Petronilla, Jgfr., Märt. in Rom, Hl.
Römische Märtyrin der Frühzeit,
nach der Legende die Tochter des hl.
↗ Petrus.
Gedächtnis: 31. März
Darstellung: als Jungfrau mit Kron-
reif; mit Schlüssel und Besen (als Ver-
walterin des Hauswesens des Petrus).

Petrus von Alcántara OFM, Hl.
Minoritenbarfüßer, Reformator seines Ordens.
* 1499 in Alcántara (Estremadura,
Spanien)
† 18. Oktober 1562 in Arenas bei
Avila
Gedächtnis: 18. Oktober
Darstellung: als Minorit mit Buch und
Feder (als Schriftsteller und Reformator); mit Kreuz, Geißel und Totenkopf (Buße); mit Taube (Geistinspira-
tion und Prophetie).

Petrus, Apostel, Märt., Hl.
Apostelfürst und erster Papst, wirkte
in Palästina, Antiochien und Rom.
† 64 oder 67 in Rom, (mit dem Kopf
nach unten) gekreuzigt
Liturgie: GK H am 29. Juni (zus. mit
Paulus; Berlin: Petrus, Patron des
Bistums; Lausanne-Genève-Fribourg:
Patron der Kathdrale zu Genf, 2. Pa-
tron v. Stadt u. Kt. Genf); Cathedra
Petri GK F am 22. Februar; Weihe der
Basiliken der hll. Petrus u. Paulus in
Rom GK g am 18. November
Darstellung: als Apostel mit Buch
oder Buchrolle, mit kurzem, krausem
Haar (häufig mit Stirnlocke und Ton-
sur) und kurzem Bart charakterisiert;

*Petrus. Altarflügel, um 1500, LM Darm-
stadt*

Petrus Canisius. Gemälde, F. X. Dietrich, 1926, Jesuitenkirche Innsbruck

mit Schlüssel (des Himmelreiches), oft zwei Schlüsseln (als Zeichen des Lösens und Bindens); mit Hahn (Verrat und reuiger Sünder); mit Fisch (Fischerberuf); mit Schiff (als Zeichen der Kirche); mit umgekehrtem Kreuz (Martyrium – mit dem Haupt nach unten gekreuzigt); als Papst im Papstornat mit Tiara und Kreuzstab mit drei Querbalken; oft ↗ Paulus gegenübergestellt (zwei Apostelfürsten); in Szenen des Lebens Jesu. Abb. siehe Seiten 215, 240, 241

Petrus Canisius SJ, Kirchenlehrer, Hl.
Gründete die erste Jesuitenniederlassung in Köln, „zweiter Apostel Deutschlands" als Führer der deutschen Gegenreformation, Verfasser des Katechismus, Schriftsteller.
* 8. Mai 1521 in Nimwegen (Niederlande)
† 21. Dezember 1597 in Fribourg (Schweiz)

Liturgie: RK g am 27. April, Innsbruck H (Diözesanpatron); Berlin, Görlitz, Köln, Lausanne - Genève - Fribourg, Mainz, Meißen F; Aachen, Augsburg, Eichstätt, Fulda, Regensburg, Feldkirch, Wien, Sitten G
Darstellung: als Jesuit mit Feder, Katechismus, Kruzifix oder Totenschädel (durch Stiche weit verbreitet); als Erklärer des Katechismus mit Buch, oft Kinder unterrichtend (in Statuen des 19. Jh.s).
Abb. siehe links

Petrus Claver SJ, Hl. (Pedro)
Jesuit, Missionar und „Apostel der Neger" in Südamerika.
* 1580 in Nordostspanien
† 8. September in Cartagena (Kolumbien), dem Zentrum des Sklavenhandels
Gedächtnis: 8. September
Darstellung: als Jesuit mit Kruzifix, Neger zu Füßen.

Petrus Damiani OSB, Kard., Bisch. von Ostia, Kirchenlehrer, Hl.
Einsiedler, Benediktinerprior, bedeutender asketischer und reformerischer Schriftsteller.
* 1007 in Ravenna (Oberitalien)
† 22./23. Februar 1072 in Faenza (Oberitalien)
Liturgie: GK g am 21. Februar
Darstellung: als Mönch oder Kardinalbischof mit über ihm schwebendem Kardinalshut; mit Büchern, Kreuz, Geißel, Totenschädel (Askese).

Petrus Martyr OP, Märt., Hl. (Petrus von Verona)
Dominikaner, Schüler des hl. ↗ Dominikus, berühmter Prediger, päpstlicher Inquisitor in Como und Mailand.
* um 1205 in Verona (Oberitalien)
† 6. April 1252, bei Mailand durch zwei gedungene Mörder erschlagen

Petrus Martyr. Holzstatue, J. Schokotnigg, um 1730, Pfk Birkfeld/Stmk.

Gedächtnis: 6. April
Darstellung: als Dominikaner, den Finger auf dem Mund (Schweigegebot), mit Buch und Palme, mit Wunde im Kopf bzw. Schwert, Hackmesser oder Krummsäbel im Kopf steckend; mit Banner; mit drei Kronen (für Martertod, Jungfräulichkeit und Glaubenseifer); mit Schwert in der Schulter, Dolch in der Hand; beim Martyrium, mit dem eigenen Blut „Credo" in den Boden schreibend.
Abb. siehe oben

Petrus Nolaskus OdeM, Hl.
Stifter des Mercedarierordens zum Loskauf der christlichen Gefangenen von den Moslems.
* um 1182 in Südfrankreich
† 25. Dezember 1249 (oder 1256) in Barcelona (Spanien)
Gedächtnis: 25. Dezember
Darstellung: in weißer Ordenstracht mit dem roten Ordenskreuz auf der Brust, mit Kette und Fahne mit rotem Kreuz; mit befreiten Sklaven.

Philipp Neri Or, Hl. (Filippo)
Gründer der Oratorianer, einer der größten religiösen Erneuerer, „Apostel Roms", Freund des hl. ↗ Karl Borromäus.
* 21. Juli 1515 in Florenz
† 26. Mai 1595 in Rom
Liturgie: GK G am 26. Mai
Darstellung: als Oratorianer mit schwarzer Soutane und Birett; als älterer Mann mit kurzem, weißem Bart; mit Lilie und Rosenkranz; meist in Gebet, Vision oder Ekstase, vor allem vor Maria mit Kind; oft bei der Begegnung mit Karl Borromäus.

Philippus, Apostel, Märt., Hl.
Nimmt in der Reihe der Apostel die fünfte Stelle ein, wirkte in Skythien (Südrußland).
† mit 87 Jahren in Hierapolis (Phrygien), gekreuzigt und am Kreuz gesteinigt
Liturgie: GK F am 3. Mai (zus. mit ↗ Jakobus); Einsiedeln F am 4. Mai
Darstellung: als Apostel (meist als älterer Mann) mit Buch oder Buchrolle und Kreuz oder Kreuzstab; selten mit Schwert, Lanze oder Stein; mit Schüssel, aus der sich ein Drache windet (Drachenvertreibung).
Abb. siehe Seite 215

Philippus Benitius OSM, Hl. (Benizi)
Große Verdienste um den Servitenorden, gründete auch den weltlichen

Philippus Benitius. Steinstatue, um 1690, Pfk Frohnleiten/Stmk.

Zweig, großer Volksprediger.
* 15. August 1233 in Florenz
† 22. August 1285 in Todi (Umbrien)
Gedächtnis: 22. August
Darstellung: als Servit mit Buch, Kruzifix und Lilie, zu Füßen Tiara und Papstkreuz (Ablehnung der Papstwürde); mit Sanduhr und Totenkopf (Vanitas-Symbole); oft zusammen mit der hl. ↗ Juliana Falconieri.
Abb. siehe oben

Pirmin OSB, Bisch., Glaubensbote, Hl. (Pirminius, ursprüngl. wohl Primenius)
Missionsbischof am Oberrhein und im Elsaß, gründete mehrere Klöster, u. a. Reichenau im Bodensee.
† 3. November 753 im Kloster Horn-

bach (Rheinland-Pfalz)
Liturgie: RK g am 3. November
Darstellung: als Benediktinerabt mit Mitra und Stab, mit Kirchenmodell oder Schlangen und Fröschen (die er der Legende nach von der Insel Reichenau vertrieben haben soll bzw. die die Ausrottung des Heidentums symbolisieren); mit Quelle (Quellwunder).
Abb. siehe Seite 245

Pius V. OP, Papst, Hl.
Dominikaner, der erste große Reformpapst nach dem Tridentinischen Konzil; während seiner Regierung Seesieg von Lepanto 1571 – in Erinnerung daran führte er das Rosenkranzfest ein.
* 17. Jänner 1504 in Oberitalien
† 1. Mai 1572 in Rom
Liturgie: GK g am 30. April
Darstellung: als Papst im Dominikanerhabit mit Kreuz und Rosenkranz.

Placidus, Märt. zu Disentis, Hl.
Vornehmer Laie, mit dem hl. ↗ Sigisbert Gründer des Kloster Disentis (Kanton Graubünden, Schweiz), von gedungenen Mördern enthauptet.
† Anfang 8. Jh.
Liturgie: Chur G am 11. Juli
Darstellung: in vornehmer Kleidung oder als Ritter mit Schwert (Martyrium) und Palme; mit Blutring am Hals; als Kephalophore; zusammen mit Sigisbert mit Kirchenmodell von Disentis.

Placidus OSB, Mönch in Subiaco, Hl.
Schüler des hl. ↗ Benedikt; sichere Nachrichten fehlen, seit dem 11. Jh. mit einem altchristlichen Märtyrer in Sizilien identifiziert.
Gedächtnis: 5. Oktober
Darstellung: als Mönch oder Abt mit Buch und Palme; mit Knüttel, Schwert oder Stachelkeule (Martyrium); oft in Benedikt-Zyklen.

Pirmin. Kupferstich, Aegidio Ranbeck, 1675

Priska, Jgfr., Märt., Hl.
Römische Märtyrin der Frühzeit, später mit der Stifterin der nach ihr benannten Kirche in Rom verwechselt.

Gedächtnis: 18. Jänner
Darstellung: als Jungfrau mit Krone und Palme; mit Beil und Rute (Marterwerkzeuge); mit Löwen, die sie verschonten.

Q

Quirinus von Neuß, Märt., Hl.
Nach der Legende römischer Tribun, der mit seiner Tochter ↗ Balbina getauft wurde und mit ihr um 130 in Rom das Martyrium erlitt; er gehört zu den ↗ vier hll. Marschällen.
Liturgie: Köln g am 30. April (Translation), sonst 30. März (Todestag)
Darstellung: als Ritter mit Rüstung und Mantel, Barett als Kopfbedekkung (im Barock als römischer Soldat); mit Lanze; mit Banner oder Schild mit neun Kugeln darauf (der lateinische Name „novesium" für Neuß wurde auf „novum" = neun bezogen), manchmal Pferd neben sich (Pferdepatron).
Abb. siehe Seite 143

Quirinus, Bischof **von Siscia,** Märt., Hl.
Bischof in Siscia (Sissek, Jugoslawien), in der Diokletianischen Verfolgung gemartert.
† 4. Juni 308/309, in Steinamanger (Westungarn) ertränkt
Gedächtnis: 4. Juni
Darstellung: als Bischof mit Mühlstein (Martyrium).
Abb. siehe Seite 247

Quirinus von Siscia. Kupferstich. Matthäus Rader, 1627

R

Radegundis von Thüringen, Königin, Hl.
Thüringische Königstochter, zur Ehe mit dem fränkischen König gezwungen, zuletzt Nonne in dem von ihr gegründeten Kloster in Poitiers (Dep. Vienne).
* 518
† 13. August 587
Gedächtnis: 13. August
Darstellung: als Königin oder Nonne mit abgelegter Krone, mit Buch und Geißel.

Raimund Lullus, Sel. (span. Ramón Lul, neukatalon. Llull)
Philosoph, Mystiker, Dichter, Sarazenenmissionar, in Tunis von den Moslems gesteinigt.
* 1232/33 in Palma de Mallorca
† 1315 auf der Rückfahrt nach Mallorca
Gedächtnis: 3. Juli
Darstellung: als bärtiger Franziskanerterziar; mit Büchern und Globus (wegen seines großen Wissens).

Raimund Nonnatus OdeM, Hl. („der Ungeborene")
Sein Name kommt daher, daß er aus dem Leib der toten Mutter herausgeschnitten wurde; Mitglied des Mercedarierordens für den Loskauf der Gefangenen in Afrika, bei Mission in Algerien gemartert.
* um 1204 in Nordostspanien
† 31. August 1240 auf der Reise nach Rom
Gedächtnis: 31. August
Darstellung: im Ordenshabit (oft zusätzlich Kardinalshut) mit Buch, Ordensfahne, Gefangenen und Ketten (Gefangenenbefreiung); mit einem Palmzweig mit drei Kronen (Keuschheit, Beredsamkeit, Martyrium); mit Schloß am Mund (Martyrium als Strafe für seine Bekehrungspredigten).

Raimund von Peñafort OP, Hl.
Dominikaner, bedeutender Ordens- und Kirchenjurist, Organisator der Maurenbekehrung.
* 1175/80 auf Schloß Peñafort bei Barcelona (Spanien)
† 6. Jänner 1275 in Barcelona
Liturgie: GK g am 7. Jänner
Darstellung: als Dominikaner mit Schlüssel (Schlüsselwunder im Kloster); seinen Mantel mit Wanderstab als Segel verwendend (wunderbare Fahrt über das Meer); selten mit Kruzifix und Lilie.

Raphael, Erzengel
Helfer in zahlreichen Notlagen, begleitete als Bote Gottes den jungen Tobias (AT) auf der Wanderschaft und heilte Tobit, dessen Vater, von seiner Erblindung.
Liturgie: GK F am 29. September
Darstellung: als bartloser Jüngling mit Flügeln und Pilger- oder Kreuzstab; führt Tobias an der Hand; mit Fisch oder Büchse (darin die Fischgalle, womit Tobit geheilt wurde).

Rasso von Andechs, Hl. (Ratho, Ratbod, im Volksmund „der hl. Graf Rath")
Graf von Dießen-Andechs, Stifter des Klosters Grafrath (nördl. d. Ammersees).
† 19. Juni 954
Gedächtnis: 19. Juni
Darstellung: als Ritter in Rüstung mit Schild und Banner oder Schwert, oft zu Pferd; mit Kirchenmodell oder Klosterplan.
Abb. siehe Seite 249

Rasso. Fresko, J. Hartmann, 1747, Wall-fahrtskirche Untergammenried/Bayern

Regina, Jgfr., Märt. zu Alise-Ste-Reine, Hl. (frz. Reine)
Historische Nachrichten fehlen, nach der Legende wurde sie um 250 nach vielen Martern auf Befehl ihres Vaters in Alesia (Ostfrankreich) enthauptet.
Gedächtnis: 7. September
Darstellung: als Jungfrau mit Krone und Kreuz, auf dem eine Taube sitzt (Vision im Kerker).

Reinhold von Köln, Hl. (Reinold, Reinald)
Ritter, später Mönch im Pantaleonskloster in Köln, während der Aufsicht beim Kirchenbau von Steinmetzen erschlagen.
† angeblich um 960
Gedächtnis: 7. Jänner
Darstellung: als Mönch oder Ritter

(mit Schwert, Schild und Lanze) mit Hammer (Marterwerkzeug).

Remaklus OSB, Abtbisch., Hl. (Rimaglius)
Wirkte als Abt in verschiedenen Klöstern und als Wanderbischof in den noch heidnischen Ardennen.
† 670/676 in Stablo (Ostbelgien)
Gedächtnis: 3. September
Darstellung: als Abt oder Bischof mit Buch und Stab; mit Wolf (den er in Stablo domestiziert hatte).

Remigius, Bisch. **von Reims,** Hl. (frz. Remi)
Bekämpfte Arianismus und Heidentum, taufte den Frankenkönig Chlodwig I. (499?), begann mit der Missionierung der Franken.
† 13. Jänner 533 (?) in Reims
Liturgie: Trier g am 1. Oktober (1. Translation), sonst: 13. Jänner
Darstellung: als Bischof, manchmal mit Buch; mit Salbgefäß („Sainte Ampoule", das der Legende zufolge mit Chrisam für die Taufe Chlodwigs von einer Taube vom Himmel gebracht worden war); mit Taube, die das Salbgefäß bringt; mit einem knienden Mädchen (Heilungswunder).

Richard von England, Hl.
Vater der hll. ↗ Walburga, ↗ Willibald und ↗ Wunibald, nach der Legende König, ging als Pilger von Wessex (England) nach Rom.
† 720 in Lucca (Italien) auf dem Weg nach Rom.
Liturgie: Eichstätt G am 7. Februar (Translation)
Darstellung: als König mit Krone und Zepter oder als Pilger mit einem Rosenkranz.
Abb. siehe Seiten 250, 294

Richardis, dt. Kaiserin, Hl.
Gemahlin Kaiser Karls des Dicken,

*Richard. Bronzestatuette, um 1520, Hof-
kirche Innsbruck*

verleumderisch des Ehebruchs angeklagt, unterzog sie sich der Feuerprobe.
† 18. September 894/896 in dem von
ihr gegründeten Kloster Andlau
(Unterelsaß)
Gedächtnis: 18. September
Darstellung: als Kaiserin mit Krone,
mit Bärin (Legende der Klostergründung); mit Kreuz auf brennendem
Holzstoß oder mit brennendem Kleid
(Feuerprobe).

Rita von Cascia OESA, Hl.
Als Witwe Nonne im Augustinerin-
nen-Eremitenkloster in Cascia (Mit-
telitalien).
* um 1380 bei Cascia
† 22. Mai 1457 (1434?) in Cascia
Gedächtnis: 22. Mai
Darstellung: als Nonne mit einer
Stirnwunde (auf ihr Gebet hin erhielt
sie die Stigmen der Dornenkrone
Christi); mit Dorn in der Hand; mit
Kruzifix; mit Palmzweig mit drei
Kronen.

Robert OSB, Abt **von Molesme,** Hl.
Gründer der Abtei Molesme und des
Reformklosters Cîteaux (Burgund),
des Stammklosters der Zisterzienser.
* um 1027
† 1111 in Molesme
Gedächtnis: 29. April
Darstellung: als Benediktiner oder
Zisterzienser mit Abtstab und Regel-
buch, mit zwei Kirchenmodellen; mit
Lilie; mit Teller voller Erdbeeren
(lokale Legende); mit Ring (nach der
Legende von Maria bekommen).

Rochus von Montpellier, Hl.
Verschenkte der Legende nach sein
großes Vermögen an die Armen, pilgerte nach Rom, pflegte Pestkranke,
auf der Rückreise selber von der Pest
befallen, wunderbar geheilt, in seiner
Heimatstadt als Spion eingekerkert.
* um 1295 in Montpellier (Südfrankreich)
† 16. August 1327 in Montpellier
(nach fünfjähriger Haft im Kerker)
Liturgie: Fulda, Görlitz, Mainz g am
16. August
Darstellung: als bärtiger Pilger, zeigt
mit dem Finger auf die Pestbeule an
seinem entblößten Oberschenkel; mit
Engel (mit Salbgefäß), der ihn von
der Pest heilte; mit Hund (mit Brot
im Maul), der ihn versorgte, als er
pestkrank allein in einer Hütte lag.
Abb. siehe Seite 251

Rochus und Nikasius mit Stifter. Altarflügel, Meister der hl. Sippe, um 1500, WRM Köln

Romanus von Subiaco. Kupferstich, Aegidio Ranbeck, 1627

Romanus, Bisch. von Rouen, Hl. (frz. Romain)
Nach der Legende fesselte er mit Hilfe eines zu Tode Verurteilten einen Drachen; bis 1789 wurde an seinem Fest jährlich ein Strafgefangener durch das Domkapitel von Rouen (westl. v. Paris) freigelassen.
† 23. Oktober 640 in Rouen

Gedächtnis: 23. Oktober
Darstellung: als Bischof, mit Skapulier, hält einen Drachen mit der Stola gebunden.

Romanus von Subiaco, Abt, Hl. Lehrer des hl. ↗ Benedikt von Nursia, laut Legende Klostergründer und Abt bei Auxerre (Frankreich).

Romedius. Holzstatue, 18. Jh., Südtiroler Privatbesitz

Gedächtnis: 22. Mai
Darstellung: als Mönch mit Attributen, die auf das Leben Benedikts hinweisen: mit Brotkorb und Handglocke an einem Strick (er brachte Speisen zu Benedikt in die Höhle, bis der Teufel die Glocke zerstörte).
Abb. siehe Seite 252

Romedius, Hl. (Remedius)
Aus dem Grafengeschlecht von Thaur bei Innsbruck (Tirol), Pilgerreise nach Rom, Einsiedler in einer Bergschlucht am Nonsberg (S. Romedio, Diözese Trient).
† 5. Jh. (?)
Liturgie: Innsbruck, Bozen-Brixen g am 15. Jänner
Darstellung: als Pilger mit einem Bären am Leitseil oder auf ihm reitend (der Legende zufolge hatte ein Bär sein Reitpferd zerfleischt, daraufhin ritt er auf diesem Bären nach Trient).
Abb. siehe links

Romuald OSBCam, Abt **von Camaldoli,** Hl.
Abt in Ravenna, Einsiedler, Gründer des Kamaldulenserordens (Eremitenorden).
* um 952 in Ravenna
† 19. Juni 1027 in einer Klause beim Kloster Val di Castro (Italien)
Liturgie: GK g am 19. Juni
Darstellung: im weißen Habit der Kamaldulenser mit langem Bart, mit Wander- oder Abtstab; mit Totenkopf (Buße); meist mit Leiter oder Treppe, auf der seine Mönche zum Himmel steigen (Vision); zusammen mit Benediktinerheiligen.

Rosa von Lima OSD, Hl.
Dominikanerterziarin in Lima (Peru, Südamerika), führte ein asketisches, leidvolles Leben, viele Visionen.
* 20. April 1586 in Lima
† 24. August 1617 in Lima
Liturgie: GK g am 23. August
Darstellung: als jugendliche Dominikanernonne mit Rosen; mit Christkind auf Rosenstrauß (Vision); mit Lilie, Kruzifix und Dornenkrone.

Rosa von Viterbo, TOR, Hl.
Jugendliche, im öffentlichen Leben einflußreiche Franziskanerterziarin.
* um 1233 in Viterbo (Italien)
† 1252 in Viterbo
Gedächtnis: 6. März
Darstellung: in Ordenstracht mit Kranz von Rosen auf dem Haupt; mit Kreuzbild (das sie durch die Straßen trug), Rosenzweig und Buch in der Hand; mit Brot (für die Armen).

Rosalia von Palermo, Jgfr., Hl.
Lebte im 12. Jh. als Einsiedlerin in

Rosalia. Gemälde, E. 17. Jh., Minoritenkirche Bruck a. d. Mur/Stmk.

Rupert. Holzstatue, um 1725, Kollegienkirche Salzburg

einer Grotte am Monte Pellegrino bei Palermo (Sizilien).

Gedächtnis: 15. Juli (Auffindung der Gebeine)

Darstellung: erst seit Auffindung des Leichnams im Pestjahr 1624; als Jungfrau mit offenem Haar und einfacher Kutte, mit Kranz von Rosen auf dem Haupt; mit Buch, Totenkopf, Kruzifix und Lilie; in der Höhle liegend; häufig mit anderen Pestpatronen (hl. ↗ Sebastian und hl. ↗ Rochus), auf Pestsäulen.

Abb. siehe Seite 254

Rupert, Bisch. **von Salzburg,** Hl. (Ruprecht, Hrodbert)

Missionar und Kulturpionier in Bayern, in Salzburg Gründer des Klosters St. Peter und des Nonnenstiftes auf dem Nonnberg, erster Bischof von Salzburg.

† 27. März 718

Liturgie: Rupert u. Virgil RK g am 24. September; Graz-Seckau, Salzburg H (Diözesanpatrone); Rupert: Gurk-Klagenfurt G am 24. September (2. Diözesanpatron)

Darstellung: als Bischof mit Salzkübel (Patron des Salzbergbaus); mit der Muttergottesstatue von Altötting auf dem Arm (der Legende nach habe er sie gestiftet bzw. war er Gründer des Ortes); oft zusammen mit dem hl. Bischof ↗ Virgil (Diözesanpatrone).

Abb. siehe Seite 255

S

Salome u. **Judith von Niederaltaich,** Sel.
Befreundete englische Prinzessinnen, nach Pilgerreise ins Hl. Land Einsiedlerinnen beim Benediktinerkloster Niederaltaich (westl. v. Passau).
† Ende 11. Jh.
Gedächtnis: 29. Juni
Darstellung: Judith als Witwe in bürgerlicher Kleidung mit Geldbeutel, neben sich den Adoptivsohn (Legende); Salome ebenfalls in bürgerlicher Tracht mit Geldbeutel und Lilie (Jungfräulichkeit); mit abgelegter Krone (Herkunft).

Saturninus von Toulouse, Märt., Hl. (frz. Sernin)
Märtyrer in Rom um 250/260, nach späterer Legende hatte er von Petrus den Auftrag, Gallien zu missionieren.
Gedächtnis: 29. November
Darstellung: als Bischof mit Stier (von einem Stier zu Tode geschleift – Martyrium).

Scholastika OSB, Hl.
Schwester des hl. ↗ Benedikt von Nursia, Nonne in der Nähe von Monte Cassino, traf sich einmal jährlich mit ihm zum geistlichen Gespräch.
* um 480 in Nursia (nordöstl. v. Rom)
† um 547
Liturgie: GK G am 10. Februar
Darstellung: als Äbtissin im schwarzen Ordenskleid, mit Regelbuch und Taube (bei ihrem Tod sah Benedikt ihre Seele in Gestalt einer Taube zum Himmel steigen); oft Benedikt gegenübergestellt.

Sebald, Einsiedler bei Nürnberg, Hl.
Herkunftsland unbekannt, Einsiedler und Glaubensprediger in der Ge-

Sebald. Altarflügel, 1505, Badisches LM Karlsruhe

gend von Nürnberg, der Legende nach zeitweilig Gefährte von ↗ Willibald und ↗ Wunibald im 8. Jh.

257

Sebastian. Flügelaltar, 1505, Badisches LM Karlsruhe

Sebastian. Holzstatue, Ph. J. Straub, E. 17. Jh., Fk Maria Lebing bei Hartberg/Stmk.

Liturgie: Bamberg G am 19. August; Nürnberg F; Eichstätt g
Darstellung: als Pilger mit Pilgerstab, Wallfahrtszeichen am Hut und Rosenkranz; mit Kirchenmodell von St. Sebald in Nürnberg in der Hand; mit Aschenkuchen (Brotwunder).
Abb. siehe Seite 257

Sebastian, Märt. zu Rom, Hl.
Gebürtig aus Mailand, Märtyrer in Rom (Ende 3. Jh.): mit Pfeilen beschossen, von Irene gesundgepflegt,

später mit Keulen erschlagen, in die Cloaca Maxima geworfen.
Liturgie: GK g am 20. Jänner
Darstellung: als vornehmer junger Mann oder Ritter mit Pfeilen in der Hand (Martyrium), zusätzlich mit Bogen, Baumstamm oder Palme; mit Keule; 15.–18. Jh.: halbnackt oder mit Lendenschurz (z. T. mit übergeworfenem Mantel) an Pfahl, Säule oder Baum gebunden, die Pfeile stecken im Körper; im 18. Jh. als römischer Soldat mit Pfeilattribut; oft zusam-

men mit anderen Pestpatronen (seit 680 wurde er in Rom als Pestpatron verehrt), vor allem mit ↗ Rochus. Abb. siehe Seite 258

Servatius, Bisch. **von Tongern,** Hl.
Wahrscheinlich aus dem Orient stammend, Hauptgegner der Arianer, erster Bischof von Tongern (bei Lüttich, Belgien).
* vor 345
† 13. Mai 384 in Maastricht
Liturgie: Aachen g am 13. Mai
Darstellung: als Bischof mit Buch; mit einem Schlüssel (der Legende zufolge übergab ihm ↗ Petrus in Rom einen Schlüssel); seinen Bischofstab in den Rachen eines Drachen stoßend (Kampf gegen den Arianismus).
Abb. siehe rechts

Severin von Noricum, Hl.
Mönch im Orient, nach Attilas Tod (453) Apostel in Noricum (Österreich südl. d. Donau), erreichte Religionsfrieden zwischen Katholiken und Arianern, gründete drei Klöster, linderte die Not der Bevölkerung.
† 8. Jänner 482 in Favianis (Mautern bei Krems a. d. Donau)
Liturgie: RK g am 8. Jänner; Linz F: 2. Diözesanpatron; Passau, St. Pölten, Wien G
Darstellung: als Pilger mit Buch oder Abtstab.

Severus, Bisch. **von Ravenna,** Hl.
Historisch gesichert ist seine Teilnahme an der Synode von Sardika (Sofia, Bulgarien) 342–343.
Gedächtnis: 1. Februar
Darstellung: als Bischof mit Buch; mit Wollbogen oder Weberschiffchen (der Legende nach war er vor seiner Bischofsweihe Wollweber); mit Taube (die über seinem Kopf schwebte, bis er zum Bischof erwählt wurde); mit Kirchenmodell (Patron der Severikirche in Erfurt).

Servatius. Holzstatue, niederrhein., frühes 16. Jh., Suermondt-M Aachen

Siegfrid von Schweden, Bisch., Hl.
(Sigurd, Sigfrid, Sigafrid)
Englischer Missionar in Schweden, gründete das erste schwedische Bistum in Skara.

Sigisbert von Disentis, Hl.
Gründete Anfang 8. Jh. in der Nähe
von Disentis (Kanton Graubünden,
Schweiz) eine Zelle, die von seinem
Freund und Helfer ↗ Placidus geför-
dert wurde.

*Sigismund. Holzstatue, H. von Bruneck
(?), um 1430, St. Sigmund im Pustertal/
Südtirol*

† um 1040 in Växsjö (Südschweden)
Gedächtnis: 15. Februar
Darstellung: als Bischof mit einem
Bottich mit drei Knaben (wie ↗ Ni-
kolaus von Myra) oder drei Köpfen
in Händen.

*Silvester I. Holzstatue, südtirol., E. 15. Jh.,
Suermondt-M Aachen*

Liturgie: Chur G am 11. Juli (mit Placidus)
Darstellung: als Abt mit Stab und Buch; mit Placidus, das Kirchenmodell von Disentis tragend.

Sigismund, König von Burgund, Hl. (Sigmund)
Arianer, bekehrte sich zum katholischen Glauben, ließ seinen Sohn aus erster Ehe erdrosseln, büßte dafür im Kloster St. Moritz (Kanton Wallis, Schweiz), von den Frankenkönigen geschlagen und gefangen.
† 524, mit Frau und Söhnen in einem Brunnen ertränkt.
Liturgie: Einsiedeln G am 1. Mai; München-Freising, Sitten: g am 2. Mai; sonst 1. Mai
Darstellung: als König mit Krone, Zepter und Reichsapfel (manchmal das Zepter durch ein Schwert ersetzt).
Abb. siehe Seite 260

Silvester I., Papst, Hl.
Papst von 314 bis 335, damals vollzog Konstantin d. G. die Wende zur christenfreundlichen Staatspolitik; für die Kirche erstmals eine Zeit des Friedens, der Freiheit und der Blüte.
† 31. Dezember 335 in Rom
Liturgie: GK g am 31. Dezember
Darstellung: als Papst mit Tiara, Kreuzstab und Buch; mit Stier (Legende vom wiederbelebten Stier); mit Schlange (Legende von der Überwindung eines Drachens in Rom); mit Muschel (legendäre Taufe Konstantins).
Abb. siehe Seite 260

Silvinus, Hl. (Silvinius)
Missionsbischof in Nordfrankreich.
† um 720
Gedächtnis: 17. Februar
Darstellung: in Meßkleidung mit Rückkorb und Steinen (mit denen beladen er nach Rom gepilgert war).

Simon Apostel. Holzstatue, E. van Roden, um 1520, Zisterzienserkl. Marienfeld/ NRW

Simeon, Greis zu Jerusalem, Hl.
Nach Lk 2,25–35 der fromme Greis, der bei der Darstellung Jesu im Tempel das Kind auf die Arme nahm und seine Bedeutung als Messias erkannte.
Gedächtnis: 8. Oktober
Darstellung: als bärtiger Greis, das Jesuskind auf den Armen tragend.
Abb. siehe Seite 262

Simeon Stylites d. Ä. (Symeon, der Säulensteher)
Weltberühmter Begründer des Stylitentums (der Heiligen, die auf Säulen lebten) in Syrien.
* um 390 (?) in Kilikien

Simeon. Altarflügel, H. von Bruneck (?), um 1430, St. Sigmund im Pustertal/Südtirol

Simon Stock. Holzstatue, 1896, Karmeliterkirche Graz

† 25. Juli 459 in Kalhat Simhan (Syrien)
Gedächtnis: 25. Juli (in den Ostkirchen: 1. September)
Darstellung: auf einer Säule stehend.

Simon der Zelot, Apostel, Märt., Hl.
Der Beiname beweist seine Zugehörigkeit zur Partei der Zeloten (der Eiferer), gemeinsame Tätigkeit mit ↗ Judas Thaddäus in Persien und gemeinsamer Tod.
Liturgie: GK F am 28. Oktober (mit ↗ Judas Thaddäus)
Darstellung: als Apostel mit Buch oder Buchrolle und Säge (Marterwerkzeug); selten mit Schwert, Lanze oder Beil.
Abb. siehe Seiten 215, 261

Simon Stock OCarm, Hl. (auch Anglus = Engländer genannt)
Aus der Grafschaft Kent (England), lebte als Einsiedler in einem hohlen Baum (Beiname „Stock"), Karmelit, bedeutender Ordensgeneral in England.
† 16. Mai 1265 in Bordeaux (Frankreich)
Gedächtnis: 16. Mai
Darstellung: im Ordenshabit bei der Skapulierübergabe durch Maria (Vision), oft Fegefeuer mit armen Seelen daneben (Sabbat-Ablaß).
Abb. siehe links

Simpert, Bisch. **von Augsburg,** Hl. (Simbert, Sintpert)
Bischof von Augsburg und Neuburg am Staffelsee.
† 13. Oktober um 807
Liturgie: Augsburg G am 13. Oktober
Darstellung: als Bischof mit Buch und Wolf, der ein Kind im Rachen hält (nach der Legende raubte ein Wolf ein Kind, das er nach Anrufung des hl. Simpert durch die Mutter wieder heil zurückbrachte).
Abb. siehe Seite 278

Simplicius, Faustinus u. **Beatrix,** Märtt. in Rom, Hll.
Die beiden Brüder in der Diokletianischen Verfolgung (um 304) enthauptet und in den Tiber geworfen, die Schwester erwürgt.
Liturgie: Fulda g am 29. Juli
Darstellung: die Brüder als Soldaten

Sixtus II. Holzstatue, Umkreis T. Riemenschneider, um 1510/1520, Badisches LM Karlsruhe

mit Schild und Lanze; mit abgeschlagenen Häuptern; Beatrix mit Strick.

Sixtus II., Papst, u. Gef., Märtt., Hll.
Papst von 257 bis 258, erlitt das Martyrium während des Gottesdienstes in der Calixtuskatakombe.
Liturgie: GK g am 7. August
Darstellung: als Papst mit Geldbeutel oder Geldstück (Übergabe des Kirchenschatzes an seinen Diakon ↗ Laurentius); mit Buch, Palme, selten mit Schwert.
Abb. siehe links

Sola, Glaubensbote in Franken, Hl. (Sualo)
Angelsächsischer Mönch, Mitte 8. Jh. in Solnhofen (westl. v. Eichstätt) als Missionar tätig.
Liturgie: Eichstätt g am 5. Dezember, sonst 3. Dezember
Darstellung: als Priester mit Buchrolle; als Abt mit Buch und Abtstab; mit Fackel als „Sol" (Anspielung auf seinen Namen?).

Sophia u. ihre drei Töchter, Märtt. zu Rom, Hll.
Problematische legendäre Ausgestaltung der vier Tugenden als historische Märtyrer in Rom um 130 (?).
Gedächtnis: 15. Mai
Darstellung: Sophia (Weisheit) als Matrone mit den drei Töchtern Fides, Spes und Caritas (Glaube, Hoffnung, Liebe) auf dem Arm oder zu Füßen, die Töchter mit Marterwerkzeugen (Sophia starb eines natürlichen Todes, nachdem sie die Töchter begraben hatte).

Stanislaus Kostka SJ, Hl. (Stanislaw)
Jesuitennovize in Rom.
* 28. Oktober 1550 in Rostkòw (Polen)
† 15. August 1568 18jährig in Rom an Wechselfieber
Liturgie: Wien G am 13. November;

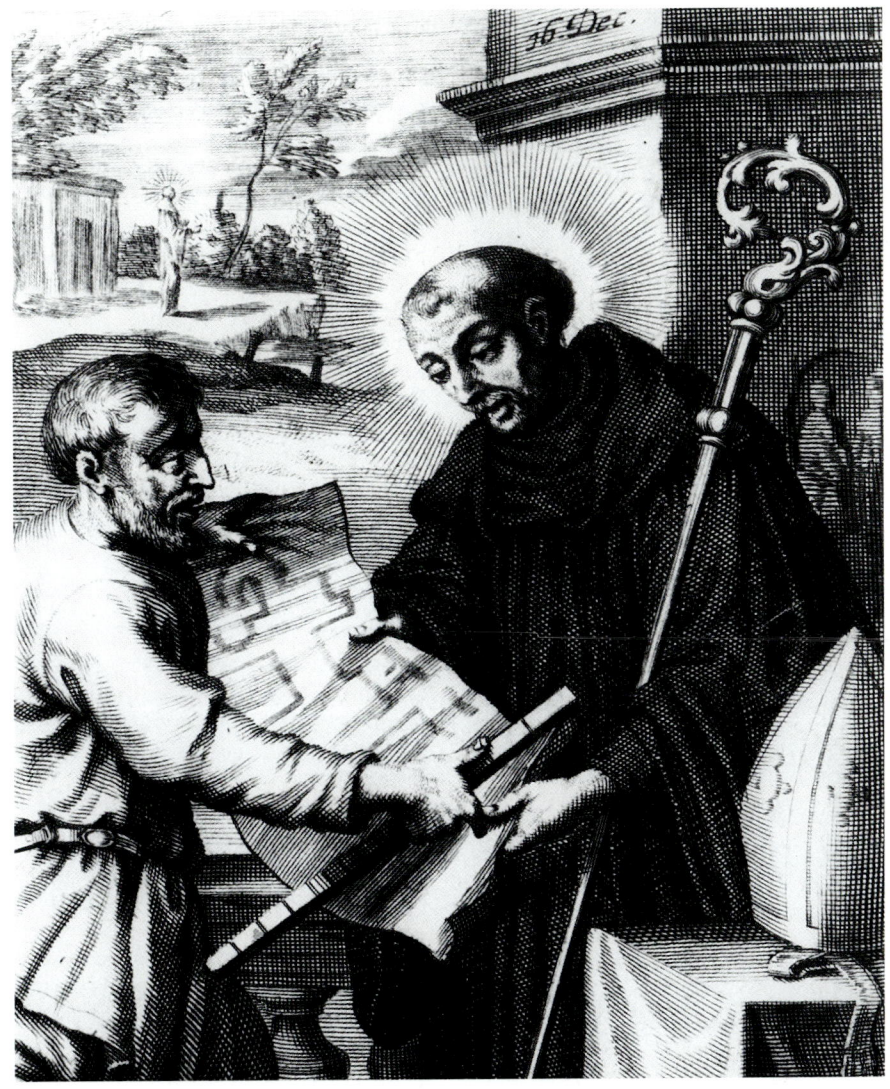

Sturmius. Kupferstich, Aegidio Ranbeck, 1675

Augsburg g; dieses Datum wurde schon im 17. Jh. gewählt, weil sein Todestag mit Mariä Himmelfahrt zusammenfiel u. weil er so als Patron der studierenden Jugend in den Jesuitenkollegien während des Schuljahres gefeiert werden konnte.
Darstellung: als Jesuitennovize mit Lilie (Reinheit), Marienbild, Kruzifix und Rosenkranz; mit Jesuskind im Arm (Erscheinung); mit Wanderstab (Flucht nach Rom).

Stanislaus, Bisch. **von Krakau,** Märt. Hl. (Stanislaw)
Wegen Differenzen mit dem König

Suitbert. Altarflügel, B. Bruyn, um 1532, AP München

als Verräter verurteilt, von Boleslaw II. eigenhändig am Altar getötet.
* um 1030 bei Krakau
† 11. April 1079 in Krakau

Liturgie: GK g am 11. April
Darstellung: als Bischof mit Schwert und Märtyrerpalme, meist mit auferwecktem Toten zu Füßen (den er als Zeuge für den rechtmäßigen Erwerb eines Kirchengrundstückes vor den König brachte, vgl. ↗ Fridolin).

Stephan Harding OCist, Abt von Cîteaux, Hl.
Dritter Abt von Cîteaux (Zentralfrankreich), Organisator des jungen Zisterzienserordens.
* 1059 in Meriott (England)
† 28. März 1134 in Cîteaux
Gedächtnis: 16. Juli
Darstellung: als Zisterzienserabt mit Buch (die neuen Statuten des Ordens); mit Erscheinung der Gottesmutter.

Stephan I., König **von Ungarn,** Hl.
(heidnischer Name: Vajk)
Organisator des christlichen ungarischen Staates, Gründer von zwei Erzbistümern und acht Bistümern.
* um 969
† 15. August 1038
Liturgie: GK g am 16. August
Darstellung: als alter König, oft im Harnisch, mit Krone, Zepter, Reichsapfel und Kreuz (Zeichen seiner missionarischen Tätigkeit); oft mit seinem Sohn, dem hl. ↗ Emmerich, und mit dem hl. ↗ Ladislaus.

Stephanus, Diakon, Erzmärt., Hl.
Einer der sieben von den Aposteln in Jerusalem geweihten Diakone, kam in Konflikt mit den gesetzestreuen Juden, wurde nach seiner Verteidigungsrede als erster Märtyrer des Christentums vor den Toren Jerusalems gesteinigt.
Liturgie: GK F am 26. Dezember; Wien H (Patron der Erzdiöz. u. des Domes)
Darstellung: als (jugendlicher) Diakon mit Evangelienbuch, Märtyrer-

palme und drei oder mehreren Steinen (Martyrium); oft dem hl. Diakon ↗ Laurentius gegenübergestellt.
Abb. siehe Seite 178

Sturmius OSB, Abt in Fulda, Hl.
Lieblingsschüler des hl. ↗ Bonifatius, Gründerabt des Klosters Fulda, brachte die Gebeine des hl. Bonifatius nach Fulda.
* um 715 in Oberösterreich
† 17. Dezember 779 in Fulda
Liturgie: Fulda F am 16. Dezember; München-Freising g; sonst 17. Dezember
Darstellung: als Mönch oder Abt mit Regelbuch, mit Grundriß des Klosters (als Gründer).
Abb. siehe Seite 265

Suitbert OSB, Bisch. u. Glaubensbote am Niederrhein, Hl. (Swibertus)

Angelsachse, Wanderbischof, Missionar in Westfalen, Gründer des Klosters Kaiserswerth bei Düsseldorf.
† 713 in Kaiserswerth
Liturgie: Essen, Köln g am 4. September
Darstellung: als Bischof mit Stern (Traum der Mutter während der Schwangerschaft).
Abb. siehe Seite 266

Symphorosa u. ihre sieben Söhne, Märtt. zu Rom, Hll.
In Anlehnung an die Legende der hl. ↗ Felicitas erlitt sie mit ihren sieben Söhnen das Martyrium unter Hadrian in Rom.
Gedächtnis: 18. Juli
Darstellung: als Matrone mit ihren sieben Söhnen, alle mit Palmen in den Händen.

T

Thekla. Holzstatue, B. Prandstätter, 2. V. 18. Jh., Pfk Pöls/Stmk.

Tarsicius, Märt. zu Rom, Hl. (Tharsicius)
Wahrscheinlich Diakon, Märtyrer im 3. Jh. in Rom.
Gedächtnis: 15. August
Darstellung: als junger Mann am Boden liegend, die Eucharistie vor der Brust bergend (wurde von Heiden erschlagen).

Telesphorus, Papst, Hl.
Siebter Nachfolger des Petrus, vielleicht Märtyrer unter Hadrian (117–138).
Gedächtnis: 5. Jänner
Darstellung: als Papst mit Kelch und drei Hostien darüber (weil ihm fälschlicherweise die Einführung der

drei Weihnachtsmessen zugeschrieben wurde).

Thebäische Legion ↗ *Verzeichnis der Attribute und Begriffe*

Thekla von Ikonium, Jgfr., Erzmärt., Hl.
Begleiterin des hl. ↗ Paulus, dem sie in verschiedene Länder folgte, wo sie mehrere Martyrien unbeschadet überstand.
Gedächtnis: 23. September
Darstellung: als Jungfrau mit Säule und Flammen (der Scheiterhaufen wurde auf wunderbare Weise gelöscht); mit Löwe oder Bär oder Schlange (wilde Tiere verschonten sie); mit Märtyrerpalme, Buch oder Kruzifix.
Abb. siehe links

Theobald von Thann, Hl.
Historisch identisch mit dem hl. ↗ Ubald von Gubbio, im Mittelalter als Patron der Pilger und besonderer Nothelfer in Thann (Elsaß) hochverehrt.
Gedächtnis: Translationsfest in Thann 1. Juli
Darstellung: als Bischof, meist sitzend, zwei schwebende Engel neben seinem Haupt, zwei kniende Pilger (links Mann, rechts Frau) zu Füßen; mit Modell des Münsters von Thann.

Theobald von Provins OSBCam, Hl. (Thietbald, frz. Thibaud)
Ritter (Flucht vom Elternhaus), Einsiedler und Priester bei Salanigo (Oberitalien), oft mit ↗ Theobald von Thann verwechselt.
* 1017 (1033?) in Provins (Frankreich)
† 30. Juni 1066/67 als Einsiedler beim Kamaldulenserkloster Vangadizza

Johannes Nepomuk. Holzsstatue, Mitte 18. Jh., Burg Hasegg, Hall/Tirol

Hedwig. Tafelbild, ca. 1820, Diözesanmuseum Breslau/Polen

Michael. Holzstatue, J. P. Schwanthaler, 2. Hälfte 18. Jh., Stift Reichersberg/OÖ

Ansgar. Tafelbild, Hans Bornemann (?), 1457, Pfarre St. Petri, Hamburg

Viktor. Antoniusaltar, Jan Balgert, um 1510, St.-Viktor-Dom Xanten/NRW

Theodul. Glasgemälde, um 1510, SLM Zürich

bei Salanigo (Oberitalien)
Gedächtnis: 30. Juni
Darstellung: als Edelmann mit Falke, als Ritter, Pilger, Priester, Eremit oder Handwerker.

Theodor, Märt. zu Euchaïta, Hl. Märtyrer um 303 in Kleinasien, als Märtyrersoldat und Heerführer im Osten sehr berühmt.
Gedächtnis: 9. November

(Griechen: 7. und 9. Februar)
Darstellung: im Westen selten, als römischer Soldat oder Ritter mit Schild und Lanze; als Drachentöter mit einem Schwert, den erlegten Drachen (oder ein Krokodil) zu seinen Füßen.

Theodul, Bisch. **von Sitten,** Hl. (Theodor, Joder)
Erster Bischof des Wallis (Schweiz), nahm an den Synoden von Aquileja (381) und Mailand (393) teil, fand nach der Legende die Gebeine des hl. ↗ Mauritius und seiner Gefährten.
Liturgie: Sitten H am 16. August (Patron des Bistums); Basel, Chur, Lausanne-Genève-Fribourg, St. Gallen g
Darstellung: als Bischof, den Teufel zu Füßen, der eine Glocke trägt (nach der Legende mußte dieser die vom Papst geschenkte Glocke von Rom nach Sitten tragen); im Wallis oft mit Schwert (die Legende machte ihn zu einem Zeitgenossen Karls d. G., der ihm die weltlichen Hoheitsrechte über das Wallis übertragen haben sollte); mit Traube (Weinwunder).
Abb. siehe Seite 273

Theresia von Avila OCarm, Hl. (Teresa, Th. von Jesus, Th. die Große, Th. von Spanien)
Mystikerin, Reformatorin des Karmeliterordens, Gründerin zahlreicher Klöster der Unbeschuhten Karmeliterinnen, Schriftstellerin, Kirchenlehrerin.
* 28. März 1515 in Avila (Zentralspanien)
† 4. Oktober 1582 in Alba de Tormes
Liturgie: GK G am 15. Oktober (da ihr Todestag, der 4. Oktober, bereits mit dem Fest des hl. ↗ Franz von Assisi belegt war, verlegte man anläßlich ihrer Heiligsprechung ihr Fest auf den darauffolgenden Tag, an diesem Tag trat aber die Gregorianische

Kalenderreform in Kraft, d. h. auf Donnerstag, den 4. Oktober 1582, folgte unmittelbar Freitag, der 15. Oktober 1582; im Karmeliterorden wird sie heute noch am 5. Oktober gefeiert)
Darstellung: als Nonne in braunem Habit mit weißem Mantel und schwarzem Schleier, mit Taube (Pfingstvision); mit Schreibfeder und Buch (als mystische Schriftstellerin); mit von einem Pfeil durchbohrtem Herzen (abgeleitet von der Vision: ein Engel durchbohrt mit dem glühenden Pfeil der göttlichen Liebe Theresias Herz).
Abb. siehe Seite 275

Theresia von Lisieux OCD, Hl. (Th. vom Kinde Jesu u. vom hl. Antlitz, „Kleine hl. Theresia")
Unbeschuhte Karmelitin in Lisieux, von glühender Gottes- und Nächstenliebe.
* 2. Jänner 1873 in Alençon (Normandie, Frankreich)
† 30. September 1896 in Lisieux
Liturgie: GK G am 1. Oktober
Darstellung: als Karmelitin mit braunem Habit, weißem Mantel und schwarzem Schleier, Rosen in den Armen (vor ihrem Tod versprach sie, vom Himmel Rosen auf die Erde zu streuen).

Thiemo OSB, Erzb. von Salzburg, Märt., Sel. (Theodemar, Dietmar)
Abt von St. Peter in Salzburg und Erzbischof, Reformator, Teilnehmer am ersten Kreuzzug.
* um 1040
† 28. September 1101 / 02 in Askalon (westl. v. Jerusalem), gemartert
Gedächtnis: 28. September
Darstellung: als Bischof mit Mitra und Lendenschurz beim Martyrium (nach der Legende durch Herauswinden der Gedärme wie ↗ Erasmus).

Theresia von Avila. Holzstatue, J. A. Pfaffinger, um 1721/1723, Kollegienkirche Salzburg

Thomas, Apostel, Märt., Hl.
Wirkte in Persien und Indien.
† nach 67 in Kalamina (Ostküste Südindiens?)
Liturgie: GK F am 3. Juli (Translation der Gebeine nach Edessa), das Fest am 21. Dezember wurde verschoben, weil der 21. Dezember in die unmittelbare Vorbereitungszeit auf Weihnachten fällt
Darstellung: als Apostel mit Buch oder Schriftrolle; mit Lanze oder Schwert (Martyrium); im Barock durch das Winkelmaß (Beruf als Baumeister) ersetzt; häufig in der Szene des „ungläubigen Thomas" vor dem Auferstandenen, dessen Wundmale berührend.
Abb. siehe rechts, Seiten 125, 215

Thomas von Aquin OP, Kirchenlehrer, Hl.
Dominikaner, größter kirchlicher Philosoph und Theologe des Mittelalters.
* um 1225 in Roccasecca bei Montecassino (Italien)
† 7. März 1274 in der Zisterzienserabtei Fossanuova bei Terracina auf dem Weg zum zweiten allgemeinen Konzil von Lyon
Liturgie: GK G am 28. Jänner (Translation); sein Gedächtnistag (früher 7. März, Todestag) wurde 1969 vorverlegt, weil er sonst stets in die österliche Bußzeit fiele.
Darstellung: als Dominikaner (oft mit Magistertalar) mit Tintenfaß, Buch und Federkiel; mit leuchtendem Stern auf der Brust (die Kirche erleuchtend); mit Taube des Hl. Geistes auf der Schulter oder aus dem Mund fliegend; mit Magisterkette mit Sonnenscheibe; mit Monstranz oder Kelch (als Dichter des Fronleichnamsoffiziums); mit IHS-Monogramm; öfters mit Flügeln (doctor angelicus); selten alle Attribute vereint.
Abb. siehe Seite 121

Thomas Apostel. Holzstatue, E. van Roden, um 1520, Zisterzienserkl. Marienfeld/ NRW

Thomas Becket, Erzb. von Canterbury, Märt., Hl.
Lordkanzler, Primas von England, setzte sich für Vorrechte und Freiheit der Kirche gegenüber König Heinrich II. ein.
* 1118 in London
† 29. Dezember 1170, in der Kathedrale von Canterbury von vier Edelleuten aus dem Kreis des Königs ermordet
Liturgie: GK g am 29. Dezember
Darstellung: als Bischof mit Buch, ein Schwert (oder Beil) im Haupt oder in der Infel, mit Palme oder Kirchenmodell; meist in der Szene seiner Ermordung.

Thomas Morus, Märt., Hl. (Sir Thomas More)
Englischer Staatsmann, Humanist.
* 7. Februar 1478 in London
† 6. Juli 1535 ließ ihn König Heinrich VIII. enthaupten
Gedächtnis: 6. Juli
Darstellung: nach authentischen Porträts mit Professorenbarett, pelzbesetzter Amtskleidung und Kanzlerkette.

Thomas von Villanova OESA, Erzb. von Valencia, Hl.
Augustinereremit, Wohltäter der Armen, schon zu Lebzeiten von Kaiser Karl V. als „Heiliger" angesprochen.
* um 1487 in Nordwestspanien
† 8. September 1555 in Valencia
Gedächtnis: 8. September
Darstellung: als Bischof mit Bettler oder Krüppel zu Füßen; mit Geldbeutel (Verteilung von Almosen).
Abb. siehe Seite 122

Tiburtius, Märt. zu Rom, Hl.
Römischer Märtyrer der Frühzeit.
Gedächtnis: 11. August
Darstellung: als vornehmer Laie, als Ritter mit Lanze und Schild oder römischer Soldat.

Tillo OSB, Abt in Solignac, Hl. (Tilman, Til, Tillon, Théau)
Vom hl. ↗ Eligius aus der Sklaverei losgekauft und zum Goldschmied ausgebildet, Abt im Benediktinerkloster Solignac (Diözese Limoges, Zentralfrankreich), später Einsiedler.
† 16. Jänner um 702
Gedächtnis: 16. Jänner
Darstellung: als Abt mit Kelch (Beruf).

Trudo von Haspengau, Hl.
Mönchsmissionar, gründete auf seinem Familiengut das Kloster St. Trond oder Sint Truiden.
* um 630 in Haspengau
† in St. Trond (Limburg, Belgien)
Gedächtnis: 23. November
Darstellung: als Mönch oder Priester mit Kirchenmodell (St. Trond) oder einen Drachen (Heidentum) zertretend.

Trudpert, Märt., Hl.
Iroschottischer Missionar im Münstertal (Schwarzwald), nach einer späten Legende Bruder des hl. ↗ Rupert und der hl. ↗ Erentrudis.
† 607, von zwei Knechten erschlagen
Liturgie: Freiburg/B. g am 26. April
Darstellung: als Einsiedler oder Fürst (Krone), mit Axt (Marterwerkzeug).

U

Ulrich, Afra und Simpert. Tafelbild, Augsburger Meister, um 1490, DM Rottenburg

Ubald, Bisch. **von Gubbio,** Hl.
Historisch identisch mit ↗ Theobald von Thann, als Bischof von Gubbio Friedensstifter und Reformer.
* um 1080/85 in Gubbio (Umbrien, Mittelitalien)
† 16. Mai 1160
Gedächtnis: 16. Mai
Darstellung: als Bischof (Mitra und Stab oft nicht von ihm selbst getra-

gen, da er zuerst aus Demut die Bischofswürde nicht annehmen wollte), mit Stadtmodell von Gubbio; mit einem oder mehreren Teufeln (Besessenenheilungen).

Ulrich, Bisch. **von Augsburg,** Hl.
(Udalrich, Odalrich)
Sicherte Augsburg mit einer Steinmauer, hatte großen Anteil am Sieg

278

über die Ungarn in der Schlacht am Lechfeld am 10. August 955, förderte das gesamte kirchliche Leben seiner Diözese, sorgte für Arme und Kranke, pilgerte viermal nach Rom.
* 890 in Augsburg
† 4. Juli 973 in Augsburg
Liturgie: RK g am 4. Juli; Augsburg H (Patron der Diöz.); Regensburg, Einsiedeln, St. Gallen G
Darstellung: als Bischof mit Evangelienbuch und Fisch (er gab einem Boten Fleisch mit, das dieser am Freitag vorweisen wollte, um den Bischof zu verleumden – doch das Fleisch war in einen Fisch verwandelt); mit Ratten (als Patron gegen Rattenplage); zu Pferd (als Teilnehmer an der Ungarnschlacht oder beim Ritt über die hochwasserführende Wertach); oft zusammen mit ↗ Afra und ↗ Simpert oder Bischof ↗ Konrad von Konstanz.
Abb. siehe Seite 278

Ulrich von Zell OSB, Hl. (U. v. Regensburg, U. v. Cluny; Udalrich) Verbreiter der Cluniazenserreform im deutschen Sprachraum, Klostergründer.
* 1029 in Regensburg
† 14. Juli 1093 in Zell (Schwarzwald)
Liturgie: Freiburg / B. g am 14. Juli
Darstellung: als Benediktinerabt mit einem Knaben zu Füßen (den er von einer Lähmung heilte).

Urban I., Papst, Hl.
Regierte 222–230, nichts Historisches bekannt, laut Cäcilienlegende taufte er ihren Bräutigam ↗ Valerian und begrub die Heilige.
Gedächtnis: 25. Mai
Darstellung: als Papst mit Tiara, Kreuzstab und Buch; ab dem 15. Jh. mit Traube oder Weinstock (sein Festtag fällt mit dem Endtermin der Weingartenbestellung zusammen, daher Winzerpatron); sehr selten mit

Urban. Holzstatue, A. Kölle, 1738–1742, Stiftskirche Stams/Tirol

Schwert (legendäres Martyrium).
Abb. siehe oben

Ursula u. Gef., Jgfren, Märtt. in Köln, Hll.
Der Legende nach britische Königstochter, die mit 11.000 anderen Jungfrauen um 304 von einer Rom-Pilgerfahrt nach Köln zurückkam und dort samt Begleitung von den Hunnen, als diese die Stadt belagerten, mit Pfeilen erschossen wurde.
Liturgie: RK g am 21. Oktober (Köln G)

Ursula. Altarflügel, Meister des Heisterbacher Altars, um 1450, WRM Köln

Darstellung: als junge Königstochter mit Krone und Pfeil (Martyrium, selten zwei oder mehr Pfeile und Bogen); mit Palme; Kreuzfahne (als Anführerin der Jungfrauenschar); mit Schiffchen (Reise); als Schutzmantelheilige (besonders im Rheingebiet).
Abb. siehe Seite 280

Ursus u. **Viktor von Solothurn,** Märtt., Hll.
Angehörige der ↗ Thebäischen Legion, die mit Gefährten dem Blutbad in Agaunum entkamen und in Solothurn (Schweiz) 286 oder 303 gemartert und enthauptet wurden.
Liturgie: Basel H am 30. September (Patrone des Bistums); Chur, St. Gallen, Sitten g
Darstellung: als Soldaten oder Ritter mit Fahne und Schild und Schwert (Martyrium), Viktor als Kephalophor.
Abb. siehe rechts

Utto OSB, Abt **von Metten,** Sel.
Benediktinermönch in Reichenau (Bodensee), erster Abt von Kloster Metten (Niederbayern), Kulturpionier.
† 3. Oktober 829
Gedächtnis: 3. Oktober
Darstellung: als Mönch mit Buch und „Uttostab" (den der Papst ihm geschickt haben soll); mit Beil (das er

Ursus. Steinstatue, J. B. Babel, um 1772/1774, St.-Ursen-Kathedrale Solothurn

der Legende nach beim Bau seiner Zelle an einem Sonnenstrahl aufhängte).

V

Valentin, Bisch. in Rätien, Hl.
Wanderbischof unbekannter Herkunft.
† 7. Jänner um 457 (in der Kirche der Zenoburg bei Meran, Südtirol, begraben)
Liturgie: RK g am 7. Jänner; Passau H (Patron der Diöz.); Linz G
Darstellung: als Bischof mit Stab und Buch, ab 15. Jh. mit Krüppel oder Epileptiker zu Füßen (übernommen aus der Legende des hl. ↗ Valentin von Terni).

Valentin, Bisch. **von Terni,** Märt., Hl.
Mit Valentin von Rom verwechselt bzw. identifiziert, der 269 in Rom enthauptet worden sein soll.
Liturgie: Fulda, Limburg, Mainz g am 14. Februar
Darstellung: als Bischof mit Schwert oder verkrüppeltem Knaben (der Legende nach hat er ein verkrüppeltes Kind geheilt).
Abb. siehe Seite 283

Valeria von Limoges, Jgfr., Märt., Hl.
(Valerie)
Laut Legende löste sie nach ihrer Taufe das Verlöbnis mit dem heidnischen Herzog Stephan, der sie deshalb enthaupten ließ.
† Ende 3. Jh. in Limoges (Zentralfrankreich)
Gedächtnis: 9. Dezember
Darstellung: als vornehme Jungfrau mit ihrem Kopf in der Hand.

Valerian, Märt. zu Rom, Hl.
Legendärer Bräutigam der hl. ↗ Cäcilia, Märtyrer im 3. Jh. in Rom.
Gedächtnis: 14. April
Darstellung: als vornehmer Mann oder König, meist in Zyklen der hl. Cäcilia (z. B.: ein Engel reicht beiden

einen Kranz aus paradiesischen Blumen für das Gelöbnis des jungfräulichen Lebens).
Abb. siehe Seite 284

Verena von Zurzach, Hl.
Nach der Legende Christin aus Oberägypten, kam im Gefolge der ↗ Thebäischen Legion nach Mailand und später nach Solothurn (Schweiz), lebte dort in der Verenaschlucht, dann Priesterhaushälterin in Zurzach am Rhein.
† um 350 in Zurzach als Einsiedlerin
Liturgie: Freiburg/B., Basel g am 1. September
Darstellung: als Jungfrau oder Matrone mit Kopftuch, mit Krug und doppelreihigem Kamm, manchmal mit Brot (Armen- und Krankenpflege); mit Fisch, der einen Ring im Maul trägt (Wunder des wiedergefundenen Ringes).
Abb. siehe Seite 285

Veronika, fromme Frau in Jerusalem
Unhistorisch-legendäre Persönlichkeit, meist mit einer der klagenden Frauen auf dem Kreuzweg Christi identifiziert, die Jesus ein Schweißtuch gereicht und dieses mit dem Abdruck seines Gesichtes zurückbekommen hatte (der Name geht auf das lat.-griech. Wort „vera icon" = „wahres Abbild" zurück).
Gedächtnis: 4. Februar
Darstellung: als stehende Matrone, hält mit beiden Händen das Schweißtuch mit dem Abbild Christi.
Abb. siehe Seite 286

Veronika Giuliani OSClCap, Äbtissin, Hl.
Kapuzinerin in Città di Castello (Mittelitalien), Leidensmystikerin, emp-

Valentin. Holzstatue, J. Schokotnigg, 1756, Pfk St. Veit am Vogau/Stmk.

Valerian und Cäcilia. Altarflügel, Meister des Kirchsahrer Altars, um 1430/1450, WRM Köln

fing am Karfreitag 1697 die Wundmale Christi (Stigmata), die strengen Prüfungen unterzogen wurden.
* 27. Dezember 1660 in Mercatello sul Metauro (südwestl. v. Rimini)
† 9. Juli 1727 in Città di Castello
Gedächtnis: 9. Juli
Darstellung: als Kapuzinerin mit Stigmata und Dornenkrone; mit Leidenswerkzeugen.

Vier Gekrönte, Märtt., Hll. (Quattuor Coronati)
Kastor, Symphorianus, Klaudius und Nikostratus; nach einer der unterschiedlichen Legenden Bildhauer oder Zwangsarbeiter in den kaiserlichen Steinbrüchen von Pannonien (Westungarn), Märtyrer um 305, Gebeine in Rom.
Gedächtnis: 8. November
Darstellung: in Berufskleidung der Bildhauer mit Kronen und Werkzeugen (Hammer, Meißel, Reißschiene, Zirkel).

Vigilius, Bisch. **von Trient,** Hl.
Bekehrte Heiden in seiner Diözese, in Verona und Brescia (Oberitalien), von Heiden mit Steinen (nach späterer Legende mit Holzschuhen) erschlagen, nachdem er ein Saturnbild zerstört hatte.
† um 405 im Rendenatal (Diözese Trient)
Liturgie: Bozen-Brixen H am Samstag nach dem 2. Ostersonntag (mit ↗ Kassian, Diözesanpatrone), sonst 26. Juni
Darstellung: als Bischof mit Holzschuh (Martyrium).
Abb. siehe Seite 286

Viktor von Solothurn, Märt., Hl.
↗ Ursus u. Viktor

Viktor u. Gef., Märtt. in Xanten, Hll.
Führer einer Kohorte der ↗ Thebäischen Legion, entging dem Blutbad in Agaunum (St. Moritz, Schweiz) 302, erlitt das Martyrium in Xanten am Niederrhein.
Liturgie: Essen, Münster g am 10. Oktober
Darstellung: als Ritter mit Barett, mit (Fahnen-)Lanze und Schild.
Abb. siehe Seite 272

Vinzenz Ferrér OP, Hl. (Vincencio)
Dominikaner, einer der größten

abendländischen Bußprediger des Mittelalters, trat in Papst-Schisma lange Zeit für den Gegenpapst ein.
* um 1350 in Valencia (Ostspanien)
† 5. April 1419 in Vannes (Bretagne)
Liturgie: GK g am 5. April
Darstellung: seit dem 17. Jh. in fast jeder Dominikanerkirche; als Dominikaner, bartlos; mit Lilie (Jungfräulichkeit); mit IHS-Monogramm auf der Brust; mit Flamme auf dem Haupt (Sonnennimbus) oder in der Hand als feuriger Bußprediger; mit offenem Buch, die Rechte mahnend erhoben, mit Posaune oder Flammenschwert (vielfach der Heilige selbst mit Flügeln ausgestattet) als Künder des Letzten Gerichtes; mit Kardinalshut zu Füßen (abgelehnte Kardinalswürde), mit Kind und Kessel (fälschlich oft als Taufbecken bezeichnet), weil er ein von der Mutter zerstückeltes und gebratenes Kind wiedererweckte.
Abb. siehe Seite 287

Vinzenz von Paul, Hl.
Ordensstifter der Lazaristen und der Vinzentinerinnen (Barmherzige Schwestern), Begründer der organisierten Caritas.
* 24. April 1581 in Pouy (Südwestfrankreich)
† 27. September 1660 in Paris
Liturgie: GK G am 27. September
Darstellung: als Weltpriester nach authentischem Porträt; ein Kind auf dem Arm oder zu Füßen (soziale Fürsorge); mit Kreuz oder flammendem Herzen in der Hand.

Vinzenz von Saragossa, Märt., Hl.
Erzdiakon des Bischofs von Saragossa (Spanien), in der Diokletianischen Verfolgung (um 304) gemartert, im Kerker gestorben.
Liturgie: GK g am 22. Jänner; Görlitz G
Darstellung: als jugendlicher Diakon

Verena. Glasgemälde, 14. Jh., Kl. Königsfelden/Kt. Aargau

mit Palme und Buch (Evangelienverkünder); mit Rost oder Feuerhaken (Martyrium), oft dem hl. ↗ Laurentius (auch Diakon mit dem gleichen Attribut) gegenübergestellt; mit einem Raben zu Füßen (bewachte seinen Leichnam); mit Mühlstein

285

Veronika. Tafelbild, Meister von Flémalle, um 1430/1440, Städel Frankfurt

(Leichnam wurde mit Stein ins Meer versenkt und wieder an Land getrieben); mit Blumenzweig (Wunder im Kerker); mit Hacke (als Patron der Holzhauer).

Virgil, Abt-Bisch. **von Salzburg,** Hl. (Virgilius)
Irischer Mönch, Missionar in Bayern,

Vigilius Altarflügel, um 1500, St. Nikolaus Dreikirchen/Südtirol

Vinzenz Ferrèr. Gemälde, 18. Jh., Pfk St. Veit am Vogau/Stmk.

Abt von St. Peter in Salzburg, später Bischof, er christianisierte Kärnten und erbaute den ersten Dom von Salzburg.

† 27. November 784 in Salzburg
Liturgie: RK g am 24. September; Salzburg H (mit Rupert Diözesanpatron); Gurk-Klagenfurt G am 24. November

Darstellung: als Bischof mit doppeltürmigem Kirchenmodell des Salzburger Domes; oft dem hl. ↗ Rupert gegenübergestellt.
Abb. siehe Seite 290

Virgines capitales ↗ *Verzeichnis der Attribute und Begriffe*
Abb. siehe Seiten 288, 289

Katharina

Barbara

Virgines capitales. Altarflügel, F. Pacher (?), um 1490, ÖG Wien

Margareta   Dorothea

Virgines capitales. Altarflügel, F. Pacher (?), um 1490, ÖG Wien

Virgil. Holzstatue, um 1725, Kollegienkirche Salzburg

Vitalis, Abt-Bisch. **von Salzburg,** Hl.
Zweiter Bischof von Salzburg nach dem hl. ↗ Rupert, setzte dessen Missionstätigkeit fort.
† 20. Oktober vor 730
Liturgie: Salzburg g am 20. Oktober
Darstellung: als Bischof, ab dem 18. Jh. mit Herz und Lilie (aus seinem Grab soll eine Lilie gewachsen sein).

Vitalis der Thebäischen Legion, Märt., Hl.
Römischer Soldat der ↗ Thebäischen Legion, erlitt das Martyrium 302 in Agaunum (St. Moritz, Schweiz), seine Kopfreliquie 1069 von Erzbischof ↗ Anno nach Siegburg (Deutschland) gebracht.
Gedächtnis: 22. September
Darstellung: als Soldat mit Schwert und Banner.
Abb. siehe rechts

Vitus, Märt., Hl. (Veit, Veitl, frz. Guy)
Nach der Legende aus Sizilien, floh mit seinem Erzieher Modestus und

Vitalis. Altarflügel, B. Bruyn, um 1530, WRM Köln

seiner Amme Kreszentia aus dem heidnischen Elternhaus nach Lukanien (Unteritalien), alle drei erlitten in Rom unter Diokletian um 304 mannigfache Martyrien, denen sie jeweils wunderbar entkommen konnten, starben friedlich in Lukanien; Vitus gehört zu den ↗ 14 Nothelfern.

Liturgie: RK g am 15. Juni

Darstellung: als Knabe oder Jüngling mit langem Haar (oft mit Kappe oder Barett) in vornehmem Gewand, manchmal im Hermelinmantel mit Herzogshut und Reichsapfel (als Patron Böhmens); bis 1400 nur mit Palme, Schwert und manchmal mit Buch ausgestattet, erst später zahlreiche Attribute, die sich auf die überaus farbig ausgeschmückte Legende beziehen: mit Öllämpchen (Lampen mit überirdischem Licht im Kerker); mit Hahn (wahrscheinlich nach „alectorius locus" = „Hahnenort" in Lukanien, wo Vitus nach der Flucht gelandet war); mit Adler (wunderbare Speisung der Flüchtlinge durch einen Adler); mit (dreibeinigem) Kessel (Marter im Kessel mit siedendem Öl, Pech oder Harz, der er unbeschadet entkam); mit Löwe (Martyrium, der Löwe griff ihn nicht an); selten mit einem Knüttel (Schläge des Vaters) oder Brot (Speisung durch den Adler); häufig gemeinsam mit Modestus und Kreszentia in Szenen seines Lebens; mit den ↗ 14 Nothelfern oder unter den böhmischen Landespatronen.

Abb. siehe Seiten 85, 228

W

Walburga OSB, Äbtissin **von Heidenheim,** Hl. (Walpurga, Waldburc, Walburg, Walpurgis)
Tochter des hl. ↗ Richard von England, Schwester der hll. ↗ Willibald und ↗ Wunibald, kam mit ↗ Lioba zur Mission nach Deutschland, Äbtissin des Doppelklosters Heidenheim am Hahnenkamm bei Treuchtlingen (südl. v. Nürnberg).
* um 710 in England
† 25. Februar 779 in Heidenheim
Liturgie: RK g am 25. Februar; Eichstätt H: Patronin der Diözese
Darstellung: ab dem 15. Jh. als Äbtissin im schwarzen Ordenskleid mit Stab und Regelbuch, darauf ein Ölfläschchen (weil sich an der Steinplatte unter ihren Reliquien manchmal Tropfen bilden, die als heilkräftig gelten und in kleine Fläschchen gefüllt werden); als Zeichen der königlichen Herkunft manchmal mit Krone, der Stab durch ein Zepter ersetzt; mit Lilien- oder Blumenzepter; mit einem Blütenzweig oder drei Ähren.
Abb. siehe Seiten 86, 295

Waldetrudis OSB, Äbtissin in Mons, Hl. (Waltraud, frz. Waudru)
Schwester der hl. ↗ Adelgundis von Maubeuge, Mutter von vier Kindern, Gründerin des Klosters Mons in Belgisch Hennegau.
† 9. April um 688 in Mons
Gedächtnis: 9. April
Darstellung: als Nonne, meist mit Stab, das Ordensgewand oft weltlich modisch; mit ihren beiden Töchtern (manchmal auch im Ordensgewand – jedes Familienmitglied war in ein Kloster eingetreten) unter dem ausgebreiteten Mantel; selten mit Rosenkranz, Kelch, Krone, Kirchenmodell.

Wendelin, Hl. (Wandelin, Wendalin, Wendel, Vendel)
Fränkischer Einsiedler oder Mönch im 6. Jh. in den Vogesen, Grab in St. Wendel (Saar).
Liturgie: RK g am 20. Oktober
Darstellung: als Mönch, Pilger oder Hirte; manchmal mit Krone zu Füßen (nach der Legende iroschottischer Königssohn); als Hirte mit Hirtentasche, Hirtenschippe und Weidevieh (Viehpatron).
Abb. siehe Seite 293

Wenzel ↗ Wenzeslaus

Wenzeslaus, Herzog **von Böhmen,** Märt., Hl. (Wenzel, Vaclav)
Von seiner Großmutter ↗ Ludmilla erzogen, förderte den Anschluß Böhmens an das Deutsche Reich und die Christianisierung.
* um 903 / 905
† 28. September 929 (oder 935) in Altbunzlau, von seinem Bruder Boleslaw I. ermordet
Liturgie: GK g am 28. September
Darstellung: als Ritter mit Herzogshut, mit (bewimpelter) Lanze oder Schwert und Schild (Fahne und Schild stets mit einköpfigem Adler); im 18. Jh. im Harnisch ohne Waffen in Verzückung.
Abb. siehe Seiten 68, 293

Werenfrid von Elst, Hl.
Angelsächsischer Priester und Glaubensbote in Friesland, Gefährte des hl. ↗ Willibrord; Kult in Elst (Niederlande) und Emmerich am Rhein (niederländische Grenze).
† um 760
Gedächtnis: 14. August
Darstellung: als Priester mit Buch und kleinem Schiff (mit Sarg als Ladung)

Wendelin. Holzstatue, Ph. J. Straub, um 1745, Pfk St. Erhard i. d. Breitenau/Stmk.

Wenzeslaus. Tafelbild, Aachener Meister (?), um 1460, Domschatz Aachen

in der Hand: angeblich fuhr sein Sarg ohne Ruder gegen den Strom – offenbar legendäre Ausdeutung der Translation der Reliquien rheinaufwärts nach Emmerich.

Wiborada, Märt. in St. Gallen, Hl.
Einsiedlerin und Inklusin in St. Gallen (Schweiz), Ratgeberin für Adel und Volk.
† 2. Mai 926 in St. Gallen (beim Ungarneinfall tödlich verwundet)
Liturgie: St. Gallen G am 2. Mai
Darstellung: als Nonne mit Buch und Streitaxt oder Hellebarde (Martyrium).

Wigbert OSB, Abt **von Fritzlar,** Hl. (Wipert, Wiprecht, Wichert)
Angelsachse, folgte dem ↗ Bonifatius nach Deutschland, missionierte in Hessen und Thüringen.
† 737/738 im Kloster Fritzlar (südwestl. v. Kassel)
Liturgie: Fulda g am 13. August
Darstellung: als Priester, Mönch oder Abt, mit Vogel auf der Schulter (ein Paradiesvogel umflog seinen Leichnam dreimal); mit Kirchenmodell (Gründer der Fritzlarer Kirche); mit Traube in einem Kelch oder auf einem Buch (als Meßwein fehlte, drückte er eine Traube aus, eine Bee-

Richard und Willibald. Holzstatuen, um 1470/1480, Dom Eichstätt/Bayern

294

Walburga und Wunibald. Holzstatuen, um 1470/1480, Dom Eichstätt/Bayern

re grub er ein – daraus wuchs in den nächsten Jahren ein riesiger Weinstock).

Wilfried OSB, Bisch. **von York,** Hl. (Wilfrith)
Zweiter Abt von Ripon, Bischof von York, angefeindeter Reformer, durch Jahre verbannt, missionierte ein Jahr in Friesland.
* 634 in Northumberland (Nordengland)
† 709/710 im Kloster Oundle (Mittelengland)
Gedächtnis: 24. April (das ursprüngl. Festdatum; seit der Translation in Canterbury am 12. Oktober)
Darstellung: als Bischof, mit Kind (das er zum Leben erweckt hatte).

Wilgefortis (Kümmernis, Kummernus, Ontkommer, St. Gwer, Hülpe, Eutropia, Caritas, Liberatix u. ä.)
Mythologische Volksheilige, historische Nachrichten fehlen; nach der Legende Tochter eines heidnischen Königs, schlug alle heidnischen Freier aus, weil sie sich Christus verlobt hatte; bat Christus um Entstellung durch einen Bart, der erzürnte Vater ließ sie daraufhin ans Kreuz nageln, damit sie auch so Christus ähnlich sei.
Gedächtnis: 20. Juli (Verehrung heute erloschen)
Darstellung: wurzelt in den byzantinischen Kruzifixen, auf denen Christus im kostbaren, langen Kleid als Himmelskönig am Kreuz hängt (vgl. „Volto Santo" in Lucca, Toskana, Italien); meist bärtig in langem Gewand am Kreuz dargestellt; oft mit Stricken angebunden; mit Krone (Herkunft); mit Spielmann und Schuh (wirft dem armen Spielmann den goldenen Schuh zu); im 15. Jh. als weibliche Heilige ohne Bart mit Kreuz im Arm; im 18./19. Jh. mit ausgeprägt weiblichen Körperformen und in kostbaren

Wilgefortis. Altarflügel, H. Memling, 1482, Memlingmuseum Brügge

Gewändern am Kreuz hängend.
Abb. siehe Seite 296

Wilhelm von Aquitanien OSB, Hl.
(Wilhelm von Gellone)
Im Dienst Karls d. G. Herzog von
Aquitanien (südwestliches Frank-
reich), Enkel von Karl Martell, tapfe-
rer Kämpfer gegen die Sarazenen,
gründete das Kloster Gellone (Süd-
frankreich) und trat selbst dort ein.
* um 750
† 28. Mai 812 im Kloster Gellone
Gedächtnis: 28. Mai
Darstellung: als Mönch mit Helm; mit
Buch; mit Schwert; im Barock mit
Harnisch, Mantel und Lanze; oft mit
↗ Wilhelm von Malavalle verwech-
selt.
Abb. siehe Seiten 297, 298

Wilhelm von Malavalle, Hl. (Wilhelm der Große)
Laut Legende zog er nach ausgelas-
sener Jugend mit Panzer, Helm, Ketten und Bußgewand nach Rom und
ins Heilige Land, später (Augusti-
ner-)Eremit in einem öden Tal (Male
valle) bei Siena (Mittelitalien).
† 10. Februar 1157
Gedächtnis: 10. Februar
Darstellung: in hohem Alter mit langem Bart als Einsiedler, mit Stab, mit
Rosenkranz, öfters mit Kettenhemd
unter dem Habit, mit Eisenstreifen
über der Kappe oder mit Harnisch,
darüber selten kuttenähnliches Obergewand, Helm auf dem Kopf oder in
der Hand (ab dem 15. Jh. mit ↗ Wilhelm von Aquitanien verwechselt).
Abb. siehe Seiten 297, 298

Willehad, Bisch. **von Bremen**, Hl.
Angelsächsischer Glaubensbote in
Friesland und bei den Sachsen an der
Unterweser, Missionsbischof.
* um 745 in Northumbrien (Nordengland)
† 8. November 789 in Blexen (an der

*Wilhelm. Tafelbild, Aachener Meister (?),
um 1460, Domschatz Aachen*

Wesermündung, Gau Wigmondi)
Liturgie: Hildesheim, Münster, Os-
nabrück g am 8. November
Darstellung: als Bischof mit Buch; mit
Kirchenmodell (St.-Petri-Dom in Bre-
men).
Abb. siehe Seite 299

Willibald OSB, Bisch. **von Eichstätt,**
Hl.
Sohn des hl. ↗ Richard, Bruder der
hll. ↗ Wunibald und ↗ Walburga,
Missionar in Deutschland, erster Bischof von Eichstätt (Mittelfranken).
* 700 in Südengland
† 7. Juli 787 (?) in Eichstätt

297

Wilhelm und Katharina von Alexandrien. Tafelbild, um 1460, BNM München

Liturgie: RK g am 7. Juli, Eichstätt H (Diözesanpatron)
Darstellung: als Bischof, ab dem späten Mittelalter immer mit Rationale, auf dem „fides, spes, caritas" steht; mit Buch.
Abb. siehe Seiten 86, 294

Willibrord OSB, Erzb. **von Utrecht,** Hl.
Angelsächsischer Mönch, Apostel der Friesen, Missionserzbischof mit Sitz in Utrecht, Gründer des Klosters Echternach in Luxemburg.

* 658 in Northumbrien
† 7. November 739 in Echternach
Liturgie: RK g am 7. November; Luxemburg F (Landespatron)
Darstellung: als Bischof, häufig mit Kreuzstab und Buch; mit nacktem Kleinkind (in Echternach Patron gegen Fallsucht und Nervenkrämpfe); mit Faß, oft den Kreuzstab hineinhaltend (Weinvermehrung); mit Flaschenkrügen (Weinwunder bei einem Freund); mit Quelle oder Stab in ein Brunnenmodell haltend (Quellwunder); Kirchenmodell (Erbauer vieler Kirchen und Klöster, nach 1600 auf den Utrechter Dom bezogen).

Wolfgang OSB, Bisch. **von Regensburg,** Hl.
Benediktinermönch in Einsiedeln (Schweiz), von Bischof ↗ Ulrich von Augsburg zum Priester geweiht, Missionar in Ungarn, Bischof von Regensburg, Klösterreformer; nach der Legende Einsiedler am Abersee (Wolfgangsee, Salzburg), historisch gesichert jedoch sein Aufenthalt am Mondsee.
* um 924 in Pfullingen bei Reutlingen (Württemberg)
† 31. Oktober 994 in Pupping bei Eferding (Oberösterreich) auf einer Reise
Liturgie: RK g am 31. Oktober; Regensburg H (Hauptpatron der Diözese); Einsiedeln F; Linz G
Darstellung: als Bischof mit Kirchenmodell (Patron der Kirche von St. Wolfgang am Abersee) und Beil (nach der Legende wollte er durch den Wurf des Beils von Gott erfahren, wo er die Kirche und die Zelle erbauen sollte); oft steckt das Beil im Dach des Kirchenmodells.
Abb. siehe Seite 213

Wulfram OSB, Erzb. **von Sens,** Hl. (Wolfram)
Benediktiner in Fontenelle (St. Wand-

Willehad und Karl d. G. Steinrelief, Werkstatt Baldensnyder (?), um 1512, St.-Petri-Dom Bremen

rille, Normandie), Erzbischof von Sens (südl. v. Paris), fünf Jahre Missionar in Friesland.

† 720 in Fontenelle

Gedächtnis: 20. März

Darstellung: als Bischof mit Kreuzstab; mit Meßpatene (Wunder bei der Überfahrt nach Friesland) und mit König, der einem Taufbecken entsteigt (Friesenkönig Radbod, der im letzten Augenblick auf die Taufe verzichtet).

Wunibald OSB, Abt **von Heidenheim,** Hl.

Angelsächsischer Mönch, Sohn des hl. ↗ Richard, Bruder der hll. ↗ Willibald und ↗ Walburga, Missionar in Thüringen, Mitbegründer und Abt des Klosters Heidenheim am Hahnenkamm (südl. v. Nürnberg) als Missions- und Kulturzentrum.

* 701 in Wessex (Südengland)

† 18. Dezember 761 in Heidenheim

Liturgie: Eichstätt F am 15. Dezember; Fulda g am 7. Juli (mit Willibald)

Darstellung: als Mönch mit Abtstab, manchmal mit Regelbuch; ab 16. Jh. mit Maurerkelle (als Erbauer des Klosters Heidenheim); öfters mit seinen hll. Geschwistern und Eltern.

Abb. siehe Seite 295

Z

Zacharias. Holzstatue, 2. V. 18. Jh., Pfk Mooskirchen/Stmk.

Zacharias, Hl.
Gemahl der hl. ↗ Elisabeth und Vater ↗ Johannes' des Täufers, jüdischer Priester.
Gedächtnis: 5. November
Darstellung: erst seit dem Mittelalter einzeln dargestellt, häufiger im Barock; mit Weihrauchfaß, mit gehörnter Mitra und Rationale, oft seiner Frau Elisabeth oder ↗ Joachim gegenübergestellt.
Abb. siehe links

Zeno, Bisch. **von Verona,** Hl.
Wahrscheinlich aus Afrika, bekämpfte den Arianismus und das Heidentum, echter Seelsorgebischof des Altertums.
† 12. April 371/372
Liturgie: München-Freising g am 12. April
Darstellung: als Bischof mit Buch; mit ein oder zwei Fischen an der Angel oder am Bischofsstab hängend, manchmal auch auf dem Buch oder zu Füßen.

Zita von Lucca, Hl.
Wohltätige Dienstmagd in Lucca (Mittelitalien); führte ein Leben voll demutiger Geduld und Frömmigkeit, bald nach ihrem Tod setzte die Verehrung an ihrem Grab ein.
* um 1212 bei Lucca
† 27. April 1272 in Lucca
Gedächtnis: 27. April
Darstellung: als Dienstmagd mit Schlüsselbund; mit drei Brotlaiben (Armenspeisung); mit Rosenkranz und Gebetbuch; mit Bettlern.

Abkürzungsverzeichnis

1. allgemeine Abkürzungen

↗	siehe	ital.	italienisch
*	geboren	Jgfr.	Jungfrau
†	gestorben	Jh.	Jahrhundert
		Kan.	Kanonikus
A.	Anfang	Kard.	Kardinal
Abb.	Abbildung	kath.	katholisch
a. d.	an der	Kl.	Kloster
aram.	aramäisch	Kt.	Kanton (Schweiz)
AT	Altes Testament	köln.	kölnisch
belg.	belgisch	lat.	lateinisch
bibl.	biblisch	M.	Mitte
Bisch.	Bischof	Märt. (Märtt.)	Märtyrer (Mehrzahl)
bürgerl.	bürgerlich	n. Chr.	nach Christi Geburt
bzw.	beziehungsweise	neukatalon.	neukatalonisch
d. Ä.	der Ältere	niederl.	niederländisch
Dep.	Departement	NÖ	Niederösterreich
	(Frankreich)	nord.	nordisch
d. G.	der Große	nördl.	nördlich
d. J.	der Jüngere	NRW	Nordrheinwestfalen
Diöz.	Diözese	NT	Neues Testament
dt.	deutsch	OÖ	Oberösterreich
ehem.	ehemals, ehemalig	östl.	östlich
E.	Ende	o. J.	ohne Jahresangabe
eig.	eigentlich	Pfk	Pfarrkirche
Erzb.	Erzbischof,	poln.	polnisch
	erzbischöflich	rhein.	rheinisch
Erzdiöz.	Erzdiözese	röm.	römisch
f., ff.	folgend(e)	S.	San, Santo(a)
Fk	Filialkirche		Santi(ae)
fläm.	flämisch	S.	Seite
fränk.	fränkisch	Sbg.	Salzburg
Freiburg/B.	Freiburg im Breisgau	schles.	schlesisch
frz.	französisch	schwed.	schwedisch
Gef. (Geff.)	Gefährte,	Sel. (Sll.)	Seliger,
	Gefährten		Selige (Mehrzahl)
germ.	germanisch	Slg.	Sammlung
griech.	griechisch	span.	spanisch
hebr.	hebräisch	südl.	südlich
hl. (hll.)	heiliger, heilige,	südtirol.	südtirolerisch
	heiliges	St.	Sankt
Hl. (Hll.)	Heiliger,	staatl.	staatlich
	Heilige (Mehrzahl)	Stmk.	Steiermark
i. d.	in der	u.	und

302

u. a.	und andere	v. Chr.	vor Christi Geburt
u. ä.	und ähnliche(s)	vgl.	vergleiche
ungar.	ungarisch	westl.	westlich
ursprüngl.	ursprünglich	z. B.	zum Beispiel
v.	von, vom	z. T.	zum Teil
V.	Viertel	zus.	zusammen
v. a.	vor allem	zw.	zwischen

2. liturgische Abkürzungen

F	Fest
G	liturgisch gebotener Gedächtnistag
g	liturgisch nicht gebotener Gedächtnistag
GK	Römischer Generalkalender
H	Hochfest
RK	Regionalkalender für das deutsche Sprachgebiet

3. Museen

AP	Alte Pinakothek, München
BNM	Bayerisches Nationalmuseum, München
DM	Diözesanmuseum
KHM	Kunsthistorisches Museum, Wien
LM	Landesmuseum
M	Museum
ÖG	Österreichische Galerie, Wien
ÖNB	Österreichische Nationalbibliothek, Wien
SLM	Schweizerisches Landesmuseum, Zürich
Städel	Städelsches Kulturinstitut, Frankfurt
WRM	Wallraf-Richartz-Museum, Köln

4. Ordensbezeichnungen

CJM	Eudisten (Genossenschaft von Jesus und Maria)
	Congregatio Jesu et Mariae
CSA, CanR	Regulierte Augustiner-Chorherren (-frauen)
	Canonici Regulares S. Augustini
CSSR	Redemptoristen
	Congregatio Sanctissimi Redemptoris
CVUOSB	Vallombrosaner
	Congregatio Vallis Ubrosae Ordinis S. Benedicti
OCarm	Beschuhte Karmeliten, Beschuhte Karmelitinnen
	Ordo Fratrum S. Mariae Virginis de Monte Carmelo
OCarth	Kartäuser (-innen)
	Ordo Carthusiensis
OCD	Unbeschuhte Karmeliten, Unbeschuhte Karmelitinnen
	Ordo Fratrum Carmelitarum Discaleceatorum

OCist	Zisterzienser (-innen)
	Ordo Cisterciensis
OdeM	Mercedarier, Nolasker
	Ordo B. Mariae de Mercede redemptionis captivorum
OESA	(Beschuhte) Augustiner-Eremiten
	Ordo Fratrum Eremitarum S. Augustini
FM	Franziskaner (Minderbrüder)
	Ordo Fratrum Minorum
OFMCap	Kapuziner (Minderbrüder)
	Ordo Fratrum Minorum Capuccinorum
OFMConv	Konventualen, Schwarze Franziskaner, Minoriten (Minderbrüder) – Ordo Fratrum Minorum Conventualium
OMinim	Mindeste Brüder, Minimen, Paulaner
	Ordo Minimorum
OP	Dominikaner (-innen)
	Ordo Fratrum Praedicatorum
OPraem	Prämonstratenser, Norbertiner
	Ordo Praemonstratensis
OSB	Benediktiner (-innen)
	Ordo Sancti Benedicti
OSBCam	Kamaldulenser (-innen)
	Congregatio Monachorum Eremitarum Camaldulensium OSB
OSCI	Klarissen (Klarissinnen)
	Ordo S. Clarae
OSCICap	(Klarissen-)Kapuzinerinnen
	Ordo S. Clarae Capuccinarum
OSD	Dominikanerinnen (Schwestern vom III. Orden)
	Ordo S. Dominici
OSJdD	Barmherzige Brüder vom hl. Johannes von Gott
	Ordo Hospitalarius S. Joannis de Deo
OSM	Serviten, Servitinnen, Diener Mariens
	Ordo Servorum Mariae
OSSalv	Erlöser-(Birgitten-)Orden, Birgittinnen
	Ordo Sanctissimi Salvatoris
OST	Trinitarier (-innen), Weißspanier
	Ordo Sanctissimae Trinitatis
OSU	Ursulinen
	Ordo Sanctae Ursulae
OTheat	Theatiner
	Ordo Clericorum Regularium vulgo Theatinorum
OVM	Orden von der Heimsuchung, Salesianerinnen v. hl. Franz v. Sales – Ordo de Visitatione Beatae Mariae Virginis
SJ	Jesuiten, Gesellschaft Jesu
	Societas Jesu
SP	Piaristen
	Ordo Clericorum Regulares Pauperum Matris dei Scholarum Piarum
TOR	III. Orden des hl. Franz
	Tertius Ordo Regularis S. Francisci

Literaturnachweis

Dieses Verzeichnis enthält nur die Literatur, die für die früheren Auflagen und die vorliegende Neuauflage verwendet wurde. Sie stellt kein Verzeichnis der allgemeinen Heiligenliteratur dar. Eine solche findet sich im „Lexikon der Namen und Heiligen" von Otto Wimmer – Hartmann Melzer, Tyrolia-Verlag.

Attribute der Heiligen, alphabetisch geordnet. Ein Schlüssel zur Erkennung der Heiligen nach deren Attributen, Hannover 1843

Alt Heinrich, Die Heiligenbilder oder die bildende Kunst und die theologische Wissenschaft in ihrem gegenseitigen Verhältnis historisch dargestellt, Berlin 1845

Aurenhammer Hans, Lexikon der christlichen Ikonographie, Wien 1959 ff.

Bilder unserer Namenspatrone, Neuland-Verlag Josef Bösl, München-Pasing o. J.

Braun Josef, Tracht und Attribute der Heiligen in der deutschen Kunst, Stuttgart 1943 (unveränderter Nachdruck, Gebr. Mann Verlag, Berlin 1992)

Busch Karl – Reuther Hans, Welcher Stil ist das? Stuttgart 1958

Doering Oscar, Christliche Symbole, Freiburg/B., 2. Aufl. 1940

Doyé Franz, Heilige und Selige der römisch-katholischen Kirche, deren Erkennungszeichen, Patronate und lebensgeschichtliche Bemerkungen, 2 Bde., Leipzig 1929

Forstner Dorothea, Die Welt der christlichen Symbole, Innsbruck 1961, 4., überarbeitete Aufl. 1982

Forstner Dorothea – Becker Renate, Neues Lexikon christlicher Symbole, Innsbruck 1991

Paramente und Bücher der christlichen Kirchen (Glossarium Artis, Deutsch-französisches Wörterbuch der Kunst, Bd. 4), Tübingen 1973

Hochleitner Josef, Deine Schutzpatrone in Freud und Leid, Wien 1952

Kreitner Maria, Heilige um uns, Wien–München 1956

Künstle Karl, Ikonographie der christlichen Kunst, Freiburg/B. 1926

Lechner Gregor Martin OSB, Heiligenportraits, 37. Ausstellungskatalog, Graphisches Kabinett, Stift Göttweig 1988

Lexikon der christlichen Ikonographie, hg. von E. Kirschbaum und W. Braunfels, 8 Bde., Rom–Freiburg/B. 1968–1976 (Sonderausgabe 1990)

Lexikon für Theologie und Kirche, 10 Bde., Freiburg/B. 1957 ff.

Liefmann M., Kunst und Heilige. Ein ikonographisches Handbuch, Jena 1912

Pfleiderer Rudolf, Die Attribute der Heiligen, Ulm, 2. Aufl. 1920

Podradsky Gerhard, Lexikon der Liturgie, Innsbruck 1962

Roeder Helen, Saints and their Attributes, London 1955

Schauber Vera – Schindler Hanns Michael, Heilige und Namenspatrone im Jahreslauf, Augsburg 1992

Wimmer Otto – Melzer Hartmann, Lexikon der Namen und Heiligen, 6., verbesserte Aufl., bearbeitet und ergänzt von Josef Gelmi, Innsbruck 1988

Zingerle Barbara, Heilige in Kunst und Verehrung der Steiermark, Ausstellungskatalog Diözesanmuseum Graz, Graz 1982

Abbildungsverzeichnis

Notizen